DICTIONNAIRE
DES
VINS
ET
ALCOOLS

123, avenue Philippe-Auguste 75011 Paris
ISBN 2 903118 56 6

Myriam HUET
Valérie LAUZERAL

DICTIONNAIRE DES VINS ET ALCOOLS

avec la collaboration de

Jean COLSON
et
Bernard SALLÉ

EDITIONS HERVAS

Avant-propos

Un dictionnaire des vins et alcools s'impose, tellement la matière est riche, complexe, délicate, presque solennelle. Un vin, un alcool se boivent lentement, modérément.

Et c'est là que surgit le mot :

VERRE

Parce qu'on y boit aussi de l'eau, des jus de fruits ou du lait, ce mot a échappé au dictionnaire. Il a pourtant son importance. Tous les verres ne conviennent pas au vin ni aux alcools les plus nobles. En cristal de préférence, sans ornements ni facettes, incolore et très fin, le verre doit permettre d'admirer la couleur et la limpidité des vins et des alcools. Un verre à pied rend l'opération plus aisée. Proscrire pour les vins les trop grands verres : ils peuvent provoquer une oxydation excessive des vins blancs. L'ouverture légèrement rétrécie permet une certaine concentration du bouquet. Plusieurs régions vinicoles ont créé leur modèle de verre, mais on peut se contenter des trois verres les plus courants : verre à Bordeaux, verre à Bourgogne et verre tulipe ou flûte pour le Champagne. La coupe qui laisse échapper et les bulles et l'arôme est à proscrire. Le verre à Cognac convient à toutes les eaux-de-vie.

Le vin est servi. Vous avez admiré sa couleur, humé son odeur. Savez-vous que la couleur du vin, c'est sa robe, que son odeur, c'est son nez? Des mots au dictionnaire, il n'y a plus qu'à se laisser guider par l'ordre alphabétique et sauter d'une entrée à l'autre, de «dégustation» à «odeur», d'«arômes» à «bouquet».

Le vin et l'alcool se conjuguent dans l'espace, ils naissent, le premier plus que le second, d'un terroir. Et voici l'amateur transformé en globe-trotter, arpentant hardiment les côtes et les coteaux des AOC et des VDQS. Sans dictionnaire, autant rester chez soi! Essayez sans lui d'aller de Montlouis à Montpeyroux en passant par Montrachet puis Montravel!

Il faudra bien que vous l'empochiez – son format le permet – pour sortir de l'hexagone, pour savoir ce que vous allez découvrir en Italie, à Chypre, aux États-Unis ou en Australie. De retour dans votre cave, plein d'usage et de raison, vous prendrez le temps d'apprendre tous les secrets de la vigne jusqu'à réciter la liste des treize cépages qui peuvent entrer dans la composition d'un Châteauneuf-du-Pape.

Enrichi par votre apprentissage... et votre dictionnaire, votre œil, votre nez, vos papilles seront devenus plus attentifs, plus sensibles et après avoir humé et dégusté tel vin, tel alcool, vous découvrirez un plaisir nouveau, celui d'en parler et d'en parler bien.

Abouriou

Cépage noir du Sud-Ouest, entrant dans la composition des vins rouges et rosés des Côtes du Marmandais (Lot-et-Garonne). Abouriou signifie cépage précoce en patois.

Absinthe

Tirée de la plante du même nom, la liqueur d'absinthe était fort prisée des consommateurs, jusqu'à ce qu'elle soit interdite après la Première Guerre mondiale; elle comportait en effet dans ses huiles essentielles un élément nocif qui attaquait le système nerveux. On la trouve cependant encore dans certains pays, comme par exemple en Espagne.

Acerbe

Qualifie un vin à la fois très acide et très astringent.

Acescence

Maladie du vin due à une bactérie, acetobacter, qui produit, en présence d'oxygène, de l'acide acétique et de l'acétate d'éthyle. Un vin acescent a une odeur piquante et une saveur brûlante; il donne en fin de bouche une impression d'âpreté.

ACIDE

L'acidité est l'un des quatre goûts élémentaires (sucré, salé, acide, amer) qui sont perçus par les papilles gustatives de la langue. Le caractère acide du vin constitue avec le moelleux et (pour le vin rouge) le tannin, l'équilibre gustatif des vins. C'est le caractère acide qui donne au vin sa fraîcheur, sa vivacité. S'il est excessif, le vin est alors nerveux, acidulé, vert. Par contre, un vin qui manque d'acidité est mou, épais, lourd.

ACIDE ACÉTIQUE

Acide formé à faibles doses lors des fermentations alcoolique et malo-lactique. Cet acide, au goût aigre et désagréable, responsable du goût du vinaigre, peut avoir également une origine accidentelle. Sa saveur est alors perceptible et devient un défaut.

ACIDE LACTIQUE

Acide formé lors de la fermentation malolactique, par la transformation de l'acide malique par les bactéries lactiques.

ACIDE MALIQUE

Cet acide, qui provient des raisins, donne au vin une acidité mordante et agressive. Très instable biologiquement, il peut être dégradé par les bactéries lactiques, micro-organismes existant dans le vin. Il est alors transformé en acide lactique qui a une saveur peu acide et qui est plus souple : c'est l'effet de la fermentation malolactique.

ACIDE TARTRIQUE

C'est un acide qui existe naturellement dans le raisin et que l'on retrouve dans le vin. D'une saveur assez dure, il a la propriété de précipiter sous forme de cristaux incolores, généralement après un coup de froid. Ce phénomène n'altère en rien la qualité du vin.

ACIDITÉ TOTALE

C'est la mesure de l'ensemble des acides organiques du vin. Le vin en contient six principaux : trois proviennent du raisin, les acides tartrique, citrique et malique; trois se forment au cours des fermentations alcoolique et malo-lactique, les acides lactique, acétique et succinique.

ACIDITÉ VOLATILE

Elle est constituée par l'ensemble des acides gras de la série acétique. L'acide acétique (acide du vinaigre) en représente plus de 95 %. Elle est formée naturellement à faibles doses (non perceptibles) lors de la fermentation alcoolique et de la fermentation malo-lactique. Par contre, elle peut avoir une origine accidentelle, due à une déviation bactérienne : piqûre acétique ou piqûre lactique. Dans ces cas-là, elle est perceptible et provoque un caractère d'aigreur, d'acescence, qui évolue vers le vinaigre. Afin d'éviter la consommation de vins altérés et souvent impropres à la consommation, la teneur en acidité volatile est réglementée.

ACIDULÉ

Qualifie un vin dont l'acidité est assez élevée pour être à la limite de l'agrément. Dans l'échelle de la composante acide croissante, acidulé se situe entre nerveux et vert.

ACQUIT À CAUTION

Titre de mouvement, c'est-à-dire document officiel qui accompagne les vins qui circulent en vrac ou en bouteille, de négociant à négociant, ou de producteur à négociant, et dont les droits de circulation n'ont pas encore été payés. C'est un des éléments du contrôle des vins.

AFFAIBLI

Qualifie un vin dont les qualités ont été fortement diminuées par un vieillissement trop long ou défectueux.

AFFINÉ

Qualifie un vin qui, après élaboration, élevage et épanouissement, est à son meilleur équilibre.

AFFRANCHIR UN FÛT

Opération qui consiste à faire dégorger le bois d'un fût neuf, à la vapeur ou à l'eau bouillante, afin d'éliminer les matières tanniques et les principes odorants désagréables.

AFRIQUE DU SUD

Le vignoble d'Afrique du Sud, situé dans la province du Cap, jouit d'un climat de type méditerranéen.
On distingue deux régions principales : la première forme un arc de cercle parallèle à la côte, du nord à l'est de la ville du Cap, la seconde en altitude, à l'est, plus éloignée du Cap, porte le nom de Little Karoo et produit des vins de types Porto, Xérès ou encore des Muscats.
La région côtière au climat plus tempéré et plus humide produit des vins rouges, rosés et blancs, mais aussi quelques vins de dessert, dont le Paarl Edelkeur de Nederburg.
L'origine et la composition des vins sont réglementés depuis 1973. On dénombre quatorze zones de production et quarante domaines correspondant à des crus résultant de la vinification de raisins dudit domaine.
Les meilleurs vins proviennent de la couronne de vignobles qui cernent le Cap : Constantia, Durbanville, Malmesbury, Paarl, Stellenbosch, Tulbagh et Worcester.
Parmi les nombreux cépages utilisés, les plus répandus sont le Chenin blanc, le Palomino, le Cinsault, le Sauvignon blanc, le Sémillon et le Muscat d'Alexandrie. Il convient enfin de signaler le pinotage, croisement de Pinot noir et de Cinsault.

AGRESSIF

Qualifie tout caractère organoleptique trop intense, et qui donne une sensation désagréable.

L'astringence, l'acidité, lorsqu'elles sont présentes à forte dose, peuvent donner au vin un caractère agressif.

AGUEUSIE

Absence partielle ou totale de sensibilité gustative.

AIGRE

Se dit d'un vin dont l'acidité volatile est élevée, c'est-à-dire qui présente une saveur acide élevée et une odeur caractéristique de vinaigre, due à la présence d'acétate d'éthyle et d'acide acétique.

AIRE DE PRODUCTION

C'est la zone délimitée, qui donne droit à une appellation d'origine. Ce facteur est fondamental dans la définition des appellations d'origine, puisque le terroir détermine le type du vin; les autres éléments, encépagement et mode de vinification, peuvent éventuellement être modifiés.

AJACCIO

Apellation d'origine contrôlée qui s'applique aux vins rouges, rosés et blancs, produits sur les coteaux qui dominent le golfe d'Ajaccio, dans la partie ouest de la Corse. La surface du vignoble est d'environ 1 500 hectares. Cette zone granitique est le berceau du Sciacarello, qui représente plus de 40 % de l'encépagement des vins rouges et rosés. Interviennent aussi le Barbarossa, le Nielluccio et le Vermentino, et, dans une limite de 40 %, le Grenache, le Carignan et le Cinsault.

Les vins rouges, au nez de framboise et d'amande grillée, sont de bonne garde.
Les vins blancs, très rares, sont issus du cépage Vermentino, et, dans une limite maximum de 20 %, d'Ugni blanc. Ils sont amples et très aromatiques.
Production moyenne : 8 000 hectolitres de vins rouges et rosés, 400 hectolitres de vins blancs.

ALAMBIC

L'alambic est un appareil qui sert à distiller, c'est-à-dire à faire passer, en le chauffant, du vin ou du cidre de l'état liquide à l'état de vapeur de façon à séparer ses différents constituants et à n'en recueillir que les éléments qui contribuent à la qualité de l'eau-de-vie. Il existe plusieurs types d'alambics.

L'alambic à repasse ou alambic charentais :

Le vin est chargé dans la chaudière, d'une contenance de 25 à 27 hectolitres, et porté à ébullition. Les vapeurs se concentrent dans un premier temps dans le chapiteau avant de passer lentement dans le col de cygne, alors que les corps gras et esters, trop lourds, retombent dans la chaudière, pour y être allégés. Les vapeurs pénètrent alors dans le serpentin, lui-même plongé dans la pipe, qui contient de l'eau froide constamment renouvelée. Au contact du froid, les vapeurs d'alcool se condensent, pour donner le brouillis, c'est-à-dire un alcool blanchâtre et opaque, titrant de 26 à 30° dans le cas du Cognac.
Après avoir réalisé cette opération trois fois, le stock de brouillis produit est suffisant pour réaliser la bonne chauffe. Le procédé est le même que pour obtenir le brouillis : les premiers produits du distillat, appelés têtes, sont laiteux et titrent entre 75 et 80°. On élimine, selon les années 1 à 2 % de ces produits de tête, pour les repasser avec un autre brouillis. On recueille ensuite l'eau-de-vie limpide ou cœur, qui en fin de parcours ne doit pas titrer moins de 60 ou 58°. Ce qui est produit ensuite est mis de côté, c'est la seconde ou queue. Le moment choisi pour séparer le cœur de la seconde est la coupe. L'eau-de-vie qui sera utilisée pour le Cognac est appelée cœur de la bonne chauffe, et titre environ 70°.

Il y a donc deux distillations : celle du vin ou du cidre, qui donne le brouillis, puis celle du brouillis, qui donne la tête, le cœur et la seconde. Tout l'art du distillateur consiste donc à bien recueillir le cœur.

L'alambic de premier jet ou alambic armagnacais :

Le vin arrive en continu dans la partie inférieure du bac de refroidissement, qui côtoie la chaudière proprement dite. Il sert de liquide de refroidissement pour le serpentin et provoque ainsi la condensation des vapeurs d'alcool qui y pénètrent. Par échange thermique, il se réchauffe et atteint une température d'environ 70 à 75 °C, lorsqu'il parvient en haut du chauffe-vin. A ce stade, certains alcools, les éthers, s'évaporent et sont éliminés au moyen d'un serpentin spécial : c'est l'élimination des têtes.
Dépouillé des têtes, le vin entre dans la chaudière par le plateau supérieur. Descendant successivement d'un plateau à l'autre, il est traversé par les vapeurs d'alcool qui proviennent des plateaux inférieurs et qui captent une partie de l'alcool qu'il contient. Il s'épuise ainsi jusqu'à l'étage inférieur de la chaudière, à partir duquel il est rejeté sous forme de vinasse. Il n'y a donc ici qu'une seule distillation, réalisée en continu.

L'alambic à colonnes :

La distillation industrielle de l'alcool utilise un alambic de taille beaucoup plus imposante, inspiré de l'alambic armagnacais et utilisant comme lui le principe de deux éléments et d'une coulée continue. Cette fois, c'est le liquide à distiller qui circule au sein de la colonne de rectification dans un serpentin, refroidissant les vapeurs d'alcool qui s'échappent à trois niveaux, celui des têtes, celui de l'alcool liquide et celui des queues. Réchauffé, le liquide à distiller se déverse ensuite dans la colonne de séparation où il descend de plateau en plateau, porté à ébullition par un puissant jet de vapeur.

L'alambic à colonnes permet d'obtenir directement en coulée continue des alcools neutres qui peuvent titrer jusqu'à 96 %.

ALCOOL

Il existe dans le vin, non pas un, mais plusieurs alcools. Ceux-ci sont obtenus lors de la fermentation alcoolique. Le principal est l'éthanol, qui représente 9 à 15 % du volume du vin. Il en existe d'autres, en concentration plus faible : le glycérol, l'inositol, le sorbitol... Les alcools ont un goût sucré et participent à l'équilibre gustatif des vins, en apportant moelleux et souplesse. A fortes doses, ils donnent une sensation de brûlure.

Certains alcools, appelés alcools supérieurs et présents à faible dose, jouent également un rôle important dans les arômes des vins jeunes, lorsqu'ils se présentent sous forme d'esters : la célèbre odeur de banane des Beaujolais nouveaux en est un bon exemple.

ALCOOL ACQUIS

L'alcool acquis correspond à l'alcool réellement présent dans le vin, par opposition à l'alcool potentiel, qui correspond au sucre non fermenté (à raison de 17 grammes par litre pour un degré d'alcool), et à l'alcool total, qui est la somme des deux. Les termes officiels sont : titre alcoométrique acquis, titre alcoométrique en puissance et titre alcoométrique total.

ALCOOLEUX

Se dit d'un vin trop riche en alcool et donc déséquilibré.

ALCOOL FERMIER

Dans la grande famille des alcools, subsiste à côté des productions industrielles une élaboration agricole, le plus souvent issue de la macération des fruits du verger. A usage le plus souvent privé, l'alcool fermier, exempté ou non de taxes, est obligatoirement distillé par le bouilleur ambulant.

ALCOOL INDUSTRIEL

Pour les besoins de la chimie et de l'industrie, une quantité non négligeable d'alcool est produite chaque année sous le contrôle sévère de l'État. Il provient de mélasses de betterave, de canne à sucre, de pomme de terre, etc. Les viticulteurs d'autre part sont imposés d'une taxe en nature d'environ 0,8 litre d'alcool pur par hectolitre de vin récolté, et ils s'en acquittent en faisant distiller les résidus de marc et de lie.

Une partie de cet alcool d'État est ensuite rétrocédé pour la fabrication de gin, pastis, whisky, vodka, pour la réalisation de nombreuses liqueurs ainsi que celle des vins mutés.

ALCOOLAT

Produit de la distillation, à l'aide d'un alambic à repasse, d'une macération alcoolisée d'éléments aromatiques tels que l'anis, le citron, le genièvre, la menthe, la vanille, la rose, etc. Le distillat obtenu est incolore et odorant; il sert dans la fabrication de nombreuses liqueurs et de parfums.

Quand on lui ajoute de l'eau, il exhale un arôme puissant et se trouble; on dit alors qu'il louchit.

ALCOOLS BLANCS (OU DE FRUITS)

On appelle alcools blancs un certain nombre d'eaux-de-vie incolores issues d'une distillation de fruits fermentés ou macérés dans de l'alcool. Voir Eau-de-vie de fruit.

ALCOOLS DE GRAIN

De nombreuses céréales (en particulier l'orge, le maïs, et le blé) fermentées ou distillées, permettent de produire un alcool qui est généralement aromatisé. La plus grande partie des alcools d'Allemagne, des Pays-Bas, d'Angleterre, d'Écosse, d'Irlande, du Canada, des USA et de l'URSS est ainsi tirée du grain.

Voir à chacun de ces pays.

ALGÉRIE

Essentiellement rouges et rosés, les vins d'Algérie sont produits pour la plupart à partir des cépages Carignan, Cinsault, Grenache et Morastel. Les rouges sont de couleur soutenue et titrent entre 11° et 15°.

La production a diminué dans des proportions considérables, passant d'une moyenne pour les années 1971 à 1975 de 6 967 000 hectolitres à 918 000 hectolitres en 1987.

Les sept zones d'appellation d'origine garantie sont situées dans les districts d'Alger et d'Oran. Dans le premier on trouve les vins rouges et rosés d'Aïn-Bessem-Bouïra et les vins de Médéa au sud d'Alger, enfin les vins des coteaux de Zaccar autour de Miliala. Dans le district d'Oran, les coteaux de Mascara produisent parmi les meilleurs vins rouges et rosés d'Algérie.

Les autres zones d'appellation d'origine garantie sont les coteaux de Tlemcen au sud-ouest d'Oran, la région de Dahra au sud d'Oran et les monts du Tessalah autour de Sidi-bel-Abbès.

ALIGOTÉ

Cépage blanc de Bourgogne, cultivé principalement en Côte-d'Or, en Saône-et-Loire et dans l'Yonne. Il a droit à une appellation particulière, Bourgogne Aligoté et donne un vin blanc nerveux, friand, à boire jeune, dans les deux ans.

ALLEMAGNE

Le vignoble allemand représente 92 000 hectares, qui produisent en moyenne 8,5 millions d'hectolitres, contre 70 en France. Il s'étend sur les rives du Rhin et de ses affluents, depuis le lac de Constance jusqu'à la latitude de Bonn.

La production est divisée en trois catégories : le Tafelwein ou vin de table, le Qualitätswein bestimmter Anbaugebiet (QBA), qui provient de régions déterminées, et dont les conditions de production sont réglementées : encépagement,

rendement, pratiques culturales, etc..., enfin le Qualitätswein mit Prädikat.
Cette dernière catégorie est soumise à des conditions plus strictes que celles des QBA. En aucun cas, les Qualitätswein mit Prädikat ne peuvent être chaptalisés. Leur richesse en sucres et en alcool doit être tout à fait naturelle. Ces vins ont donc tous un label (ou Prädikat), qui définit l'état de maturité des raisins.
Le label Kabinett est attribué aux vins issus de récoltes vendangées à bonne maturité. Le terme de Spätlese (vendange tardive) s'applique aux raisins légèrement surmûris. Auslese (vendange sélectionnée) implique une trie des raisins lors des vendanges. Beerenauslese s'applique aux vins issus de raisins botrytisés, c'est-à-dire atteints de cette célèbre pourriture noble, qui produit également les grands vins moelleux de Sauternes. Il en découle une forte richesse en sucre, mais également des substances aromatiques particulières. Trockenbeerenauslese concerne les vins issus de raisins botrytisés au dernier degré, qui ont atteint le stade rôti, c'est-à-dire qui se sont presque entièrement séchés. On atteint là une onctuosité, une concentration tout à fait surprenantes.

Les principaux cépages sont :
– en blanc : le Riesling, le Sylvaner, le Müller-Thurgau (obtenu par le croisement des deux cépages précédents), et, dans une moindre mesure, le Rülander et le Gewürztraminer.
– en rouge : le Spätburgunder, le Trollinger et le Portugieser.
Ils sont généralement mentionnés sur l'étiquette, ainsi que la richesse en sucre : Trocken (sec) correspond à une richesse en sucres résiduels inférieure à 9 grammes par litre, Halbtrocken (demi-sec) correspond à une richesse inférieure à 18 grammes de sucres résiduels par litre. Le terme sec n'a donc pas le même sens qu'en France, où il signifie une concentration de sucre de moins de 2 grammes par litre (et pour quelques rares cas de 4 grammes par litre).

L'Allemagne compte onze régions viticoles bien délimitées, divisées en Bereich (districts), eux-mêmes divisés en Gemeinden (villages), constitués de plusieurs Einzellagen (parcelles) :

Le Pays de Bade (Baden), le plus méridional des vignobles, s'étend sur la rive droite du Rhin, entre le lac de Constance et Heidelberg. A côté du Müller-Thurgau, on trouve le Spätburgunder, qui produit les célèbres Weissherbst (ou vins clairets), le Gutedel, aux vins légers et parfumés, ou le Rulander (Pinot gris), plein et aromatique.

La Rhénanie-Palatinat (Rheinpfalz) est le deuxième vignoble allemand, avec une superficie de plus de 21 000 hectares. Région fertile et ensoleillée, elle s'étend en bordure orientale du massif de la Haardt, qui prolonge les Vosges au nord. Elle produit des vins frais et tendres de Sylvaner et de Müller-Thurgau, dans la région de l'Oberhaardt. Dans le centre, entre Schweigen et Bockenheim, les sols de basalte volcanique et de mica donnent des vins très corsés.

Le Wurtenberg s'étend sur les rives du Neckar et de ses affluents entre Stuttgart et Heidelberg. C'est le domaine de prédilection du Trollinger, cépage rouge qui donne des vins frais et légers. On y trouve également le Spätburgunder, le Schwarzriesling (Pinot Meunier), le Lemberger, pour la production de vins rouges légers et de vins rosés (Weissherbst), et bien sûr les cépages blancs traditionnels. Une spécialité du pays est le Schillerwein, un vin rosé obtenu à partir de raisins rouges et blancs.

La Franconie (Franken) s'étend sur les deux rives du Main, entre Steigerwald et Spessart. Le vin de Franconie est l'un des plus chers et des plus rares, en raison du climat rude et des gelées fréquentes. Le Sylvaner et le Müller-Thurgau y donnent des vins secs, mais puissants et denses : on dit des vins de Franconie qu'ils sont les plus masculins des vins allemands. Contrairement aux autres, généralement commercialisés dans des bouteilles longues et fines, les vins de Franconie sont conditionnés dans les Bocksbeutel, bouteilles plates et trapues.

La Hesse rhénane (Rheinhessen) s'étend sur la rive gauche du Rhin, entre Worms, Mayence, Bingen et Alsheim. C'est un pays assez plat et fertile, où l'on cultive de nouveaux cépages, particulièrement aromatiques : Scheurebe, Siegerrebe, Kanzlerrebe, à côté du Morio-Muskat. Mais il existe encore une production plus traditionnelle, avec du Riesling et du Sylvaner.

La Bergstrasse de Hesse (Hessische Bergstrasse) est la plus petite région vinicole d'Allemagne. Elle s'étend sur des collines abruptes, parfois aménagées en terrasses, face à Heidelberg. Elle est particulièrement réputée pour son Riesling, puissant et nerveux, produit surtout autour de Starkenburg et d'Umstadt.

Le Rheingau s'étend sur les coteaux de la rive droite du Main et du Rhin, depuis Mayence jusqu'à Lorch. Exposé plein sud et bénéficiant de la réverbération des rayons du soleil dans le Rhin, le vignoble, constitué aux trois-quarts de Riesling, produit des vins très fruités et des vins moelleux proches des Sauternes.

La Nahe est un affluent du Rhin, qu'elle rejoint à Bingen. Sur les deux rives du fleuve autour de Bad-Kreuznach, on trouve principalement le Riesling, le Sylvaner, le Müller-Thurgau. L'éventail va du vin léger aux grands crus que produit le vignoble de Böckelheim.

Le Rhin moyen (Mittelrhein) est constitué de vignes en terrasses, couronnées de vieux châteaux. Elles s'étendent de l'embouchure de la Nahe et sur les deux rives du Rhin, jusqu'aux Siebengebirge. Le Riesling donne, sur ces pentes abruptes schisteuses, des vins fruités et élégants. A signaler, dans une partie des Siebengebirge, la culture du Spätburgunder, pour la production du Drachenblut ou sang du dragon.

La région Mosel-Saar-Ruwer s'étend sur les deux rives de la Moselle et de ses affluents, la Sarre et la Ruwer. C'est le domaine du Riesling, qui donne un vin élégant et racé.

La Ahr est le plus septentrional des vignobles allemands. On y trouve surtout des vins rouges un peu pâles et doux issus du Spätburgunder.

L'Allemagne produit de nombreux alcools, dont le Korn, eau-de-vie de grain qui se boit traditionnellement avec la bière. Le Korn est tiré d'une distillation de seigle (Roggen), de blé (Weizen) ou d'un mélange de céréales (Getreide). Il est couramment appelé Schnaps, mais ce terme recouvre également le Wacholder et le Kirsch.

Le Wacholder est une variété allemande de gin, et sa production la meilleure a tiré son nom, Steinhäger, de la région de Westphalie dont elle est issue.

Le Kirsch est une eau-de-vie de cerise produite principalement en Forêt-Noire, mais on distille également la poire, la mirabelle, la quetsche, la mûre. Quand elles ne sont pas des imitations, les eaux-de-vie de fruit sont qualifiées d'authentiques, *echte*.

Parmi les liqueurs allemandes, citons une liqueur de mûres, Kroatzbeere, et la curieuse Dantziger Goldwasser, qui est produite à partir d'une macération d'écorces de citron et de macis, et présentée avec de très fines feuilles d'or en suspension.

Enfin, le Weinbrand est une eau-de-vie de vin qui est vieillie pendant au moins six mois.

ALOXE-CORTON

Apellation d'origine contrôlée de la Côte de Beaune, qui concerne des vins rouges et blancs produits sur des parcelles délimitées des communes d'Aloxe-Corton, Ladoix-Serrigny et Pernand-Vergelesses (Côte-d'Or). On y trouve quatorze climats classés en Premiers Crus.

Les vins rouges représentent l'essentiel de la production, avec un volume moyen de 4 900 hectolitres. Ils sont produits à partir du cépage Pinot noir, et sont de grande garde : huit à quinze ans et plus, selon les terroirs et les millésimes. Certains ont la fermeté des vins rouges de la Côte de Nuits.
Les vins blancs ne représentent en moyenne que 24 hectolitres par an. Issus du cépage Chardonnay, ils sont séveux, puissants et parfumés.

ALSACE

Le vignoble alsacien s'étend le long des Vosges, du nord au sud, sur une centaine de kilomètres. Sa position sur les contreforts des Vosges le soumet à un climat sub-continental, aux hivers rigoureux et aux étés souvent orageux. Abrité de l'influence océanique, il bénéficie d'un des climats les plus secs de France, avec une pluviométrie de 450 à 500 millimètres seulement.

Née de l'affaissement du massif que formaient les Vosges et la Forêt Noire, l'Alsace présente une extrême diversité de terroirs : terres argilo-calcaires à Rouffach, terres silico-argileuses à Ammerschwihr, Riquewihr et Ribeauvillé, lœss à Eguisheim, calcaire à Ingersheim et Mittelwihr, mais aussi des terrains argileux, granitiques, ou constitués d'alluvions caillouteuses. On trouve parfois, sur une seule commune, quatre ou cinq terroirs différents, comme par exemple à Kientzheim ou Kaysersberg.

Ces données géologiques entraînent l'utilisation de nombreux cépages : Gewurztraminer, Riesling, Tokay-Pinot gris, Muscat, Sylvaner, Pinot blanc ou Klevner et Chasselas pour les blancs, Pinot noir pour les rouges et rosés.

L'Alsace est l'une des rares régions où les vins sont généralement désignés par le nom du cépage dont ils sont issus à 100 %. Seule exception, l'Edelzwicker, produit de l'assemblage de plusieurs cépages alsaciens. L'appellation contrôlée Alsace est donc accompagnée du nom du cépage ou de la dénomination Edelzwicker.

Les vins d'Alsace sont toujours mis en bouteille dans la région de production et sont présentés dans la bouteille typique – la flûte d'Alsace –, qui leur est réservée.
Production moyenne : 950 450 hectolitres de vins blancs et 54 000 hectolitres de vins rouges et rosés.

ALSACE GRAND CRU

Appellation d'origine contrôlée d'Alsace, réservée aux seuls cépages Riesling, Gewurztraminer, Muscat et Tokay-Pinot gris, qui obéissent à des conditions de production particulières, concernant le rendement à l'hectare et la richesse en sucre initiale. L'appellation Alsace Grand Cru peut être accompagnée du nom d'un des vingt-cinq lieux-dits autorisés par la réglementation.
Production moyenne : 13 000 hectolitres.

Vingt-cinq lieux-dits supplémentaires sont en cours de classement et devraient bénéficier de l'appellation Alsace Grand Cru.

LES 25 AOC ALSACE GRAND CRU

lieu-dit :	*sur la ou les communes de :*
Altenberg de Bergbieten	Bergbieten (67)
Altenberg de Bergheim	Bergheim (68)
Brand	Turckheim (68)
Eichberg	Eguisheim (68)
Geisberg	Ribeauvillé (68)
Gloeckelberg	Rodern (68) et Saint-Hippolyte (68)
Goldert	Gueberschwihr (68)
Hatschbourg	Hattstatt (68) et Voegtlinshofen (68)

Hengst	Wintzenheim (68)
Kanzlerberg	Bergheim (68)
Kastelberg	Andlau (67)
Kessler	Guebwiller (68)
Kirchberg de Barr	Barr (67)
Kirchberg de Ribeauvillé	Ribeauvillé (68)
Kitterlé	Guebwiller (68)
Moenchberg	Andlau (67) et Eichhoffen (67)
Ollwiller	Wuenheim (67)
Rangen	Thann (68) et Vieux-Thann (68)
Rosacker	Hunawihr (68)
Saering	Guebwiller (68)
Schlossberg	Kientzheim (68) et Kaysersberg (68)
Sommerberg	Niedermorschwihr (68) et Katzenthal (68)
Sonnenglanz	Beblenheim (68)
Spiegel	Bergholtz (68) et Guebwiller (68)
Wiebelsberg	Andlau (67)

LES 25 GRANDS CRUS ALSACIENS EN COURS DE CLASSEMENT

lieu-dit :	*sur la ou les communes de :*
Altenberg de Wolxheim	Wolxheim (67)
Bruderthal	Molsheim (67)
Engelberg	Dahlenheim (67)
Florimont	Ingersheim (68)
Frankstein	Dambach-la-Ville (67)
Froehn	Zellenberg (68)

Furstentum	Kientzheim (68)
Mamburg	Sigolsheim (68)
Mandelberg	Mittelwihr (68)
Markrain	Bennwihr (68)
Muenchberg	Nothalten (67)
Osterberg	Ribeauvillé (68)
Pfersigberg	Eguisheim (68)
Pfingstberg	Orschwihr (68)
Praelatenberg	Orschwiller (67)
Schoenenbourg	Riquewihr (68)
Sporen	Riquewihr (68)
Steinert	Pfaffenheim (68)
Steingrubler	Wettolsheim (68)
Steinklotz	Marlenheim (67)
Vorburg	Rouffach et Westhalten (68)
Wineck-Schlossberg	Katzenthal et Ammerschwihr (68)
Winzenberg	Blienschwiller (67)
Zinnkoepflé	Westhalten et Soultzmatt (68)
Zotzenberg	Mittelbergheim (67)

ALSACE (MUSCAT D')

Ne représentant pas plus de 4 % de la production, ce vin est obtenu à partir de deux cépages, le Muscat Ottonel, cépage précoce et le Muscat à petits grains, plus tardif. Le Muscat d'Alsace est un vin blanc au fruité caractéristique, très rafraîchissant. Il est toujours sec, contrairement aux Muscats des autres régions.

ALTESSE

Cépage blanc savoyard, qui fait partie de l'encépagement des vins blancs d'appellation Vin de Savoie et Vins du Bugey. C'est aussi le cépage unique des appellations Roussette de Savoie et Roussette du Bugey. Il donne des vins corsés et finement aromatiques.

AMAIGRI

Qualifie un vin qui a perdu son moelleux, son onctuosité, ainsi qu'une partie de ses autres caractères.

AMER

On perçoit parfois de l'amertume dans les vins, souvent due à un excès de tannins. On la ressent sur le fond de la langue et souvent en fin de bouche, car les papilles gustatives spécifiques de l'amertume sont les plus longues à réagir à l'excitation du goût. C'est pourquoi on dit souvent que la finale est amère.

AMERTUME (MALADIE DE L')

Altération du goût du vin, due à l'attaque du glycérol par les bactéries lactiques, entraînant la formation de substances très amères. Cette maladie ne se rencontre que très rarement aujourd'hui.

AMPLE / AMPLEUR

Qualifie un vin dont les odeurs et les goûts sont particulièrement intenses et diversifiés, un vin qui donne l'impression de bien remplir la bouche et dont la persistance aromatique est élevée.

AMYLIQUE

Qualifie une nuance odorante (bonbon anglais, banane, vernis à ongle) caractéristique de beaucoup de vins très jeunes. Elle est due à un ester formé pendant la fermentation alcoolique : l'acétate d'isoamyle.

ANALYSE SENSORIELLE

C'est l'examen des caractères organoleptiques d'un produit par les organes des sens.

ANGLETERRE

Si l'Angleterre ne produit pas de vin, elle possède à l'instar des Écossais son alcool national, le London dry gin.

Le gin est fabriqué à partir d'un alcool pur qui est parfumé ou redistillé en présence d'aromates. Les techniques diffèrent selon les maisons, mais les résultats restent cependant assez similaires en arôme et en goût. Le genièvre continue d'être l'aromate le plus utilisé, quoiqu'on utilise également la coriandre, la réglisse ou le genêt.

Le gin se buvait avec de l'eau, jusqu'à ce que les coloniaux répandent leur habitude de le boire avec de l'eau de quinine, imposant le «gin tonic» accompagné d'une rondelle de citron. On utilise également le gin pour la confection de nombreux cocktails.

Légèrement teinté en rouge, le Sloe gin est une liqueur au goût agréable, aromatisée par une longue macération de prunelles sauvages.

ANGULEUX

Qualifie un vin dont l'astringence et/ou l'acidité dominent les autres caractères, donnant une impression de dureté.

ANHYDRIDE SULFUREUX

Gaz de formule chimique SO_2, issu de la combustion du soufre. Soluble dans l'eau et dans le vin, l'anhydride sulfureux est couramment utilisé en vinification, depuis l'Antiquité, sous forme de solution aqueuse, à des concentrations variables. Il a deux actions, la protection contre l'oxydation et une action antiseptique qui met le vin à l'abri des altérations microbiennes.

Aujourd'hui, les progrès œnologiques permettent de diminuer fortement les doses de SO_2 utilisées. Mais ce gaz reste indispensable et tous les vins en contiennent un peu, à l'exception de ceux qui sont destinés à la distillation, pour l'élaboration du Cognac et de l'Armagnac.

Employé raisonnablement, c'est un outil précieux de l'œnologie, qui ne nuit ni au goût du vin ni à la santé du consommateur.

ANIMAL

Qualifie une famille d'odeurs que l'on retrouve dans le bouquet des vins rouges adultes ou épanouis, et qui rappelle des nuances de musc, ambre, fourrure, cuir, civette, venaison... Ce caractère animal se retrouve souvent dans les vins où domine le cépage Merlot (Saint-Émilion) ou Mourvèdre (Bandol).

ANISÉS (ALCOOLS)

Les alcools anisés se partagent en quatre grandes familles, qui utilisent selon le cas l'essence d'anis vert, douce et sucrée, ou l'essence d'anis étoilé, beaucoup plus parfumée.

Les anisettes sont des liqueurs d'anis qui, comme la Marie Brizard, se boivent en digestif.

Les anis blancs, légèrement sucrés, se troublent en blanc quand on leur ajoute de l'eau et se boivent en apéritif.

Les apéritifs anisés de type Pernod sont un mélange d'alcool pur et d'essence d'anis et tournent au jaune opaque avec de l'eau.

Enfin, les nombreux pastis sont élaborés à partir d'un mélange d'anis, de poudre de réglisse et quelquefois d'essence de fenouil dans de l'alcool pur. L'adjonction d'eau leur donne une teinte d'un jaune laiteux.

ANISETTE

L'anisette reste la boisson la plus populaire du bassin méditerranéen. On la retrouve sous différents noms en Italie, en Grèce, en Turquie, en Espagne. En France, la plus célèbre de toutes est l'Anisette de Bordeaux, élaborée au XVIIIe siècle par une demoiselle Marie Brizard, et qui inclut, outre de l'essence d'anis vert, des arômes d'écorce de citron, de coriandre, de cannelle, etc.

ANJOU (VIGNOBLE D')

Cette région viticole est située au sud-est du département du Maine-et-Loire. Cultivée essentiellement sur la rive gauche de la Loire, la vigne couvre près de 16 000 hectares, sur les coteaux bordant ses affluents : le Layon, l'Aubance et le Thouet. On y trouve de nombreuses appellations, dont l'originalité est due aux nombreux microclimats, liés à l'orientation des coteaux et à la variété des sols, répartis en deux aires géologiquement bien distinctes : le Massif armoricain, avec des terrains éruptifs, métamorphiques et sédimentaires à l'ouest, et le Bassin parisien avec un sous-sol calcaire, le tuffeau, à l'est.

ANJOU

Appellation d'origine contrôlée, qui concerne des vins rouges, rosés et blancs produits sur l'ensemble du vignoble angevin, qui représente environ 16 000 hectares.

Les vins rouges, issus principalement de terrains argilo-schisteux, sont produits à partir du cépage Cabernet Franc, auquel on associe le Cabernet Sauvignon, le Gamay et le Pineau d'Aunis. Ce sont des vins fruités, légers et souples, à boire jeunes.

Les vins rosés ont une dominante de Groslot auquel on peut ajouter le Cabernet Franc, le Cabernet Sauvignon, le Gamay, le Côt ou le Pineau d'Aunis. Devant contenir au moins 10 grammes de sucres résiduels par litre, les Rosés d'Anjou sont des vins demi-secs, fruités et agréablement désaltérants.

Les vins blancs sont généralement produits sur des sols schisteux et sont issus du cépage Chenin (appelé localement Pineau de la Loire) et, pour 20 % au maximum, des cépages Sauvignon et Chardonnay. Frais et fruités, ils sont à boire jeunes.
Production moyenne : 103 550 hectolitres de vins rouges, 1 011 000 hectolitres de vins blancs et 186 700 hectolitres de Rosé d'Anjou.

Il existe aussi une production d'Anjou effervescent : les Anjou mousseux, obtenus par une deuxième fermentation en bouteille, et les Anjou pétillants, d'une pression inférieure à 2,5 bars, obtenus en mettant les vins en bouteille avant la fin de la fermentation. La production est aujourd'hui très faible : 6 400 hectolitres.

ANJOU COTEAUX DE LA LOIRE

Appellation d'origine contrôlée, qui s'applique à des vins blancs secs à demi-secs, issus du seul cépage Chenin et produits sur la rive droite de la Loire, entre Angers et Ingrandes. Production moyenne : 1 200 hectolitres.

ANJOU GAMAY

Appellation d'origine contrôlée qui couvre des vins rouges produits dans la zone d'appellation Anjou à l'exclusion de l'aire réservée à l'appellation Saumur, et issus du seul cépage Gamay. Les vins d'Anjou Gamay sont souples et gouleyants, à boire jeunes. Production moyenne : 18 950 hectolitres.

ANJOU-VILLAGES

Appellation d'origine contrôlée qui s'applique à des vins rouges produits en Anjou, sur le territoire de 46 communes des Coteaux de la Loire, du Layon et de l'Aubance, à partir du cépage Cabernet Franc et, pour une moindre part, du Cabernet Sauvignon. Ils sont généralement plus charpentés que les Anjou.
Production en 1987 : 12 900 hectolitres.

ANOSMIE

Absence totale ou partielle de la sensibilité olfactive.

ANTHOCYANES

Ce sont les pigments rouges du raisin. Les anthocyanes sont situées dans la peau des grains rouges, rosés ou gris et sont synthétisées activement par la photosynthèse, de la véraison (mi-août) à la maturité. Insolubles dans l'eau froide, elles diffusent plus facilement en milieu acide, alcoolique et chaud : d'où l'importance de la phase de macération dans la vinification en rouge. C'est durant la fermentation alcoolique que les anthocyanes passent des peaux dans le moût, initialement incolore.

La macération à chaud, dans le procédé de thermovinification, permet ainsi d'augmenter la diffusion des anthocyanes et d'obtenir des vins rouges très colorés.

L'extraction des anthocyanes peut se produire sans macération. C'est ainsi que le pressurage de raisins rouges, selon son intensité, permet d'obtenir des moûts légèrement colorés, qui donneront des vins d'un rosé pâle. Mais on peut aussi obtenir du jus blanc à partir de raisins rouges, en faisant un pressurage très léger : c'est le cas en Champagne, où les pressoirs sont particulièrement adaptés.

A.O.C. (APPELLATION D'ORIGINE CONTRÔLÉE)

C'est la catégorie la plus élevée des vins de France. Les AOC sont des vins dont l'élaboration est soumise à des règles strictes, déterminées par l'Institut national des appellations d'origine des vins et eaux-de-vie (I.N.A.O.). Ces règles, qui garantissent la qualité, l'authenticité et la spécificité du produit, sont homologuées par un décret du ministère de l'Agriculture. Elles concernent :

- l'aire de production, délimitée par parcelle,
- la nature de l'encépagement,
- la conduite de la vigne (méthodes de culture et de taille, densité des plantations),
- le rendement maximum à l'hectare,
- le degré alcoolique naturel minimum,
- les procédés de vinification et de conservation,
- la dégustation d'agrément obligatoire, accompagnée d'une analyse chimique.

Ainsi, tous les facteurs qui déterminent l'authenticité et la qualité du vin, depuis la terre jusqu'au

verre, sont déterminés et font l'objet d'un contrôle rigoureux. Les vins à AOC constituent chacun un produit unique, fruit du terroir, du ou des cépages et du talent de l'homme.
Il existe en France pour le vin environ 400 appellations d'origine contrôlées (il existe aussi des alcools à AOC, tels le Cognac, l'Armagnac, la mirabelle de Lorraine, le Calvados...). A l'issue de la récolte de 1986, les vins à AOC représentaient 29 % en volume de la production française de vin, soit 21,2 millions d'hectolitres, et 71 % en valeur.

APÉRITIF

Une habitude a été prise de consommer avant le repas des boissons alcoolisées pour ouvrir l'appétit. On consomme ainsi des quinquinas, des vermouths, des anisés, des liqueurs de gentiane, des vins de liqueur, des vins doux naturels, des eaux-de-vie peu parfumées, tels que les whiskies, gin, vodkas, etc.
En fait, en dehors des quinquinas et des liqueurs de gentiane, très peu d'alcools possèdent de véritables vertus apéritives. On peut d'ailleurs leur préférer une coupe de Champagne ou un verre de Sauternes.

APÉRITIFS A BASE DE VIN

Les apéritifs à base de vin sont constitués d'assemblages de vins, de vins de liqueur, d'alcoolats, d'infusions ou d'aromates divers, de sucres ou de caramel.
On distingue parmi les apéritifs à base de vin les quinquinas, les vermouths et les américanos. Quand la préparation utilise du jus de raisin non fermenté, ou bien interrompt la fermentation par une adjonction d'alcool, on parle de vin de liqueur.

APRE

Qualifie un vin dont l'astringence est excessive et relativement désagréable, rendant le vin rugueux et dur.

AQUAVIT OU AKVAVIT

Alcool de grain ou de pomme de terre, titrant généralement 45° et légèrement parfumé au cumin, à l'anis ou au fenouil.

On le trouve dans l'ensemble des pays scandinaves où il se boit sec et frappé.

AQUEUX

Qui paraît dilué, peu alcoolique.

ARAK

Alcool d'Asie centrale à base de raisin, de grain ou de datte, généralement parfumé à l'anis.

ARAMON

Cépage noir, cultivé autrefois dans tout le midi méditerranéen. Très productif, il donne des vins de qualité médiocre.

ARBOIS

Appellation d'origine contrôlée qui s'applique aux vins rouges, rosés ou gris, blancs, vins jaunes et vins de paille de la région du Jura, récoltés dans le canton d'Arbois. Le vignoble, protégé des vents du nord-ouest par les falaises calcaires, domine le village d'Arbois et couvre environ 800 hectares de sols argilo-marneux. Arbois est la ville natale de Louis Pasteur, qui a découvert les mécanismes de la fermentation.

Les vins rouges et rosés proviennent du cépage Poulsard, seul ou en association avec le Trousseau, le Pinot (noir ou gris) et le Chardonnay. Ils subissent généralement un élevage en foudres de chêne de un à deux ans.

Les vins blancs sont issus du cépage Chardonnay, pur ou assemblé avec du Savagnin. Élevés en foudres de chêne durant deux à trois ans avant la mise en bouteille, ce sont des vins corsés, bouquetés, de longue garde.

Les vins jaunes sont issus du seul cépage Savagnin, et sont obtenus après un élevage en fûts de chêne durant au moins six ans sans ouillage, ni soutirage. Quant aux vins de paille, ils sont obtenus à partir de tous les cépages rouges et blancs du Jura : Poulsard, Trousseau, Pinot (noir ou gris), Savagnin, Chardonnay et Pinot blanc.

Une commune peut ajouter son nom à l'appellation Arbois, pour les vins produits sur son territoire : il s'agit de Pupillin.

Production moyenne : 32 000 hectolitres, y compris les mousseux, dont 18 600 hectolitres de vins rouges.

ARBOIS MOUSSEUX

Appellation d'origine contrôlée qui s'applique à des vins blancs et rosés mousseux, produits sur l'aire d'appellation Arbois, essentiellement à partir des cépages Chardonnay, Pinot noir, gris et blanc, et Poulsard. Ils sont obtenus par une deuxième fermentation en bouteille.

ARGENTINE

L'Argentine est devenue le 4e producteur mondial de vin, dépassant en 1987 l'URSS. Ce pays vit en autarcie, exportant aussi peu qu'il importe. Près de 90 % de la production provient des provinces de Mendoza et de San Juan à la frontière du Chili.

Il s'agit d'une production de masse de caractère quasi industriel, utilisant des raisins de vignes irriguées dont les rendements peuvent atteindre 200 hectolitres à l'hectare. Ce sont des vins ordinaires : les rouges sont meilleurs que les blancs.

ARIKA

Alcool tiré de la distillation du *koumi,* qui est un lait de jument fermenté.

ARMAGNAC

Situé au cœur de la Gascogne, le vignoble de l'Armagnac couvre près de 13 000 hectares sur une grande partie du département du Gers, et quelques cantons du Lot-et-Garonne et des Landes. On y distingue trois zones déterminées par leur terroir.

A l'ouest se trouve le Bas-Armagnac, appelé aussi Armagnac noir, dont les bois de chênes et de pins ont donné à ce pays le qualificatif de noir. Les sols y sont acides à dominante sableuse (sables fauves). Superficie : 7 600 hectares.
A l'est, le Haut-Armagnac est essentiellement calcaire, d'où son surnom d'Armagnac blanc. Superficie : 160 hectares.
Entre les deux se trouve la Ténarèze, caractérisée par des sols argilo-calcaires mêlés de sables. Superficie : 5 200 hectares.

L'Armagnac est une eau-de-vie d'appellation d'origine contrôlée obtenue par la distillation de vins produits à partir des cépages Ugni blanc, qui prédomine, Folle Blanche et Colombard. Sont également autorisés les cépages Jurançon, Blanquette, Meslier, Mauzac, Picquepoul du Pays, Clairette, Plant de Grèce et Bacco 22 A.

Vinifiés en blanc de façon traditionnelle, ces vins ne font l'objet d'aucun traitement œnologique. Ils sont généralement très acides, et d'un degré alcoolique faible (8 à 9°).

La distillation doit avoir lieu impérativement avant le 31 mars qui suit la récolte. Elle se fait traditionnellement avec l'alambic armagnacais. Le vin est alors distillé de façon continue. Cependant la distillation à repasse, c'est-à-dire en deux temps, est également autorisée.
A la sortie de l'alambic, l'eau-de-vie est incolore et titre entre 60 et 70°. Elle est aussitôt mise en fûts de chêne, les pièces, d'une contenance de 400 à 420 litres. Le chêne utilisé provient généralement du pays, et surtout de la forêt de Monlezun.

Le vieillissement en fûts permet aux eaux-de-vie de s'affiner à la suite de réactions complexes, au cours desquelles les matières tanniques et aromatiques du bois se dissolvent. Pendant la durée du vieillissement, qui peut durer au moins un an et jusqu'à 50 ans et plus, les pièces sont rangées dans des chais ombreux et à température constante.

Lorsque le maître de chais estime que le vieillissement est suffisant, il commence les coupes, c'est-à-dire l'assemblage harmonieux de plusieurs eaux-de-vie d'origine et d'âge différents. Le degré alcoolique final (au minimum 40°) est obtenu en ajoutant à l'Armagnac des petites eaux, c'est-à-dire un mélange d'eau distillée et d'Armagnac, en faible quantité, et en respectant des intervalles d'au moins deux mois, afin de ne pas déséquilibrer l'eau-de-vie.

Le vieillissement indiqué sur l'étiquette d'un Armagnac est toujours celui de l'eau-de-vie la plus jeune qui entre dans la composition de l'assemblage : Trois Étoiles qualifient des Armagnacs d'au moins un an d'âge, conservés sous bois. Les mentions VO, VSOP ou Réserve s'appliquent à des Armagnacs d'au moins quatre ans d'âge, conservés sous bois. Les Extra, Napoléon, XO ou Vieille Réserve ont au moins cinq ans d'âge conservés sous bois.

En bouteille, l'Armagnac n'évolue plus. Il est donc prêt à être dégusté dès sa commercialisation. On peut l'y conserver à condition de laisser la bouteille debout, afin que l'alcool n'attaque pas le bouchon.

AROMATIQUE

S'applique aux vins qui ont une odeur agréable et intense. On appelle cépage aromatique celui dont les raisins ont cette caractéristique, tels le Muscat, le Gewurztraminer, le Sauvignon.

Il ne faut pas confondre aromatique avec le terme aromatisé qui s'applique à des boissons à base de vin qui ont reçu une adjonction d'aromates comme certains apéritifs.

ARÔMES

C'est l'ensemble des principes odorants des vins jeunes (par opposition au bouquet, odeur acquise lors du vieillissement).

On distingue deux types d'arômes.

Les arômes primaires ou arômes de cépage préexistent dans le raisin. Ils apportent au vin son odeur caractéristique. Par exemple, le Sauvignon, à l'odeur de buis, parfois de fumé; le Muscat, au fruité très caractéristique; le Cabernet Sauvignon, aux senteurs de poivron vert; le Pinot noir, au nez de framboise, cassis et cerise...

Ces arômes primaires évoquent généralement des odeurs fleuries, fruitées ou végétales.

Les arômes secondaires, ou arômes de fermentation sont produits par les levures pendant la fermentation. Ces odeurs évoquent la banane, le vernis à ongle, le bonbon anglais... mais aussi la bougie, la cire, le froment...

Sont aussi compris dans les arômes secondaires ceux produits lors de la fermentation malolactique, telle que l'odeur de beurre frais ou de crème fraîche.

Enfin, on peut aussi utiliser le terme arômes tertiaires pour désigner le bouquet, principe odorant que développe un vin après un certain vieillissement.

ASSEMBLAGE

Opération qui permet d'égaliser les diverses cuves d'une récolte dans une même propriété.

Ainsi à Bordeaux, les vins rouges proviennent de trois cépages qui, compte tenu de leurs dates de maturité différentes, sont souvent vinifiés séparément. L'assemblage consiste à mélanger, après fermentation, les vins issus de ces cépages, afin d'obtenir l'équilibre harmonieux propre au vin de Bordeaux.

L'assemblage est donc un terme réservé au mélange de vins d'une même origine, par opposition au coupage, qui fait intervenir des vins de régions diverses.

ASTRINGENCE

En dégustation, l'astringence est due à l'action des tannins. Ils se combinent avec les protéines de la salive, qui perd ainsi son effet lubrifiant, et provoquent une crispation des tissus des muqueuses. Cela se traduit par une impression de rugosité, le vin «râpe».

AUSTÈRE

Qui présente peu d'éléments olfactifs et une âpreté assez élevée. Se dit parfois des grands vins de garde, lorsqu'ils sont dégustés jeunes quand ils ne sont pas encore épanouis.

AUSTRALIE

L'Australie produit en moyenne 4 millions d'hectolitres de vin, contre 70 pour la France.

Cette production se fait pour l'essentiel dans les trois États du sud-est : Nouvelle-Galles du Sud, Victoria, Australie méridionale et pour une petite part en Australie occidentale près de Perth, en Tasmanie et dans le Queensland.

En Nouvelle-Galles du Sud, le vignoble de la Hunter Valley au nord de Sidney produit un Chardonnay onctueux et fumé et un Sémillon qui dans les bonnes années, et après dix ans ou plus, présente une complexité comparable aux grands Bourgognes blancs.

La région de Corowa-Rutherglen à cheval sur la Nouvelle-Galles du Sud et l'État de Victoria produit des Muscats qui, élevés en fûts de bois, ont la saveur du Madère tout en conservant le goût du raisin. Dans le même État de Victoria le Pinot noir et le Chardonnay de Yarra Valley sont de grande qualité.

En Australie méridionale, il faut signaler les Riesling de Barossa Valley et d'Eden Valley au nord d'Adélaïde.
Le premier vignoble produit aussi un excellent Muscat qui donne soit un vin léger, presque sec, au goût de Muscat, soit un vin liquoreux.

On y trouve également le Grand Hermitage, un excellent vin rouge, résultat du mariage de la Syrah et du Cabernet Sauvignon.

Le même État, au sud d'Adélaïde dans la région de Coonawarra, l'une des plus fraîches d'Australie, produit un excellent Cabernet Sauvignon.

Les vins australiens ne sont pas régis par une législation qui permettrait d'établir une hiérarchie ou un classement : il y a simplement des producteurs bons ou moins bons et leurs marques.

AUTRICHE

L'Autriche produit pour l'essentiel des vins blancs qui sont souvent de bonne qualité. Les vins rouges n'ont pas grand intérêt et ne sortent guère de leur aire de production.

On signalera néanmoins un vin rouge souple et parfumé issu du cépage Pinot Saint-Laurent cultivé en Basse-Autriche dans la région de Vöslau.

Pour les vins blancs, les cépages les plus répandus sont dans l'ordre le Grüner Veltlinger qui représente à lui seul plus de 30 % de l'encépagement total. Il produit un vin vert pâle, fruité et gouleyant qui se boit jeune et dont les Viennois font une grande consommation. Enfin, lorsqu'il est nouveau, c'est le «Heurigen» débité dans les guinguettes du même nom par les vignerons qui le produisent, en particulier à Grinzing, à Nussdorf ou à Sievering, dans la banlieue de Vienne.

Les deux autres cépages blancs prédominants sont le Müller-Thurgau et le Welschriesling. Ce dernier, le plus intéressant, est cultivé dans le Burgenland au sud-est de Vienne et autour de Falkenstein au nord de Vienne près de la frontière tchèque. Il produit un vin léger, fruité, légèrement pétillant mais aussi, en vendanges tardives, un vin liquoreux très apprécié.

Deux cépages locaux fort peu répandus

– Rotgipfler et Zierfandler – sont associés dans la production d'un vin capiteux, le Gumpoldskirchener, du nom de la localité où ils sont cultivés, au sud de Vienne.

Les principales régions productrices sont situées dans la partie orientale de l'Autriche. Autour de Vienne on distingue, à l'ouest, la région de Wachau autour de Krems et de Dürnstein sur le Danube et la vallée de Kamp dont Langenlois est le centre principal.

Au nord de Vienne, non loin de la frontière tchèque se trouve le Weinviertel (littéralement le quartier du vin). A proximité de Vienne et jusque dans sa banlieue immédiate, on déguste bien sûr le vin produit localement. C'est de là aussi que provient le Gumpoldskirchener évoqué plus haut.

Au sud-est dans le Burgenland, près de la frontière hongroise et du lac de Neusiedl, on trouve, parmi d'autres, un vin de vendanges tardives : le Ruster-Ausbruch. Dernière région viticole, la Styrie, entre Graz, la capitale, et Radkersburg sur la Mur à la frontière yougoslave.

AUXERROIS

Voir Côt.

AUXEY-DURESSES

Appellation d'origine contrôlée qui s'applique à des vins rouges et blancs, produits dans la Côte de Beaune (Côte-d'Or), sur la commune d'Auxey-Duresses, à l'ouest de Meursault. Huit climats y sont classés en Premiers Crus; leur nom peut suivre celui de l'appellation et être suivi lui-même de la mention Premier Cru.

Les vins rouges, issus du Pinot noir, gagnent à s'épanouir en bouteille, et peuvent se garder près d'une dizaine d'années. L'appellation Auxey-

Duresses peut être suivie de la mention Côte de Beaune; elle a également droit à l'appellation Côte de Beaune-Villages.

Les vins blancs, issus des cépages Pinot blanc et Chardonnay, ont une robe dorée, un nez très développé.

Production moyenne : 5 250 hectolitres, dont 3 950 hectolitres de vins rouges.

AZOTE

Gaz inerte utilisé en œnologie pour protéger les vins contre l'oxydation, lors de la conservation en cuve.

BACO 22 A

Seul cépage hybride dont la culture est autorisée, et même recommandée dans une appellation d'origine : l'Armagnac. Il résulte du croisement de la Folle blanche avec le Noah, lui-même obtenu par croisement de deux espèces américaines (Labrusca et Riparia). Il donne des vins blancs légèrement foxés, dont l'eau-de-vie, moins fine que celle de la Folle blanche, atteint plus rapidement sa plénitude.

BACTÉRIES

Micro-organismes, que l'on retrouve dans le moût et parfois dans le vin. Il y a deux sortes de bactéries : celles, aérobies, qui se développent dans le vin en présence d'oxygène, et celles, anaérobies, qui s'y développent en l'absence d'oxygène.

Les bactéries acétiques sont du premier type. On les retrouve sur les raisins atteints de pourriture grise, ou dans les cuves en vidange. Elles attaquent l'alcool (ou le sucre) du vin pour le transformer en acide acétique et acétate d'éthyle. Elles transforment donc le vin en vinaigre : c'est la piqûre acétique. Le moyen d'éviter cet accident est de conserver le vin à l'abri de l'oxygène.

Les bactéries lactiques sont anaérobies. Selon les substances qu'elles dégradent, elles peuvent provoquer les maladies suivantes : la tourne, la graisse, l'amer et la piqûre lactique.

Par contre, les bactéries lactiques sont aussi très utiles, même indispensables. En effet, elles peuvent transformer l'acide malique (acide du raisin que l'on retrouve dans le vin qui est vert et dur) en acide lactique beaucoup plus souple et moins acide : c'est la fermentation malo-lactique. Une fois que cette fermentation malo-lactique est réalisée, on se débarrasse des bactéries lactiques par un léger sulfitage.

BALSAMIQUE

Nuance du bouquet des vins, qui rappelle l'encens, les résines, les baumes végétaux.

BALTHAZAR

Grosse bouteille de Champagne, d'une contenance de 16 bouteilles.

BAN DES VENDANGES

Proclamation de la date autorisant le début des vendanges, pour les vignes produisant des vins à appellation d'origine. Cette date est fixée par le maire de chaque commune, sur la proposition de l'INAO et du syndicat des producteurs. Le ban des vendanges a pour but d'éviter que certains vignerons ne vendangent trop tôt, avant une maturité satisfaisante des raisins.

BANDOL

Appellation d'origine contrôlée qui s'applique à des vins rouges, rosés et blancs, produits en Provence, au nord-ouest de Toulon. Le vignoble, qui s'étend sur environ 600 hectares, est formé de collines au relief modéré, qui entourent le port de Bandol. Les terrains, silico-calcaires, sont secs et très pierreux. Ils sont très favorables au cépage Mourvèdre, qui donne ici toute son expression.

Les vins rouges, qui représentent 60 % de la production, sont issus des cépages Mourvèdre (pour plus de 50 %), Grenache et Cinsault, enfin, dans la limite de 20 %, Syrah, Calitor, Carignan et Tibouren. Ils sont élevés dix-huit mois en fûts de chêne. Ce sont des vins étoffés et pleins, tanniques dans leur jeunesse, qui s'harmonisent avec les années et développent alors un bouquet complexe où se mêlent la cannelle, la réglisse, la vanille et des notes animales (cuir, venaison), typiques du Mourvèdre. Ce sont des vins de garde.

Les vins rosés sont issus des mêmes cépages que les rouges. Ils ne sont embouteillés qu'après un élevage en fûts d'au moins huit mois. D'une teinte généralement très pâle, ils sont ronds, avec un bouquet d'une grande finesse.

Les vins blancs sont issus des cépages Bourboulenc, Clairette et Ugni blanc, ainsi que Sauvignon, limité à 40 %. Leur teinte jaune paille est due à un vieillissement en fûts d'au moins huit mois. Ils ont un arôme floral (aubépine, genêt, tilleul) et sont ronds en bouche.

Production moyenne : 29 800 hectolitres de rouges et rosés; 1 400 hectolitres de blancs.

BANYULS

Appellation d'origine contrôlée qui désigne des vins doux naturels rouges, produits essentiellement (à plus de 50 %) à partir du cépage Grenache noir, mais aussi du Maccabeu, du Tourbat ou Malvoisie du Roussillon, du Muscat d'Alexandrie et du Muscat à petits grains. Le vignoble est établi sur les dernières terrasses schisteuses des Albères, qui dominent la Méditerranée dans les Pyrénées-Orientales. Le terroir pentu nécessite l'aménagement du vignoble en terrasses.

L'appellation Banyuls Grand Cru concerne des vins produits dans la même aire d'appellation, mais qui répondent à des conditions de production particulières : le pourcentage de Grenache doit être supérieur à 75 %, le temps de macération est d'au moins cinq jours, et le Banyuls Grand Cru doit être élevé en fûts de chêne durant au moins trente mois.

Le Banyuls est un vin puissant et généreux, tout en rondeur, au nez complexe qui développe avec

l'âge des odeurs de pruneau, de cacao et de café fraîchement torréfié. Servi vers 14°, c'est un excellent digestif.
Production moyenne : 40 700 hectolitres de Banyuls et 7 600 hectolitres de Banyuls Grand Cru.

BARRIQUE

Récipient en bois de chêne utilisé pour la conservation des vins de garde. La barrique est un fût dont la contenance varie selon les régions : 225 litres à Bordeaux, 228 litres en Bourgogne, 215 litres en Beaujolais.

BARROQUE

Cépage blanc de la région de Tursan, à cheval sur le Gers et les Landes.

BARSAC

Appellation d'origine contrôlée qui s'applique à des vins moelleux de la région de Bordeaux, produits sur la rive gauche de la Garonne, à 40 kilomètres au sud de Bordeaux. Barsac est l'une des cinq communes ayant droit à l'appellation Sauternes, mais ses vins peuvent également bénéficier de l'appellation communale Barsac.

Le terroir est constitué par un sol argilo-calcaire peu profond ou gravelo-sableux vers le sud-ouest, avec un sous-sol calcaire karstifié (fissuré). Les vins sont issus des cépages Sauvignon, Sémillon et Muscadelle, récoltés à surmaturation, lorsque les raisins sont atteints de pourriture noble, par tries successives. Les vins de Barsac sont fruités dans leur jeunesse et évoluent vers des notes rôties (écorce d'orange, fruits secs) avec l'âge. Onctueux en bouche, ils peuvent se garder longtemps, et plus de vingt ans pour les grands millésimes.
Production moyenne : 13 550 hectolitres.

BAS-ARMAGNAC

Eau-de-vie à AOC produite dans l'ouest de l'Armagnac.

BÂTARD-MONTRACHET

Appellation d'origine contrôlée et Grand Cru de la Côte de Beaune. Ce sont des vins blancs, issus du cépage Chardonnay et produits sur les communes de Puligny-Montrachet et Chassagne-Montrachet (Côte-d'Or). Le vignoble, d'une superficie d'un peu plus de onze hectares, est appuyé au mont Rachet. A propos de son nom, on raconte que le seigneur de Puligny partagea ses terres entre ses enfants, le fils aîné (ou chevalier), les filles (ou pucelles) et le bâtard. Chacun eut sa part et les trois climats ont gardé leur nom, Chevalier-Montrachet, Bâtard-Montrachet et Les Pucelles.

Les vins de Bâtard-Montrachet ont une ampleur et une finesse qui les élèvent au rang des très grands vins blancs, ils peuvent se garder plus de dix ans et développent alors un bouquet superbe. Production moyenne : 624 hectolitres.

BÉARN

Appellation d'origine contrôlée, qui couvre des vins rouges, rosés et blancs, produits principalement au nord-ouest du département des Pyrénées-Atlantiques. Le vignoble est constitué de trois zones séparées. Les deux premières sont les aires d'appellation Madiran et Jurançon. La troisième, qui ne produit que des vins d'AOC Béarn, correspond à la région de Salies-Bellocq, située sur les collines pré-pyrénéennes qui longent le gave de Pau.

L'appellation concerne surtout des vins rosés (75 %) et des vins rouges (20 %). L'encépagement est essentiellement constitué de Tannat, mais aussi de Cabernet Sauvignon, Cabernet Franc, Fer Servadou, Manseng noir et Courbu noir. Les rosés, vifs et fruités, ont une teinte soutenue et sont légèrement tanniques. Les vins rouges, corsés et généreux, sont aptes au vieillissement.

Il existe une faible production de vins blancs obtenus à partir de cépages locaux : Raffiat de

Moncade, spécifique de la région d'Orthez, Petit Manseng, Gros Manseng, Courbu, Lauzet, Camaralet et Sauvignon.
Production moyenne : 7 800 hectolitres, dont 7 500 hectolitres de rouges et de rosés.

BEAUJOLAIS

Région viticole couvrant environ 22 000 hectares, située entre la vallée de la Saône à l'est, les monts du Beaujolais à l'ouest, le Mâconnais au nord et les monts du Lyonnais au sud. C'est une succession de collines, exposées est-sud-est, et protégées des vents d'ouest, froids et humides, par les monts du Beaujolais.
Le Beaujolais produit essentiellement des vins rouges, mais il existe une petite production de vins rosés et de vins blancs, issus des cépages Chardonnay et Aligoté. Pour les vins rouges le cépage est le Gamay noir à jus blanc, auquel on peut ajouter, pour les AOC Beaujolais, Beaujolais Supérieur et Beaujolais-Villages, du Pinot noir et du Pinot gris.
Les vins rouges sont vinifiés en macération carbonique ou vinification en grains entiers. Vendangés manuellement, et dans des clayettes (récipients de faible contenance) les raisins arrivent intacts au chai et sont mis en cuve sans avoir été foulés.

On distingue plusieurs appellations contrôlées. Dans le sud, région du Bas-Beaujolais, les sols sont argilo-calcaires. On y produit essentiellement des vins rouges et rosés (plus de 608 500 hectolitres) et un peu de blanc (5 000 hectolitres) : ce sont les Beaujolais et, plus rarement des Beaujolais Supérieurs, vins souples et fruités, à boire jeunes. Cette région est aussi appelée région des «Pierres dorées», en raison du calcaire, de couleur fauve, qui affleure et qui est beaucoup utilisé en pierre de taille.
Un peu plus au nord, et sur des sols granitiques, les Beaujolais-Villages sont produits sur 39 communes et un terroir d'environ 6 300 hectares. Ce

sont essentiellement des vins rouges (360 000 hectolitres, mais il existe aussi des vins rosés et un peu de blancs (1 800 hectolitres). Plus corsés et moins vifs que les précédents, ils se conservent un à deux ans en bouteille.
Enfin, sur des sols pauvres, issus de granites ou de schistes, se trouvent les dix crus du Beaujolais : Brouilly, Côte de Brouilly, Morgon, Chiroubles, Fleurie, Juliénas, Moulin-à-Vent, Chenas, Saint-Amour et, depuis peu, Régnié. Ce sont exclusivement des vins rouges, dont la structure, plus charnue et plus corsée, allonge la durée de garde. Chacun de ces crus a son caractère propre que lui confèrent les facteurs naturels : sol, exposition, altitude.
Les AOC Beaujolais, Beaujolais Supérieur et Beaujolais-Villages peuvent être commercialisées en primeur, c'est-à-dire dès le troisième jeudi de novembre.

BEAUMES-DE-VENISE (MUSCAT DE)
Appellation d'origine contrôlée, attribuée aux vins doux naturels blancs produits sur l'aire délimitée des communes de Beaumes-de-Venise et Aubignan, dans les Côtes du Rhône méridionales. Situé au pied des Dentelles de Montmirail, dans le Vaucluse, le vignoble de Beaumes produit non seulement un Côtes du Rhône-Villages réputé, mais aussi un vin doux naturel, issu du seul cépage Muscat à petits grains. D'une couleur dorée assez intense, il exhale des parfums de fruits mûrs typiques du cépage. Il doit être bu jeune, et peut être servi tant à l'apéritif qu'au dessert.
Production moyenne : 9 500 hectolitres.

BEAUNE
Appellation d'origine contrôlée, qui s'applique essentiellement à des vins rouges mais aussi à des blancs, produits sur la commune de Beaune, capitale des vins de la Côte-d'Or. C'est l'appellation communale la plus étendue de la Côte de

Beaune. Elle comprend 39 climats classés en Premiers Crus, parmi lesquels le célèbre Clos des Mouches, dont le nom provient des nombreuses ruches installées autrefois dans cet endroit, où, bien exposés au soleil, les raisins étaient très riches en sucres. Les vins rouges de l'appellation Beaune, issus du Pinot noir, sont généralement soyeux et délicats. Ils se gardent quatre à huit ans, selon les terroirs et les millésimes. Les Premiers Crus sont plus charpentés et demandent à vieillir davantage, surtout ceux issus du sud de Beaune (Clos des Mouches, Clos du Roy).

Production moyenne : 15 070 hectolitres. Il existe une petite production de vins blancs (260 hectolitres) élaborés à partir des cépages Chardonnay et Pinot blanc.

BELGIQUE

La Belgique, comme de nombreux pays du nord, est une nation de bière plutôt que de vin. On y confectionne cependant un vin de cerise, le Kriek, et une eau-de-vie aromatisée au genièvre, le jenever, qui peut titrer de 30° à 55° et qui se boit en digestif ou en même temps que la bière.

BELLET

Appellation d'origine contrôlée, attribuée à des vins blancs, rouges ou rosés, produits sur les collines à l'ouest de Nice. Ce minuscule vignoble de 60 hectares occupe des versants raides sur éboulis calcaires, à une altitude comprise entre 150 et 480 mètres. Sa situation lui assure, sous l'influence des vents marins, une constante ventilation qui le rafraîchit et tempère les chaleurs estivales.

Les vins blancs sont issus principalement du Rolle (plus de 60 %), du Roussan (nom local de l'Ugni blanc) et du Mayorquin. Souples et vifs, ils ont un nez très frais, avec des notes d'amande fraîche, de fleur d'oranger ou d'agrumes.

Les vins rouges et rosés sont élaborés avec les cépages Braquet, Folle noire et Cinsault.

Production moyenne : 765 hectolitres de vins rouges et rosés et 320 hectolitres de vins blancs.

BÉNÉDICTINE

Liqueur de plantes élaborée à Fécamp d'après une vieille recette de moine. La Bénédictine est issue de cinq préparations utilisant un ensemble de 27 plantes, et dont les alcoolats sont vieillis en fûts avant d'être mélangés puis édulcorés avec du sucre et du miel.

BERGERAC

Appellation d'origine contrôlée, qui s'applique à des vins rouges et rosés, produits dans le département de la Dordogne, dans les 93 communes de l'arrondissement de Bergerac. Le vignoble est implanté sur un ensemble de plateaux et de pentes alluviales limoneuses, au sous-sol calcaire. Il est soumis à un climat d'influence océanique, avec des températures élevées en automne qui permettent une bonne maturation.
Les vins rouges et rosés de Bergerac résultent de l'assemblage de vins issus des cépages suivants : Cabernet Sauvignon, Cabernet Franc, Merlot et Malbec ou Côt, et accessoirement Fer Servadou et Périgord ou Mérille.
Souvent vinifié après un égrappage total ou partiel, le Bergerac rouge ne se prête pas à un vieillissement prolongé et gagne à être bu dans les deux à trois ans.
Production moyenne : 172 000 hectolitres.
Voir Côtes de Bergerac.

BERGERAC SEC

Appellation d'origine contrôlée, qui recouvre des vins blancs secs, produits dans l'arrondissement de Bergerac à partir des cépages suivants : Sauvignon (très aromatique), Sémillon et, plus faiblement, Muscadelle. Les cépages Ugni blanc, Ondenc et Chenin, également autorisés, sont peu utilisés. Les Bergeracs secs sont des vins nerveux et aromatiques, à boire jeunes.
Production moyenne : 80 000 hectolitres.

BERGERON

Nom que porte le cépage Roussanne en Savoie.

BIENVENUES-BÂTARD-MONTRACHET

Appellation d'origine contrôlée et Grand Cru de la Côte de Beaune, qui s'applique à des vins blancs issus du cépage Chardonnay, et produits sur la commune de Puligny-Montrachet (Côte-d'Or). Le vignoble couvre une superficie d'un peu moins de quatre hectares.

Les vins de Bienvenues-Bâtard-Montrachet sont généreux, amples et d'une grande finesse. Ils peuvent se garder plus de dix ans.

Production moyenne : 181 hectolitres.

BITTER

Bitter, qui signifie amer, qualifie une boisson aromatisée, le plus souvent à base de vin et d'alcool. L'Italie produit de nombreux bitters légers, mais il existe des variétés beaucoup plus concentrées, tel l'Angostura, qui entrent dans la préparation de cocktails.

BLACK-ROT

Maladie de la vigne due à un champignon, qui attaque les parties herbacées de la vigne (feuilles et grappes jeunes). Il a été introduit en France à la fin du siècle dernier et le moyen le plus classique de le combattre est le traitement à base de cuivre (bouillie bordelaise).

BLAGNY

Appellation d'origine contrôlée, attribuée à des vins rouges, produits sur une partie des communes de Meursault et Puligny-Montrachet (Côte-d'Or). Blagny doit son nom à une villa romaine, Bélénus, rasée par les Sarrasins en 732. C'est un hameau situé sur les hauteurs, d'où provient ce vin rouge, peu connu, apparenté au Volnay, souvent vendu sous l'appellation Côte de Beaune-Villages. A noter que les vins blancs de Blagny relèvent de l'appellation Meursault.

Production moyenne : 235 hectolitres.

BLANC

On appelle vin blanc tout vin dont la couleur ne comporte aucune composante rouge. La couleur du vin blanc peut varier entre le jaune pâle, presque incolore, et le jaune ambré, en passant par toutes les nuances intermédiaires : jaune paille, jaune serin, jaune doré...

BLANC DE BLANCS

Expression utilisée pour les vins blancs issus de raisins blancs, et particulièrement pour qualifier les Champagnes issus du seul cépage blanc Chardonnay, par opposition aux blancs de noirs, obtenus à partir des cépages rouges Pinot noir et Pinot Meunier.

BLANC DE NOIRS

Expression utilisée pour qualifier les vins blancs issus de cépages noirs. Il s'agit la plupart du temps de Champagnes, issus des cépages Pinot noir ou/et Pinot Meunier. Il est possible d'obtenir des blancs de noirs, en séparant le jus, toujours incolore, de la peau des raisins rouges. (Voir Anthocyanes).

BLANC FUMÉ

Nom par lequel on désigne sur place le Pouilly Fumé.

BLANQUETTE DE LIMOUX

Appellation d'origine contrôlée, qui s'applique à des vins mousseux, produits dans l'ouest du département de l'Aude, à l'entrée de la haute vallée de l'Aude. Le vignoble s'étend sur des coteaux marneux, de part et d'autre du fleuve, sur environ 2 000 hectares. Il est caractérisé par un climat de transition entre l'influence aquitaine à l'ouest et montagnarde au sud, qui atténue la sécheresse du climat méditerranéen.

Elle est obtenue par la méthode champenoise (deuxième fermentation en bouteille et conservation sur lie de levures durant au moins neuf mois), à partir des cépages Mauzac, appelé localement Blanquette, Chenin et Chardonnay.

La Blanquette de Limoux a une robe jaune paille assez claire, un nez fin où dominent les senteurs florales (acacia), une bouche fraîche et équilibrée et une bulle fine et persistante.
Production moyenne : 61 700 hectolitres.

Il existe aussi, pour mémoire, une AOC Blanquette méthode ancestrale. C'est un vin mousseux de méthode rurale que l'on met en bouteille avant la fin de la fermentation, qui se poursuit dans la bouteille fermée, et le gaz carbonique formé pendant cette fin de fermentation produit la pression nécessaire : c'est la prise de mousse.
Production moyenne : 1 500 hectolitres.

BLAYE OU BLAYAIS

Appellation d'origine contrôlée, qui désigne des vins rouges et blancs secs, produits dans la région de Bordeaux, dans les cantons de Blaye, Saint-Ciers et Saint-Savin. Les sols sont argilo-calcaires et argileux à l'ouest, et de plus en plus sablonneux vers l'est.

L'encépagement est constitué, pour les blancs, de Sauvignon, Colombard, Sémillon, Muscadelle, Ugni blanc, Chenin et Folle blanche, et pour les vins rouges de Cabernet, Merlot, Malbec, mais aussi de Prolongeau, Cahors, Béguignol et Verdot, cépages qui ne sont pratiquement plus utilisés. C'est la moins noble des trois appellations appliquées à ce terroir : voir Côtes de Blaye et Premières Côtes de Blaye.

Production moyenne : 24 200 hectolitres de blancs et 500 hectolitres de rouges.

BLENDED

Est qualifié de « blended » un whisky qui est issu d'un assemblage de whiskies de malt et d'alcools de grain. Le « blend de luxe » est un mélange plus riche en whisky de malt.

BOISÉ

Terme qualifiant les odeurs que donne l'élevage du vin en fûts (odeurs de chêne, d'acacia, de châtaignier, senteurs de vanille). Les odeurs négatives dues aux fûts défectueux (goût de bois sec, de bois moisi) seront plutôt qualifiées de «goûts de fût».

Une légère saveur boisée est agréable dans les grands alcools soigneusement vieillis, mais elle doit rester discrète pour être acceptable.

BOIS ORDINAIRES

Zone de production de la région de Cognac, qui s'étend sur près de 4 000 hectares, le long de l'Océan et sur les îles d'Oléron et de Ré. Caractérisée par des sols siliceux et une influence maritime importante, cette zone produit des eaux-de-vie qui vieillissent très vite.

BONDE

Bouchon, en bois ou en verre, qui sert à obturer les fûts de chêne. Au début de l'élevage en fûts, on place les barriques «bonde dessus», jusqu'à ce que le vin soit stabilisé biologiquement et dépouillé de ses grosses lies : cette position bonde dessus permet ainsi l'évacuation éventuelle de gaz. Ensuite, généralement au printemps qui suit la récolte, les fûts sont placés bonde de côté.

BONNES-MARES

Appellation d'origine contrôlée et Grand Cru rouge de la Côte de Nuits : ce sont des vins rouges issus du cépage Pinot noir et produits sur certaines parcelles des communes de Morey-Saint-Denis et Chambolle-Musigny (Côte-d'Or). C'est un très grand vin rouge, coloré, charpenté, dont le bouquet se développe avec les années, et qui peut se garder jusqu'à quinze ans, selon les millésimes.

Production moyenne : 466 hectolitres.

BONNEZEAUX

Appellation d'origine contrôlée, attribuée à des vins blancs moelleux, produits sur 20 hectares de la commune de Thouarcé, sur les deux rives encaissées du Layon (Maine-et-Loire). Ils sont issus du cépage Chenin. Les raisins, atteints de pourriture noble, sont récoltés à surmaturation, ce qui nécessite des vendanges par tries successives. Ce sont des vins dorés et onctueux, d'une rare élégance et de longue garde.
Production moyenne : 1 400 hectolitres.

BONS BOIS

Zone de production de la région de Cognac, qui couvre plus de 20 000 hectares, sur des sols argilo-calcaires qui entourent la zone des Fins Bois. Les eaux-de-vie qui en proviennent sont légères et présentent une certaine rudesse.

BORDEAUX (VIGNOBLE DE)

Le vignoble de Bordeaux est situé dans le département de la Gironde. Il couvre près de 100 000 hectares, produisant environ 75 % de vins rouges et 25 % de vins blancs, au total environ 5,6 millions d'hectolitres par an.
Traversé par le 45e parallèle, le Bordelais a un climat océanique, humide, sans grandes fluctuations thermiques, tempéré par la présence de deux fleuves, la Garonne et la Dordogne, de l'estuaire de la Gironde (80 kilomètres de long et jusqu'à 12 de large), et du Gulf Stream, courant marin chaud qui balaye les côtes. Les arrière-saisons ont souvent des ensoleillements remarquables, ce qui contribue fortement à la qualité du vin.
Les vins de Bordeaux résultent de l'assemblage de vins produits par divers cépages. En effet, on vinifie généralement les cépages séparément, puisqu'ils ne mûrissent pas tous en même temps.

Pour les vins rouges, le Cabernet Sauvignon (21 000 hectares), surtout cultivé sur les sols de graves, acides, donne des vins tanniques et de garde, au nez souvent marqué par des notes végétales et de sous-bois.

Le Merlot (33 000 hectares), plutôt cultivé sur les sols calcaires et argilo-calcaires, donne des vins généralement puissants et plus souples que ceux de Cabernet. Ils évoluent donc plus rapidement et développent des bouquets souvent marqués par des notes animales.

Le Cabernet Franc (11 000 hectares), produit des vins assez corsés et très bouquetés.

On trouve aussi, en moindre quantité, le Malbec (2 à 3 000 hectares), surtout dans les régions du Blayais et du Bourgeais, qui donne des vins souples et très colorés, et le Petit Verdot, cépage d'appoint dans le Médoc, aux vins très colorés et riches en tannins.

Pour les vins blancs, on utilise le Sauvignon (35 000 hectares), aux vins frais et très aromatiques, au parfum typique de feuille de cassis, le Sémillon (17 000 hectares), cépage principal des grands vins liquoreux, en raison de son aptitude à favoriser le développement de la pourriture noble, mais moins adapté à la production de vins blancs secs, car peu acide et peu aromatique, et la Muscadelle (2 000 hectares). Interviennent encore, mais de moins en moins, l'Ugni blanc et le Colombard, ce dernier surtout dans la région de Blaye.

L'importance de ces différents cépages varie selon les zones de production. On en distingue quatre, correspondant aux grandes divisions naturelles du département de la Gironde.

Sur les terrains de graves, de la rive gauche de la Garonne et de la Gironde, on trouve, du nord au sud, le Médoc avec ses six appellations communales, Saint-Estèphe, Pauillac, Saint-Julien, Moulis, Listrac et Margaux, puis, au sud de Bordeaux, la région des Graves, qui enserre les vignobles de vins moelleux que sont Cérons,

Barsac et Sauternes. Dans cette région, le Cabernet Sauvignon domine en rouge et le Sémillon en blanc.

Dans l'Entre-deux-Mers, vaste région comprise entre la Garonne et la Dordogne, on trouve huit appellations, Entre-deux-Mers, Premières Côtes de Bordeaux, Cadillac, Loupiac, Sainte-Croix du Mont, Côtes de Bordeaux Saint-Macaire, Sainte-Foy Bordeaux et Graves de Vayres. C'est une grande région de vins blancs, à dominante Sauvignon pour les secs, et Sémillon pour les moelleux.

Dans la région du Libournais, située entre la Dordogne et son affluent l'Isle, ce sont essentiellement des vins rouges, corsés et veloutés, que l'on trouve, le plus souvent issus du Merlot, cépage bien adapté aux sols argileux ou calcaires. Ce terroir regroupe les appellations Fronsac, Canon-Fronsac, Pomerol, Lalande-de-Pomerol, Néac, Saint-Émilion et ses satellites, Puisseguin Saint-Émilion, Lussac Saint-Émilion, Montagne Saint-Émilion, Saint-Georges Saint-Émilion, Bordeaux Côtes de Francs et Bordeaux Côtes de Castillon.

Dans le Blayais et le Bourgeais, situés sur la rive droite de la Dordogne et de la Gironde, on dénombre les appellations Côtes de Blaye, Premières Côtes de Blaye, Blayais, Côtes de Bourg et Bourgeais.

Enfin, les Bordeaux et Bordeaux Supérieurs, tant blancs que rouges, peuvent être récoltés sur l'ensemble de la région, et représentent plus de la moitié de la production.

BORDEAUX

Appellation d'origine contrôlée, qui s'applique à des vins rouges, rosés et blancs, produits dans toute la zone viticole du Bordelais, c'est-à-dire sur l'ensemble du département de la Gironde, à l'exception des terres impropres à la culture de la vigne. La diversité des sols, les expositions différentes et la variété des cépages autorisés permettent d'élaborer des vins d'une grande diversité.

Les vins blancs sont issus des cépages Sémillon, Sauvignon et Muscadelle, avec, dans une proportion de 30 % au plus, Merlot blanc, Colombard, Ugni blanc, Ondenc et Mauzac. Les vins d'AOC Bordeaux doivent contenir au moins quatre grammes de sucres résiduels par litre. Ceux qui en contiennent moins doivent obligatoirement prendre l'appellation Bordeaux sec. La production moyenne est de 615 000 hectolitres.

Pour les vins rouges, l'encépagement est constitué de Cabernet Sauvignon, Cabernet Franc, Merlot, Malbec, Carmenère et Petit Verdot, ces deux derniers en voie de disparition. A partir de ces cépages, on peut produire des :
Bordeaux rosés, légers et rafraîchissants (environ 16 000 hectolitres),
Bordeaux clairets, vins d'un rouge pâle plus soutenu que celui des rosés, obtenu par une macération de plusieurs heures. Colorés mais peu tanniques, les clairets sont souples, très fruités, à boire dans les deux ans. Production moyenne : 6 100 hectolitres,
Bordeaux rouges, très variés, allant du vin souple à boire jeune, au vin de garde plus tannique. Il en est produit environ 1 319 100 hectolitres.

Il existe aussi une appellation Bordeaux Supérieur, réservée aux vins qui répondent à des conditions particulières, notamment le rendement à l'hectare, limité à 50 hectolitres à l'hectare. Leur production est de 435 300 hectolitres de rouges et rosés, et 11 000 hectolitres de blancs.

BORDEAUX CÔTES DE CASTILLON

Appellation d'origine contrôlée qui désigne des vins rouges de la région de Bordeaux. Castillon-la-Bataille, qui a donné son nom à l'appellation, est située sur la rive droite de la Dordogne, à l'est du département de la Gironde. C'est à Castillon

que prit fin la guerre de Cent Ans, en 1453, à la suite d'une bataille, au cours de laquelle Talbot, chef de l'armée anglaise, fut tué.
Le vignoble de Castillon, qui prolonge à l'est ceux de Saint-Émilion, couvre neuf communes, sur des sols sablo-argileux et sablo-graveleux, qui deviennent argilo-calcaires sur les coteaux.
Les vins, issus des cépages Cabernet Sauvignon, Cabernet Franc, Merlot, Malbec, Petit Verdot et Carmenère, sont corsés et riches en couleur. Ils ont droit aujourd'hui à l'appellation Bordeaux Côtes de Castillon et, avec des conditions de production plus strictes, à celle de Bordeaux Supérieur Côtes de Castillon. Ces deux vins devraient être prochainement regroupés sous l'appellation Côtes de Castillon.
Production moyenne : 113 400 hectolitres.

BORDEAUX CÔTES DE FRANCS

Appellation d'origine contrôlée, qui s'applique à des vins rouges essentiellement, et à des blancs secs et blancs liquoreux, de la région de Bordeaux. Le vignoble, situé à l'est du département de la Gironde et au nord de Castillon-la-Bataille, couvre environ 550 hectares, sur quatre communes : Francs, Saint-Cibard, Tayac et Les Salles.
Les vins blancs, issus des cépages Sauvignon, Sémillon et Muscadelle, peuvent être secs ou liquoreux; ils doivent alors avoir plus de 27 grammes de sucres résiduels par litre.
Les vins rouges, issus des seuls cépages Cabernet Sauvignon, Cabernet Franc et Merlot, sont généralement corsés et développent après deux ou trois ans, beaucoup de bouquet.
Production moyenne : 10 700 hectolitres, dont 250 hectolitres de blancs.

BORDEAUX HAUT-BÉNAUGE

Appellation d'origine contrôlée, attribuée à des vins blancs secs, produits sur neuf communes, voisines des Premières Côtes de Bordeaux, à

l'est de l'Entre-deux-Mers. Il s'agit de Targon, Ladaux, Soulignac, Cantois, Escoussans, Arbis, Saint-Pierre de Bat, Gornac et Mourens. Issus des cépages Sémillon, Sauvignon et Muscadelle, les Bordeaux Haut-Bénauge sont des vins frais et fruités, à boire jeunes.
Production moyenne : 3 300 hectolitres.

BORDEAUX MOUSSEUX

Appellation d'origine contrôlée, qui s'applique à des vins mousseux blancs et rosés, produits sur la zone viticole du Bordelais, et élaborés par une deuxième fermentation en bouteille.
Les vins mousseux rosés proviennent exclusivement des cépages rouges Cabernet Sauvignon, Cabernet Franc, Merlot, Malbec, Carmenère et Petit Verdot, alors que les blancs peuvent être élaborés à partir de ces cépages rouges, mais aussi des cépages blancs, Sémillon, Sauvignon, Muscadelle et, dans une proportion de 30 % au plus, Merlot blanc, Colombard, Ugni blanc, Ondenc et Mauzac.
Production moyenne : 250 hectolitres de blancs et 450 hectolitres de rosés.

BORDEAUX SUPÉRIEUR

Voir Bordeaux.

BORDERIES

Cette zone de production de la région de Cognac qui couvre près de 5 000 hectares, est située à l'est de Saintes, à cheval sur les départements de la Charente-Maritime et de la Charente, au nord de la rivière du même nom. Caractérisée par un terroir silico-argileux, elle produit des eaux-de-vie très recherchées, pour leur bouquet et leur douceur.

BOROVICKA

Eau-de-vie de grain produite en Europe de l'est, et généralement parfumée comme le gin ou le genièvre.

BOTRYTIS CINEREA

Champignon qui se développe sur les grappes de raisin, par temps humide. C'est l'agent de la pourriture grise, et, dans des conditions particulières, de la pourriture noble.

BOUCHE

Ensemble des caractères perçus lorsque le vin est dans la bouche. Plusieurs impressions sont ressenties :

Les goûts, au nombre de quatre, sont appréhendés par les papilles gustatives de la langue : sucré, salé, acide, amer. Les zones de perception de ces goûts sont nettement différenciées.

Les odeurs, par opposition aux goûts, qui ne sont perceptibles qu'en solution, sont des substances volatiles. On les ressent directement par le nez lorsque l'on hume le verre, mais on les perçoit aussi en bouche par la voie rétro-nasale qui relie la bouche à l'organe olfactif, situé au fond de la cavité nasale.

Les impressions chimiques : l'astringence due aux tannins, qui ont la propriété de coaguler les protéines de la salive et des muqueuses de la langue, donne une sensation de sécheresse et de rugosité. La présence de gaz carbonique provoque une impression de picotement.

Les sensations tactiles révèlent la consistance du vin, son onctuosité, sa fluidité...

Les sensations pseudo-thermiques, de chaleur ou de fraîcheur.

BOUCHET

Voir Cabernet Franc.

BOUCHON

Corps cylindrique destiné à l'obturation des bouteilles de vin. Qui dit vin fin, dit obligatoirement bouchon en liège. Le liège reste en effet le meilleur matériau qui assure une parfaite étanchéité. Le rôle du bouchon est en effet d'empêcher toute pénétration d'oxygène dans la bouteille, car c'est uniquement dans un milieu réduc-

teur, c'est-à-dire en l'absence totale d'oxygène, que pourra se développer le bouquet des grands vins de garde.
Les qualités d'un bouchon sont son élasticité et sa souplesse, qui lui permettent de s'adapter parfaitement au col de la bouteille et d'en assurer par là-même la complète herméticité. C'est pour garder ces qualités que la bouteille doit être couchée, position qui permet au bouchon d'être humecté de vin. C'est aussi pourquoi l'atmosphère de la cave doit avoir un taux d'humidité supérieur à 50 %. Un bouchon qui se dessèche perd son élasticité.

BOUCHON (GOÛT DE)
Le goût de bouchon est un phénomène qui peut atteindre les meilleurs vins, quelles que soient les précautions prises dans le choix des bouchons. Les nombreux travaux qui ont été menés permettent d'affirmer que le goût de bouchon a des origines diverses sans qu'on puisse les déceler à coup sûr. On met en cause l'utilisation de mauvais lièges, le traitement du liège par certains produits chlorés, ou encore l'intervention de micro-organismes dans l'écorce du chêne-liège... Affaire à suivre.
Mais une chose est sûre : dans bien des cas, ce qu'on assimile à un goût de bouchon est souvent un goût de moisi, dû à des conditions de conservation défectueuses, notamment dans des fûts de mauvaise qualité.

BOUCHY
Voir Cabernet Franc.

BOUILLEUR AMBULANT
Distillateur itinérant qui déplace son alambic de village en village. Le bouilleur ambulant produit l'alcool fermier des «bouilleurs de crus», agriculteurs et gens de la campagne qui bénéficient encore de la franchise, laquelle est une exemption de taxes sur l'équivalent de dix litres d'alcool pur.

L'attribution de la franchise, que l'on appelle également «privilège des bouilleurs de crus», fut abolie en 1960, et cette distillation artisanale finira un jour par disparaître en même temps que ses derniers bénéficiaires.

BOUILLIE BORDELAISE

C'est un produit de couleur bleue, utilisé pour la lutte contre le mildiou, champignon parasite de la vigne. Il est constitué de sulfate de cuivre et de lait de chaux. L'utilisation de ce produit traditionnel a tendance à régresser au profit de fongicides organiques de synthèse.

BOUQUET

Principe odorant que développe un vin après une phase de maturation, appelé aussi arôme tertiaire. On distingue deux types de bouquet.

Le bouquet d'oxydation est recherché dans le cas de certains vins riches en alcool (vins doux naturels). Les vins sont oxydés (en étant conservés dans des fûts incomplètement pleins, par exemple) : ils prennent une teinte ambrée et développent un bouquet d'oxydation, qui rappelle des odeurs de pomme, de coing, puis d'amandes, de noix... Ils peuvent se conserver plusieurs jours dans une bouteille entamée.

Le bouquet de réduction est celui qui concerne tous les grands vins de garde traditionnels. Au cours du vieillissement en bouteille, les arômes primaires vont se transformer en bouquet par un processus de réduction, c'est-à-dire en l'absence totale d'oxygène.
On a pu penser, à une certaine époque, que l'oxygène pénétrait à travers le liège du bouchon et participait au processus de vieillissement. Cette appréciation est fausse. Sans doute un peu d'oxygène est-il introduit lors de la mise en bouteille et intervient-il pour amorcer les transformations. Lorsque, par accident, il y a présence d'oxygène, le vin est déprécié : les bouteilles

couleuses (dont le bouchon suinte) se goûtent toujours moins bien. Aussi, la bouteille doit-elle toujours être conservée couchée, afin que le liège, toujours humide, assure ainsi une étanchéité parfaite.
Le bouquet de réduction apparaît donc en l'absence complète d'oxygène : il évoque des odeurs animales (cuir, venaison, fourrure), végétales (sous-bois, champignon) etc. Sensible à l'oxygène, ce bouquet peut disparaître rapidement ou se modifier profondément, c'est pourquoi il n'est généralement pas recommandé d'aérer les vins vieux avant de les servir. De plus, dans la bouteille entamée, le vin perd vite ses qualités.

BOURBES
Ensemble des particules solides du moût de raisin, constituées de fragments de pellicules de raisin, de pépins, de rafles, mais aussi de levures, qui se déposent au fond de la cuve par décantation, et que l'on élimine par soutirage, avant le début de la fermentation : c'est le débourbage.

BOURBON
Alcool de grain américain, reconnu comme une production nationale à la qualité contrôlée depuis 1964. Voir U.S.A.

BOURBOULENC
Cépage blanc, appelé aussi Malvoisie du Languedoc et cultivé dans tout le midi méditerranéen. Il donne un vin frais et aromatique, à boire jeune.

BOURG OU BOURGEAIS
Synonyme de Côtes de Bourg.

BOURGOGNE (VIGNOBLE DE)
C'est une grande région viticole, qui s'étend sur quatre départements : l'Yonne (Chablis), la Côte-d'Or (Côte de Nuits et Côte de Beaune), la

Saône-et-Loire (Côte Chalonnaise et Mâconnais) et le Rhône (Beaujolais), souvent dissocié en raison de son encépagement. L'ensemble de ces vignobles représente environ 40 000 hectares, dont 22 000 pour le Beaujolais.
Le climat est continental, avec des hivers rigoureux aux gelées fréquentes, et des étés chauds.

Les cépages : Les grands vins de Bourgogne sont issus d'un seul cépage, le Pinot noir pour les rouges et le Chardonnay pour les blancs.
Le Pinot noir donne des vins puissants, à la couleur assez légère et aux tannins soyeux. Souvent conservé en fûts quelques mois, il développe des arômes de fruits rouges (cerise noire...) et des bouquets boisés et balsamiques.
Le Chardonnay donne des vins blancs secs mais ronds, aux parfums de fruits (noisette, amande) et de fleurs (acacia), équilibrés et de grande classe. Souvent élevés en fûts de chêne, après la fermentation malo-lactique, ils sont généralement de bonne garde.
On trouve aussi du Gamay noir à jus blanc, utilisé en association avec le Pinot noir, pour la production de Mâcon et de Bourgogne Passe-tout-Grain. On trouve enfin le cépage Aligoté, qui produit le Bourgogne Aligoté.

Les appellations : On distingue cinq types d'appellations contrôlées, fondées sur les notions d'origine géographique et de qualité.
– Les appellations régionales peuvent être produites sur l'ensemble de la Bourgogne viticole. Certains termes ajoutés à celui de Bourgogne, font référence au cépage (Bourgogne Passe-tout-Grain, Bourgogne Aligoté) ou au type de vin (Crémant de Bourgogne).
– Les appellations sous-régionales désignent des régions plus limitées : Bourgogne Irancy, Bourgogne Hautes Côtes de Nuits, Mâcon...
– Les appellations communales, dont le nom vient de la commune de production. Par exemple, Gevrey-Chambertin, Chambolle-Musigny, Puligny-Montrachet, Meursault... Dans

chaque commune, le vignoble est divisé en lieux-dits, appelés climats, qui peuvent être mentionnés sur l'étiquette du vin produit, en complément de l'appellation communale. Par exemple, Gevrey-Chambertin Grands Champs, appellation Gevrey-Chambertin contrôlée.
– Les Premiers Crus : certains climats, par la qualité de leur terroir, sont classés en Premiers Crus. Ils représentent donc, toujours en association avec la commune dont ils sont issus, une appellation contrôlée. Par exemple, Gevrey-Chambertin Les Varoilles, appellation Gevrey-Chambertin Premier Cru contrôlée, dénomination qui peut encore être libellée Gevrey-Chambertin Les Varoilles Premier Cru, appellation contrôlée...
– Les Grands Crus proviennent de climats au terroir exceptionnel et de grande renommée. Leur nom seul suffit à les désigner, et ils constituent une appellation contrôlée à part entière. Par exemple, Charmes-Chambertin.
Ainsi, dans l'ordre hiérarchique des appellations, Charmes-Chambertin l'emporte sur Gevrey-Chambertin, qui est lui-même supérieur à Côte de Nuits, lui-même au-dessus de Bourgogne.

Les 31 Grands Crus de Bourgogne

CÔTE DE BEAUNE

climat	*sur la ou les communes de :*
Bâtard-Montrachet	Puligny-Montrachet et Chassagne-Montrachet
Bienvenues-Bâtard-Montrachet	Puligny-Montrachet
Charlemagne	Aloxe-Corton et Pernand-Vergelesses
Chevalier-Montrachet	Puligny-Montrachet
Corton	Aloxe-Corton, Ladoix-Serrigny et Pernand-Vergelesses

Corton-Charlemagne	Aloxe-Corton, Ladoix-Serrigny et Pernand-Vergelesses
Criots-Bâtard-Montrachet	Chassagne-Montrachet
Montrachet	Chassagne-Montrachet et Puligny-Montrachet

CÔTE DE NUITS

climat	*sur la ou les communes de :*
Bonnes-Mares	Morey-Saint-Denis et Chambolle-Musigny
Chambertin	Gevrey-Chambertin
Chambertin-Clos de Bèze	Gevrey-Chambertin
Chapelle-Chambertin	Gevrey-Chambertin
Charmes-Chambertin	Gevrey-Chambertin
Clos de la Roche	Morey-Saint-Denis
Clos des Lambrays	Morey-Saint-Denis
Clos de Tart	Morey-Saint-Denis
Clos de Vougeot	Vougeot
Clos Saint-Denis	Morey-Saint-Denis
Échezeaux	Flagey-Échezeaux
Grands-Échezeaux	Flagey-Échezeaux
Griotte-Chambertin	Gevrey-Chambertin
Latricières-Chambertin	Gevrey-Chambertin
Mazis-Chambertin	Gevrey-Chambertin
Mazoyères-Chambertin	Gevrey-Chambertin
Musigny	Chambolle-Musigny
Richebourg	Vosne-Romanée
Romanée (La)	Vosne-Romanée
Romanée-Conti	Vosne-Romanée
Romanée-Saint-Vivant	Vosne-Romanée
Ruchottes-Chambertin	Gevrey-Chambertin
Tâche (La)	Vosne-Romanée

BOURGOGNE

Appellation d'origine contrôlée, dite régionale, qui s'applique à des vins blancs, rouges et rosés, produits sur l'ensemble de la zone viticole de Bourgogne, constituée par les départements de la Côte-d'Or, de l'Yonne, de la Saône-et-Loire, ainsi que de l'arrondissement de Villefranche-sur-Saône, dans le département du Rhône.

Les vins rouges sont issus du cépage Pinot noir, associé dans l'Yonne au César et au Tressot. Les autres cépages autorisés, Pinot Beurot et Pinot Liébault, ont pratiquement disparu.

Les vins rosés et clairets, issus des mêmes cépages, ont droit à l'appellation Bourgogne clairet ou Bourgogne rosé.

Les vins blancs sont élaborés à partir des cépages Pinot blanc et Chardonnay. Ils sont généralement soumis à la fermentation malo-lactique, ce qui explique leur rondeur.

Cette zone d'appellation étant très étendue, les qualités et les caractères des vins peuvent varier considérablement, ce qui explique des écarts parfois importants de prix.
Production moyenne : 142 600 hectolitres, dont 15 300 hectolitres de vins blancs.

BOURGOGNE ALIGOTÉ

Appellation d'origine contrôlée, qui s'applique à des vins blancs, produits sur l'ensemble de la zone viticole de Bourgogne, à partir du cépage Aligoté. Ce sont des vins secs et vifs, au nez fruité (framboise), à boire jeunes.
Production moyenne : 63 150 hectolitres.

BOURGOGNE ALIGOTÉ BOUZERON

Appellation d'origine contrôlée, qui s'applique à des vins blancs, produits sur la commune de Bouzeron, au nord de la Côte Chalonnaise (Saône-et-Loire). Le vignoble couvre les deux versants d'une vallée orientée nord-est-sud-ouest, à une altitude moyenne de 300 mètres, sur des sols marno-calcaires. Les vins, issus du seul cépage Aligoté, ont une couleur légèrement ambrée, et un nez de musc et de sous-bois. Production moyenne : 1 100 hectolitres.

BOURGOGNE GRAND ORDINAIRE OU BOURGOGNE ORDINAIRE

Appellation d'origine contrôlée, qui s'applique à des vins rouges, rosés et blancs, produits dans toute la zone viticole de la Bourgogne. Les conditions de production sont moins strictes que celles de l'appellation Bourgogne (notamment, le degré des vins après fermentation peut être inférieur). L'encépagement est le même pour les vins rouges et rosés (ou clairets). Par contre, l'encépagement en blanc est moins restrictif. En plus des cépages Pinot blanc et Chardonnay, sont autorisés le Melon de Bourgogne, l'Aligoté, et, dans l'Yonne, le Sacy.
Production moyenne : 18 200 hectolitres, dont 2 650 hectolitres de blancs.

BOURGOGNE HAUTES CÔTES DE BEAUNE

Appellation d'origine contrôlée, dite sous-régionale, qui s'applique à des vins rouges, rosés (ou clairets) et blancs, produits sur les collines qui dominent à l'ouest la Côte de Beaune. Le vignoble est implanté sur des terroirs analogues à ceux de la Côte de Beaune, mais à une altitude plus grande : les raisins y mûrissent donc un peu plus tard.
Les vins rouges, issus du cépage Pinot noir, sont généralement plus légers et plus tanniques que ceux de la Côte de Beaune. Quant aux vins blancs, élaborés à partir de Chardonnay, ils sont frais et élégants.
Production moyenne : 21 800 hectolitres, dont 900 hectolitres de vins blancs.

BOURGOGNE HAUTES CÔTES DE NUITS

Appellation d'origine contrôlée, dite sous-régionale, qui s'applique à des vins rouges, rosés (ou

clairets) et blancs, produits sur les collines situées à l'ouest de la Côte de Nuits. La situation du vignoble est similaire à celle des Hautes Côtes de Beaune, à une altitude moyenne de 350 mètres. Cependant, les vins rouges y sont généralement plus fermes.
Production moyenne : 15 300 hectolitres, dont 1 500 hectolitres de blancs.

BOURGOGNE IRANCY

Appellation d'origine contrôlée, qui s'applique à des vins rouges, produits dans l'Auxerrois (au sud-est d'Auxerre) sur la commune d'Irancy. Le vignoble est établi, en alternance avec des vergers de cerisiers, dans un cirque de collines calcaires riches en fossiles. Le César est le cépage noir typique de cette région. De production irrégulière, il a tendance à régresser au profit du Pinot noir. Quant au Tressot, autre cépage autorisé, il a pratiquement disparu. Le Bourgogne Irancy est un vin fruité, plus ou moins charpenté selon la proportion de César, qui accroît son temps de garde, rarement supérieur à quatre ou cinq ans.
Production moyenne : 3 650 hectolitres.

BOURGOGNE MOUSSEUX

Appellation d'origine contrôlée, qui s'applique à des vins mousseux rouges, produits dans l'aire de la Bourgogne viticole à partir des mêmes cépages que pour l'appellation Bourgogne Ordinaire, et obtenus par une deuxième fermentation en bouteille. La production est infime.

BOURGOGNE ORDINAIRE

Voir Bourgogne Grand Ordinaire.

BOURGOGNE PASSE-TOUT-GRAIN

Appellation d'origine contrôlée, qui s'applique à des vins rouges et rosés, produits dans l'ensemble de la Bourgogne viticole. Ils sont obtenus par l'assemblage avant fermentation de deux tiers de Gamay noir à jus blanc au plus et d'un tiers de

Pinot noir au moins. Ces vins, fruités et souples, sont à boire jeunes et frais.
Production moyenne : 74 100 hectolitres.

BOURGUEIL

Appellation d'origine contrôlée, attribuée à des vins rouges et rosés, produits sur environ 1 500 hectares dans le Val de Loire, à l'extrême ouest de la Touraine. On y distingue trois types de terroirs : les sables, argilo-siliceux, sur le haut du coteau, les tufs, argilo- calcaires, sur la pente et les graviers, alluvions anciennes constituées de sables et de graviers, dans le bas. C'est sur ce dernier type de sol que se trouve le Saint-Nicolas de Bourgueil.
Traditionnellement, les vignerons vinifient séparément les récoltes vendangées sur ces différents terroirs.

Le Bourgueil, issu du cépage Cabernet Franc, avec au plus 10 % de Cabernet Sauvignon, est un vin plein, aromatique avec des notes fruitées (framboise) et végétales (bois de ronce). Quand il provient des graviers, il atteint rapidement sa plénitude. Récolté sur les tufs, il est plus charpenté, et se garde plus longtemps.
Production moyenne : 51 550 hectolitres.

BOURRU

Vin en cours de fermentation, riche en sucres et en gaz carbonique, au nez de levures et à l'aspect trouble, que l'on boit à l'automne pendant la vinification, avec des châtaignes ou des noix, particulièrement en Alsace.

BOUTEILLE

Les bouteilles n'ont un rôle dans le transport et la conservation des vins que depuis le XVIIIe siècle, lorsqu'on s'est rendu compte que les vins se conservaient mieux ainsi que sur leur lie. Initialement de forme trapue, les bouteilles se sont élancées et allégées, pour ressembler à la forme bourguignonne. Ce n'est qu'au XIXe siècle qu'apparaissent des formes particulières selon les origines. Il existe aujourd'hui des bouteilles propres à chaque région voire à certains terroirs. Leur contenance est de 75 centilitres.

On trouve usuellement des demies (37,5 centilitres), plus rarement des magnums (deux bouteilles) ou des double-magnums. Il existe également des jéroboams (équivalent à quatre bouteilles), des impériales ou mathusalems (huit bouteilles), des salmanazars (douze bouteilles), des balthazars (seize bouteilles) et des nabuchodonosors (vingt bouteilles).

Ces formes sont amusantes, mais il ne faut pas oublier que le vin vieillira mieux dans des bouteilles ou des magnums. Dans les demies, l'évolution se fait trop vite et le vin vieillit prématurément; dans les trop grands contenants, le vin évolue trop peu.

BRANDY

Nom anglais de l'eau-de-vie. En principe, le terme de brandy s'applique aux eaux-de-vie de vin, mais ce n'est pas toujours le cas. Associé au nom d'un fruit, il désigne aussi l'alcool tiré de ce fruit, comme pour l'apricot-brandy ou le cherry-brandy.

En France, le brandy est une eau-de-vie de vin ou de marc, sans garantie particulière d'âge ou de qualité.

BRÉSIL

La production viticole du Brésil est de 2,5 millions d'hectolitres (70 millions en France). Les vignes sont localisées dans le sud du pays, plus tempéré, et pour les deux tiers dans le Rio Grande Del Sul. Le vin brésilien est en grande partie produit à partir de cépages hybrides, plus résistants au climat humide. Ces cépages donnent des vins de table sans grande qualité. A suivre...

Pour les alcools, le Brésil est avec les Antilles le plus gros producteur de rhum, que les Brésiliens appellent cachaça, et dont les qualités varient selon le mode de production et selon le vieillissement.

BRETON

Voir Cabernet Franc.

BRILLANT

Qualificatif de la limpidité d'un vin d'une transparence parfaite avec des reflets brillants. Se situe entre clair et cristallin.

BROUILLIS

Liquide qui résulte d'une première distillation, et qui titre généralement autour de 30°; les brouillis (ou flegmes) sont distillés une seconde fois, dans les alambics dits «à repasse».

BROUILLY

Appellation d'origine contrôlée, qui s'applique à des vins rouges, produits dans la région du Beaujolais, au pied du mont Brouilly. C'est le plus méridional et le plus étendu des crus du Beaujolais : il s'étend sur environ 1 200 hectares de sols granitiques et schisteux. Très fruité (groseille, cerise), c'est un vin à boire de préférence dans ses deux premières années.
Production moyenne : 70 000 hectolitres.

BRÛLANT

Qui donne une vive sensation de chaleur, résultant d'un déséquilibre dû à un excès d'alcool.

BRUT

Vin mousseux qui n'a reçu qu'une très faible addition de sucre, sous forme de liqueur d'expédition (voir Champagne), ou qui n'en a pas reçu du tout. On dit alors qu'il est «non dosé».

BUGEY (VINS DU)

Appellation d'origine VDQS, attribuée aux vins rouges, rosés ou blancs et aux vins mousseux ou pétillants, produits sur l'ensemble de la zone viticole du Bugey.

Le vignoble du Bugey est situé à la pointe sud-est du département de l'Ain, au sud du Jura. Le relief est très contrasté et les vignes sont implantées dans les meilleures expositions, au pied des montagnes, qui atteignent jusqu'à 1 207 mètres (montagne de la Raie). Le sol est formé essentiellement de marnes et de calcaires.
Pays de Brillat-Savarin, célèbre gastronome, le Bugey produit des vins proches de ceux de la Savoie, mais moins connus.

Les vins rouges et rosés proviennent principalement des cépages Gamay, Pinot noir, Mondeuse et Poulsard alors que les vins blancs sont élaborés à partir des cépages Chardonnay, Altesse, Aligoté, Mondeuse blanche, Jacquère, Pinot gris et Molette. Il existe aussi une production de vins mousseux ou pétillants obtenus par deuxième fermentation en bouteille.

Il existe dans cette région plusieurs crus qui peuvent compléter l'appellation Vins du Bugey, pour les vins tranquilles produits sur ces zones et avec des conditions de production particulières : il s'agit de Virieu, Montagnieu, Manicle, Machuraz et Cerdon. Ce dernier cru a droit en outre, pour ses vins effervescents rosés, à l'appellation VDQS Vins du Bugey-Cerdon mousseux ou pétillant.
Production moyenne : 15 000 hectolitres, dont plus de 9 000 hectolitres de vins blancs.

BULGARIE

La Bulgarie produit en moyenne 3,5 millions d'hectolitres de vin, contre 70 millions pour la France, dans de grandes caves coopératives qui regroupent souvent des vendanges de terroirs dispersés. La notion de cépage éclipse donc celle de terroir. Compte tenu de la latitude, les vins rouges sont dans l'ensemble de meilleure qualité que les vins blancs.

Pour les mêmes raisons, la Bulgarie produit de nombreux vins doux, comme le Hemus, produit à partir du cépage Misket, un cépage proche du Muscat, originaire de la région de Karlovo, à l'est de Sofia, comme aussi le Tamianka, un bon vin moelleux que l'on trouve également en Roumanie.
Le Dimsat, cépage cultivé dans le sud, autour de Chirpan et de Kaskovo et à l'est, près de Varna et de Shumen, peut donner des vins blancs légers à boire très jeunes ou des vins de dessert. Toujours dans les blancs, le cépage le plus cultivé en Bulgarie, le Rkatsitelli, d'origine russe, produit surtout des vins blancs secs.

Les cépages rouges les plus répandus sont le Cabernet Sauvignon et le Merlot. Le premier est cultivé dans le nord du pays et produit des vins assez ordinaires, parmi lesquels ceux de la région de Svistov, près de la frontière roumaine, sont les meilleurs. Le Merlot planté dans le sud, autour de Chirpan et Haskovo, donne des vins plus séduisants. L'association de ces deux cépages produit un vin de bonne qualité : l'Oriahovica.
Le Melnik, du nom de la ville du sud-ouest proche de la frontière grecque, est riche en tannin et en alcool. Élevé en fûts de chêne, il se bonifie et s'arrondit après environ cinq ans. Les Bulgares tiennent le Mavrud, lui aussi élaboré dans le sud du pays, pour leur meilleur vin, particulièrement celui d'Asenovgrad. Moins tannique que le Melnik, il se conserve moins longtemps et tend à s'oxyder assez vite.
Enfin la Bulgarie produit un bon vin qui associe deux cépages, l'un originaire de Russie, le Saperavi, à l'arôme de prune, l'autre hongrois, le Gamza ou Kadarka qui donne au vin du corps et de la longévité.

BUZET

Appellation d'origine contrôlée, précédemment dénommée Côtes de Buzet, donnée aux vins rouges (95 %), rosés et blancs secs, produits dans le département du Lot-et-Garonne, entre Agen et Marmande. Le vignoble, qui représente aujourd'hui 1 100 hectares, est situé sur la rive gauche de la Garonne, sur des sols très variés : graveleux sur les coteaux, argilo-calcaires à mi-pente, boulbènes (sols limoneux difficiles à travailler) sur le plateau et la terrasse...

L'encépagement est typiquement bordelais : Cabernet Sauvignon, Cabernet Franc, Merlot et un peu de Malbec pour les rouges et rosés; Sauvignon, Sémillon et Muscadelle pour les blancs.

La production est assurée à raison de 94 % par une cave coopérative regroupant 500 adhérents, et pour le reste par une centaine de propriétaires.

Les vins de Buzet, selon le terroir et le millésime, peuvent se garder de trois à dix ans. Ce sont des vins typés, charnus et tanniques, qui s'apparentent aux vins de graves.
Production moyenne : 60 500 hectolitres, dont moins de 900 hectolitres de blancs.

Cabardès

Voir Côtes du Cabardès et de l'Orbiel.

Cabernet d'Anjou

Appellation d'origine contrôlée, attribuée à des vins rosés, produits sur environ 3 000 hectares de la zone d'appellation Anjou. Issu du cépage Cabernet Franc et, dans une moindre mesure, du cépage Cabernet Sauvignon, ce vin doit présenter une teneur en sucres d'au moins 10 grammes par litre. C'est un vin rosé demi-sec à moelleux, au nez fruité de framboise, à boire frais, vers 8°.
Production moyenne : 145 200 hectolitres.

Cabernet de Saumur

Appellation d'origine contrôlée, qui s'applique à des vins rosés produits sur moins de 50 hectares, dans la zone d'appellation Saumur. Issus des cépages Cabernet Sauvignon et Cabernet Franc, ce sont des vins tendres à demi-secs, qui contiennent au plus 10 grammes de sucre par litre. Ils sont intermédiaires entre le Rosé de Loire sec et le Cabernet d'Anjou moelleux.
Production moyenne : 2 500 hectolitres.

CABERNET FRANC

Cépage noir cultivé dans la région de Bordeaux, mais aussi dans le Val de Loire et dans le Sud-Ouest. Il a de nombreux synonymes locaux, Bouchy à Madiran, Bouchet à Saint-Émilion, Breton à Chinon et Bourgueil... Il donne un vin moins coloré et moins tannique que le Cabernet Sauvignon et pour cette raison, évolue plus rapidement. Dans la vallée de la Loire, il donne un vin très aromatique, avec des odeurs de framboise, de violette, mais aussi des notes végétales de bois de ronce, très agréables.

CABERNET SAUVIGNON

Cépage noir de la région de Bordeaux, que l'on retrouve dans tout le Sud-Ouest de la France, mais aussi dans le Val de Loire, en Provence, et dans le Languedoc. Il donne un vin très coloré, très tannique et de longue garde, qui développe avec l'âge des bouquets complexes, où dominent des odeurs de sous-bois, de poivron vert... Très bien adapté aux sols pauvres et graveleux, il est prédominant dans la région du Médoc. C'est l'un des plus grands cépages français, et l'un des plus cultivés de par le monde.

CABRIÈRES

Appellation d'origine contrôlée. C'est l'un des douze terroirs des Coteaux du Languedoc, dont les vins, rosés ou rouges, bénéficient des AOC Coteaux du Languedoc Cabrières ou Coteaux du Languedoc. Situé dans la région de Clermont-l'Hérault, au pied du pic du Vissou, le vignoble couvre la seule commune de Cabrières, sur un terroir schisteux. Les vins rouges sont puissants et les rosés, obtenus par saignée, ont une couleur vermeille et un nez floral.

Production moyenne : 7 500 hectolitres.

CACHET

Se dit d'un vin qui présente des caractères bien accusés, de la personnalité... bref, du cachet.

CADILLAC

Appellation d'origine contrôlée, donnée à des vins blancs moelleux, de la région de Bordeaux, produits sur la rive droite de la Garonne, sur plus de vingt communes. Le vignoble est inclus dans la zone d'appellation Premières Côtes de Bordeaux, mais l'appellation Cadillac ne concerne que des vins moelleux, issus des cépages Sauvignon, Sémillon et Muscadelle, atteints de pourriture noble. Ils doivent avoir un degré potentiel de 13°, dont 12° acquis, et une teneur en sucres résiduels d'au moins 18 grammes par litre. Lorsque les conditions climatiques ne permettent pas une telle concentration, les vins de cette région peuvent être commercialisés sous l'appellation Premières Côtes de Bordeaux.
Production moyenne : 1 980 hectolitres.

CAHORS

Appellation d'origine contrôlée, qui s'applique à des vins rouges, produits sur environ 3 000 hectares, dans le sud-ouest du département du Lot. Le vignoble est implanté sur le causse marneux, plateau calcaire dont l'érosion a formé une série de terrasses graveleuses qui s'étagent jusqu'au Lot.
Le cépage principal est l'Auxerrois (nom local du Côt), qui doit représenter au moins 70 % de l'encépagement. Interviennent en complément le Jurançon noir, le Merlot, le Tannat et la Syrah. Selon la composition des assemblages, les vins de Cahors offrent une certaine diversité, mais tous ont un caractère commun : la charpente et la générosité, avec un nez végétal. Ce sont des vins de garde, mais qui peuvent être appréciés jeunes, au bout de deux ou trois ans.
Production moyenne : 141 500 hectolitres.

CALVADOS

Le Calvados est la seule eau-de-vie produite à partir de la pomme, qui bénéficie d'une appellation d'origine contrôlée. En fait, il existe en Normandie plusieurs appellations différentes, dont les aires géographiques de production ont été strictement délimitées et à l'intérieur desquelles doivent être effectuées toutes les opérations : récolte des pommes, fabrication puis distillation des cidres.

Le Calvados du Pays d'Auge, appellation d'origine contrôlée, est produit principalement dans la partie orientale du département du Calvados. Il se situe au sommet de la hiérarchie et doit ses qualités à la fois à son terroir et à la façon dont il est distillé (avec un alambic à repasse).

Les Calvados, appellations d'origine contrôlées, sont produits dans une zone qui entoure le Pays d'Auge. Ils proviennent généralement de l'assemblage de Calvados de plusieurs terroirs, mais peuvent aussi être issus d'un seul terroir et portent alors une des appellations suivantes : Calvados du Calvados, du Mortainais, du Cotentin, de l'Avranchin, du Domfrontais, du Perche, du Pays de la Risle, de la Vallée de l'Orne, du Pays de Merlerault ou du Pays de Bray.

Enfin, il existe une appellation d'origine réglementée, l'Eau-de-Vie de cidre, pour les eaux-de-vie provenant de Bretagne, du Maine et de la vallée de la Seine.

L'élaboration du Calvados commence dès la cueillette des pommes. Celles-ci doivent donner, par fermentation tout-à-fait naturelle du jus, un cidre titrant au moins 4,5° d'alcool (la plupart font entre 5 et 6°). La transformation du cidre en Calvados se fait par distillation, soit avec l'alambic à repasse, seul autorisé pour la distillation du Calvados du Pays d'Auge, soit avec l'alambic de premier jet ou alambic à colonne. A la sortie de l'alambic, l'eau-de-vie est incolore : elle titre 68 à 70°. Ce pourcentage d'alcool est ensuite ramené, par addition d'eau distillée, entre 40 et 45°. Le Calvados vieillit ensuite en fûts de chêne très secs. Le contact du bois lui communique les éléments nécessaires à son achèvement : son arôme s'exhale et le chêne lui communique une couleur ambrée de plus en plus profonde. Après la délicate opération d'assemblage d'eaux-de-vie d'âges divers, de récoltes et de terroirs différents, le Calvados est mis en bouteille. Dès lors, il n'évolue plus et doit être conservé debout, au sec, à l'abri des chaleurs trop fortes.

CANADA

En dehors d'une production marginale de vins assez médiocres, le Canada se distingue par ses alcools de grain qui sont connus sous le nom de canadian whisky, canadian rye whisky ou tout simplement rye whisky.

Le maïs, l'orge, le seigle ou le blé entrent en proportions diverses dans la fabrication d'un alcool presque pur, dont l'arôme est ensuite donné par un vieillissement d'au moins trois ans en fûts normaux ou charbonnés, et par l'ajout de 5 à 10 % d'un rye whisky plus parfumé. Les whiskies canadiens sont donc tous des blends, des whiskies de mélange, sans contrainte particulière de fabrication.

CANON-FRONSAC

Appellation d'origine contrôlée, également dénommée Côtes de Canon-Fronsac qui désigne des vins rouges du Bordelais, produits sur la rive droite de la Dordogne, à deux kilomètres à l'ouest de Libourne.

Le vignoble, qui couvre environ 300 hectares, est situé entre l'Isle et la Dordogne, sur les parcelles délimitées de deux communes, Fronsac et Saint-Michel de Fronsac, qui ont aussi droit à l'appellation Fronsac.

Il tire son nom de la côte de Canon, prolongement géologique de la côte de Saint-Émilion. On y trouve, sur le plateau, des sols très caillouteux et peu profonds, essentiellement calcaires, et sur les pentes, des sols argilo-calcaires plus profonds

(molasses du Fronsadais) sur un sous-sol de calcaire à astéries.
L'encépagement est constitué de Merlot, de Cabernet Franc, mais aussi d'un peu de Cabernet Sauvignon et de Malbec.
Charpentés et typés, au nez souvent épicé (cannelle, clou de girofle), avec parfois des notes de truffes, les vins de Canon-Fronsac ont beaucoup d'ampleur et sont de grande garde, jusqu'à dix ans et plus.
Production moyenne : 13 900 hectolitres.

CAP CORSE

Apéritif corse de type quinquina, faisant également entrer dans sa composition de la myrtille, de la gentiane, de l'orange amère, etc.

CAPITEUX

Vin d'un degré alcoolique élevé, qui monte à la «tête».

CAPSULE-CONGÉ (OU C.R.D.)

La capsule représentative du droit ou capsule-congé est une vignette, imprimée sur la capsule d'un vin en bouteille. Élément du contrôle des vins, elle prouve que le vin a bien payé le droit de circulation. La capsule C.R.D. mentionne les références qui permettent d'identifier le négociant ou le producteur embouteilleur.

CARACTÈRE

«Il a du caractère» se dit d'un vin qui exprime bien les qualités de son terroir.

CARAMEL

Le caramel, tiré la plupart du temps de sucre de canne, est utilisé dans l'obscuration des eaux-de-vie de vin ou de cidre. Cela consiste à ajouter avant embouteillage un concentré sucré qui adoucit le goût quelquefois très âpre des alcools; la quantité et le type de caramel utilisés sont cependant strictement réglementés.

CARIGNAN

Cépage noir originaire d'Espagne, et implanté dans tout le midi méditerranéen. A faible rendement, il donne des vins assez puissants, bien colorés, un peu astringents, avec parfois une certaine amertume en finale. On l'utilise en association avec d'autres cépages plus fins, Grenache, Cinsault, Syrah ou Mourvèdre.

CARMENÈRE

Cépage noir du Bordelais, qui a pratiquement disparu.

CASSE BRUNE (OU CASSE OXYDASIQUE)

Altération de la couleur du vin, due à une oxydation enzymatique des anthocyanes. Le vin brunit, devient louche et imbuvable. Cette casse se produit surtout sur des vins issus d'une vendange atteinte de pourriture grise, donc riche en laccase, enzyme responsable de cette oxydation.

CASSE FERRIQUE

Altération de la limpidité du vin, due à l'insolubilité du fer. Cet accident peut survenir sur des vins contenant plus de dix milligrammes de fer par litre. C'est pourquoi le matériel de vendange et de cuve est généralement en acier inoxydable. Si, malgré toutes ces précautions, le vin est trop riche en fer, il existe un traitement qui permet d'éliminer l'excédent : c'est le traitement au phytate de calcium pour les vins rouges et au ferrocyanure de potassium pour les vins blancs.
Ces deux substances ont la propriété de former avec le fer un précipité lourd et insoluble, qui se dépose comme une colle et qui est éliminé par soutirage.

CASSE PROTÉIQUE

Altération de la limpidité du vin, troublé par la floculation des protéines, en excès dans le vin. Cette casse protéique se rencontre rarement, car on l'élimine généralement par collage, avant la mise en bouteille.

CASSIS

Appellation d'origine contrôlée, attribuée à des vins rouges, rosés et blancs, produits au sud-est de Marseille. Le vignoble est situé dans l'amphithéâtre entourant Cassis, sur des coteaux calcaires aux expositions variées : sud, ouest et nord-ouest. Il est célèbre pour ses vins blancs, produits à partir des cépages Ugni blanc, Sauvignon, Doucillon, Clairette, Marsanne et Pascal blanc. Ce sont des vins secs et corsés, au caractère bien affirmé, que l'on marie souvent avec la bouillabaisse. Leur production est d'environ 3 900 hectolitres.

Il existe aussi une petite production de vins rouges et rosés (1 800 hectolitres), issus principalement des cépages Grenache, Carignan, Mourvèdre, Cinsault et Barbaroux. Apparentés à ceux de Bandol, les rouges sont moins charpentés et les rosés ont une teinte plus soutenue.

CAUDALIE

Unité de mesure de la persistance aromatique intense, c'est-à-dire de la longueur en bouche. Une caudalie correspond à une seconde de persistance. La persistance aromatique ou longueur en bouche est un élément déterminant de la qualité des vins, donc de leur hiérarchie.

CAVE

C'est le lieu où l'on conserve les vins de garde, dont la qualité s'améliore avec le temps, à condition bien sûr de respecter certaines règles.

La température doit être maintenue entre 8 et 15°. Au-dessous, l'évolution du vin est exagérément lente; au-dessus, elle est trop rapide et le vin vieillit prématurément. Plus encore que la chaleur ou le froid, les variations de température sont particulièrement néfastes.

L'humidité : Le développement du bouquet d'un vin est obtenu par un processus de réduction, conditionné par l'absence totale d'oxygène. C'est pour cela que l'on utilise le bouchon de liège. En effet, son élasticité et sa souplesse lui permettent de s'adapter parfaitement au col de la bouteille, et d'en assurer ainsi la complète herméticité. Mais pour qu'il conserve toutes ses qualités, le bouchon doit être humide. Il est donc nécessaire que la bouteille soit couchée, mais aussi que le taux d'humidité de la cave soit supérieur à 50 %. Un excès d'humidité risquant d'altérer les étiquettes, l'hygrométrie conseillée est de l'ordre de 70 %.

Les caves idéales ont un sol perméable, que l'on peut recouvrir d'un matériau poreux permettant de régulariser l'humidité (tuiles ou briques concassées, pozzolanes...).

La lumière : La lumière accélère le vieillissement du vin. C'est pourquoi la plupart des vins de garde sont mis dans des bouteilles colorées et pourquoi la cave doit être obscure.

L'aération : Elle permet d'éviter les mauvaises odeurs et assure une régulation de l'humidité.

Les vibrations : On a remarqué, sans pouvoir encore l'expliquer scientifiquement, que les vibrations fatiguent le vin. Les vins jeunes qui ont voyagé, par exemple, retrouvent leur forme après un temps de repos, mais ceux d'un âge vénérable résistent baucoup moins bien et sont parfois irrémédiablement altérés. Aussi, vaut-il mieux éviter d'entreposer son vin à proximité d'une ligne de métro ou de chemin de fer...

Il existe aujourd'hui des caves d'appartement ou armoires à vin, meubles de faible encombrement reproduisant les conditions optima de conservation, avec un réglage assurant une hygrométrie de 70 % et une température constante, et souvent un système anti-vibrations. Leur contenance peut varier de 50 à 300 bouteilles.

Enfin, on peut conserver les bouteilles de vin quelques mois sans trop de risque, si on prend soin de les mettre dans un meuble fermé, à une température pas trop élevée.

CENTRIFUGATION

Phénomène qui permet de séparer un liquide d'un solide, de densité différente, par la force centrifuge. Elle permet donc de réaliser rapidement la sédimentation des particules en suspension dans le vin.
Cette technique peut être utilisée pour le débourbage des moûts après pressurage, pour la clarification des vins après collage, mais également pour éliminer les levures en cours de fermentation afin d'obtenir des vins moelleux.

CEP

Synonyme de pied de vigne, souche. Ce terme désigne plus particulièrement le pied de vigne tel qu'il apparaît en hiver, lorsqu'il n'y a ni feuilles, ni fruits.

CÉPAGE

Variété de plant de vigne. L'encépagement est aujourd'hui sévèrement contrôlé. Les cépages sont classés en deux catégories : les cépages recommandés, qui fournissent des vins dont la bonne qualité est reconnue et les cépages autorisés, qui produisent un vin «loyal et marchand», mais de qualité moindre.

Chaque département a sa liste de cépages recommandés et autorisés. En effet, le choix d'un cépage dépend du sol et du climat : le Cinsault, par exemple est un cépage recommandé dans le Vaucluse (il entre dans la composition des vins rouges et rosés des Côtes du Rhône), mais il est seulement autorisé dans le département de la Gironde.

Aujourd'hui, seuls les Vins de Table peuvent provenir de cépages autorisés. Les Vins de Pays doivent obligatoirement provenir de cépages recommandés. Quant aux vins à appellation d'origine (AOC et VDQS), leur encépagement, bien évidemment constitué de cépages recommandés, est strictement défini par un décret publié au Journal Officiel, après décision de l'Institut national des appellations d'origines (INAO). L'encépagement d'un vin à appellation d'origine peut être constitué d'un ou plusieurs cépages, dont certains ne peuvent intervenir qu'en quantités limitées. Par exemple, les grands vins rouges de Bourgogne sont issus du seul cépage Pinot noir, alors que les vins rouges de Châteauneuf-du-Pape peuvent être élaborés à partir de 13 cépages différents.

CÉRONS

Appellation d'origine contrôlée, donnée à des vins blancs moelleux de la région de Bordeaux. Le vignoble, inclu dans la zone d'appellation des Graves, couvre trois communes sur la rive gauche de la Garonne. Le terroir est constitué de croupes silico-graveleuses, avec un sous-sol argilo-calcaire. Les vins moelleux de Cérons sont issus des cépages Sauvignon, Sémillon et Muscadelle, récoltés à surmaturation, lorsque les raisins sont atteints de pourriture noble, par tries successives. Plus nerveux que les Sauternes, les vins de Cérons sont généreux et élégants.
Production moyenne : 4 100 hectolitres.

La zone d'appellation Cérons produit aussi des vins rouges et blancs secs, qui ont droit à l'appellation Graves.

CÉSAR

Cépage noir d'origine très ancienne, cultivé dans l'Yonne, notamment dans le vignoble d'Irancy. Il est autorisé dans les aires d'appellation Bourgogne, Bourgogne Ordinaire et Bourgogne Grand Ordinaire. Le César donne des vins colorés et tanniques, de bonne garde.

CHABLIS

Le vignoble de Chablis, le plus septentrional de la Bourgogne, s'étend à l'est d'Auxerre (Yonne) sur environ 1 500 hectares.
Jusqu'à la fin du XIXe siècle, les vignobles de Chablis et de l'Auxerrois faisaient partie d'un

vaste vignoble, qui couvrait tous les coteaux jusqu'à la Côte-d'Or. Mais tout fut dévasté par le phylloxéra. Lorsque les techniques de greffage ont permis de reconstituer le vignoble, seuls les meilleurs terroirs furent replantés, ce qui explique l'isolement de ces deux zones par rapport au reste de la Bourgogne viticole.

Situé en bordure du Bassin parisien, le vignoble de Chablis occupe des coteaux de formation jurassique, constitués de calcaires et de marnes du Kimmeridgien, riches en fossiles. Soumise à un climat continental, cette région subit souvent de redoutables gelées de printemps.

Le vignoble de Chablis produit uniquement des vins blancs secs, issus du seul cépage Chardonnay, appelé localement Beaunois.

On distingue quatre appellations contrôlées, reflets du terroir et de l'exposition.

Les Chablis Grands Crus sont au nombre de sept, produits sur les coteaux d'exposition sud-ouest, qui dominent le village de Chablis, sur environ 90 hectares : Valmur, Vaudésir, Bougros, Blanchots, Les Clos, Grenouilles et Les Preuses. Chacun possède sa propre typicité, mais tous ont en commun des parfums délicats de fleurs (acacia), et de fruits (amande) avec parfois une note de pierre à fusil. Ils ont beaucoup d'ampleur en bouche, et peuvent se garder une dizaine d'années.
Production moyenne : 5 150 hectolitres.

Les Chablis Premiers Crus sont récoltés sur 27 climats ou lieux-dits, couvrant environ 470 hectares, situés sur Chablis et les communes environnantes. Les plus réputés sont : Monts de Milieu, Montée de Tonnerre, Vaillons, Montmains, Mélinots... Les Chablis Premiers Crus sont de grande classe, un peu moins amples que les Grands Crus. Ils peuvent se conserver plusieurs années.
Production moyenne : 33 900 hectolitres.

Les Chablis sont récoltés sur les territoires délimités de 19 communes, soit environ 900 hectares. Fruités et élégants, plus légers que les Grands Crus et Premiers Crus, ils s'épanouissent après deux ou trois ans.
Production moyenne : 73 100 hectolitres.

Les Petit Chablis, récoltés sur l'ensemble de la zone d'appellation Chablis, sont vifs et légers, à boire jeunes.
Production moyenne : 7 150 hectolitres.

CHAI

Local généralement situé au niveau du sol et dans lequel ont lieu toutes les opérations de vinification et d'élevage du vin.
On utilise aussi parfois le mot cave mais ce terme est plutôt réservé au lieu de stockage des vins en bouteille.

CHALEUR

Caractère pseudo-thermique lié à la présence d'un certain pourcentage d'alcool. Ce mot ne correspond pas à un déséquilibre, mais simplement à une sensation un peu plus élevée que celle que donne la moyenne des vins.

CHAMBERTIN

Appellation d'origine contrôlée et Grand Cru de la Côte de Nuits. Elle s'applique à des vins rouges produits sur la commune de Gevrey-Chambertin (Côte-d'Or).
Le vignoble, constitué uniquement de Pinot noir, s'étend sur plus de 28 hectares. Il est implanté à flanc de coteau, sur une dénivellation d'une trentaine de mètres. De haut en bas, le sol calcaire s'enrichit en marnes par l'érosion, d'où une différence entre les vins provenant du haut de côte plus calcaire (ils sont plus fins) et ceux issus de sols plus marneux (ils sont plus puissants).

23 propriétaires se partagent ce Grand Cru, dont les vins allient puissance et finesse.
Production moyenne : 544 hectolitres.

CHAMBERTIN CLOS DE BÈZE

Appellation d'origine contrôlée et Grand Cru de la Côte de Nuits. Elle concerne les vins rouges produits sur certaines parcelles de la commune de Gevrey-Chambertin. Le vignoble, planté de Pinot noir, n'est séparé du climat de Chambertin que par un chemin. Surélevé par rapport à ce dernier, il est plus accidenté et bénéficie d'un rayonnement solaire plus intense d'autant que le sol est plus caillouteux. Autant de différences qui expliquent les caractères distincts des vins de Chambertin Clos de Bèze. Ils offrent un bouquet d'une grande complexité, et beaucoup d'ampleur en bouche.

Ce Grand Cru, l'un des plus réputés de la Côte de Nuits, représente une superficie de 15 hectares, que se partagent 18 propriétaires.

Production moyenne : 706 hectolitres.

CHAMBÉRY

Vermouth français produit à Chambéry (Savoie), à partir d'une macération d'herbes dans du vin blanc. Les Américains, qui lui donnent le surnom de «french», l'utilisent pour la confection d'un cocktail appelé «dry french», en mélange avec du gin.

CHAMBOLLE-MUSIGNY

Appellation d'origine contrôlée, dite communale, qui désigne des vins rouges produits sur la commune de Chambolle-Musigny, au cœur de la Côte de Nuits (Côte-d'Or). Le vignoble, d'une superficie de 155 hectares, est implanté sur un sol de calcaires marneux. Il possède 23 climats, classés en Premiers Crus, parmi lesquels les Charmes, les Combottes, les Amoureuses..., mais aussi deux Grands Crus, Musigny et (en partie) Bonnes-Mares.

Les vins de Chambolle-Musigny, issus du cépage Pinot noir, se distinguent de tous les autres vins de la Côte de Nuits, par leur délicatesse, leur finesse, leur élégance.

Production moyenne : 5 700 hectolitres.

CHAMPAGNE (VIGNOBLE DE)

Le vignoble de Champagne couvre près de 25 000 hectares de vignes. Il est soumis à un climat contrasté, où se mêlent et se succèdent très rapidement la douceur atlantique et la rigueur continentale. La présence de forêts et de bois sur les plateaux environnants entretient une humidité bénéfique, qui tend à stabiliser les températures.

Le sol champenois est crayeux dans sa plus grande étendue. Cette craie emmagasine la chaleur puis la restitue à la vigne en même temps qu'elle apporte aux ceps des éléments minéraux spécifiques qui donnent aux raisins une grande originalité.

Trois cépages sont cultivés en Champagne : deux cépages noirs à jus blanc : le Pinot noir, généreux et corsé et le Pinot Meunier, qui apporte jeunesse et fraîcheur, et un cépage blanc, le Chardonnay, qui confère au vin souplesse, finesse et élégance. Dans cette situation géographique septentrionale, les cépages expriment au mieux leur potentiel aromatique et donnent un vin relativement léger en alcool, mais élégant et fin, qui a une tendance naturelle à prendre mousse.

Le vignoble champenois est divisé en quatre régions : la montagne de Reims, plantée en grande majorité de Pinot noir, la vallée de la Marne, avec surtout du Pinot noir et du Pinot Meunier, la Côte des Blancs, où règne le Chardonnay, enfin, séparé des trois premiers vignobles, celui de l'Aube, où domine le Pinot noir.

La plupart des vignerons champenois des trois premières régions vendent leur récolte aux grandes maisons. C'est pourquoi, en Champagne, la notion de cru s'applique aux raisins, qui, suivant leur commune d'origine, sont vendus à un prix proportionnel au prix de base, fixé chaque année par le Comité interprofessionnel des vins de Champagne (CIVC). Ainsi, les meilleurs terroirs produisent des raisins cotés à 100 %, qui seront payés à 100 % du prix de base. Par contre, les raisins récoltés sur une commune cotée à 80 %, seront achetés par le négoce à 80 % du prix de base. Les vins provenant de raisins cotés à 100 % ont droit à l'appellation Grand Cru, et ceux que produisent des raisins classés de 90 % à 99 %, ont droit à la mention Premier Cru. Parmi les communes classées à 100 % (Grands Crus), citons Bouzy, Ambonnay, Mailly-Champagne, Verzy et Verzenay.

CHAMPAGNE

Appellation d'origine contrôlée qui s'applique aux vins mousseux, blancs (essentiellement) et rosés, produits, récoltés et élaborés sur les zones délimitées des cinq départements suivants : la Marne (80 % de la surface totale), l'Aube (15 % environ), la Seine-et-Marne, la Haute-Marne et l'Aisne, qui représentent à eux trois les 5 % restant.

L'élaboration du Champagne obéit à des règles très strictes, précisées par la loi. Elles concernent les conditions de production (système de taille, rendement à l'hectare, etc.), mais aussi la vinification, l'élevage, la commercialisation et les mentions à porter sur l'étiquette.

Les raisins, cueillis manuellement, arrivent intacts au cuvier et sont aussitôt pressés, dans des pressoirs champenois (pressoirs verticaux à forme basse et large typiques de la région) ou des pressoirs horizontaux. Le rendement est limité à 100 litres de jus pour 150 kilos de vendange, afin d'éviter un surpressurage préjudiciable à la qualité. Les moûts sont logés pour la première fermentation dans des cuves portant mention de leur origine.

La qualité des vins est ensuite évaluée, afin de composer les cuvées. C'est en effet une étape primordiale dans l'élaboration du Champagne. La cuvée est l'assemblage de vins tranquilles issus de crus, de cépages et d'années différents.

Chaque maison de Champagne se distingue par la constitution de sa cuvée, au goût caractéristique suivi d'année en année. C'est pourquoi le Champagne n'est généralement pas millésimé, puisqu'il est le produit d'un assemblage de différentes années. Par contre, dans le cas d'un grand millésime, la cuvée ne se compose que de vins de l'année.
Lorsque la cuvée est terminée, on ajoute la liqueur de tirage, constituée de sucre de canne et de ferments (levures). Le vin est ensuite mis en bouteille, capsulé et couché sur «lattes», dans les caves fraîches de la Champagne, où il va séjourner au moins 12 mois pour les vins non millésimés et 36 mois pour les vins millésimés. La transformation du sucre par les levures provoque un dégagement de gaz carbonique et une surpression dans les bouteilles.
Cette seconde fermentation provoque un dépôt de levures dans la bouteille. Afin de l'éliminer, les bouteilles sont placées, goulot vers le bas, sur des pupitres. Par des rotations et des trépidations quotidiennes, le dépôt est peu à peu amené dans le goulot que l'on plonge enfin dans une saumure glacée. On ouvre alors la bouteille et, sous la pression, le dépôt gelé est évacué : c'est le dégorgement.
On ajoute enfin la liqueur de dosage, constituée de vin et de sucre, qui détermine le type de vin recherché : extra-brut (jusqu'à six grammes de sucre par litre), brut (quinze grammes par litre), extra-dry (douze à vingt grammes par litre), sec (dix-sept à trente-cinq grammes par litre), demi-sec (trente-trois à cinquante grammes par litre) et doux (cinquante grammes par litre).

Le Champagne rosé est élaboré, soit par une légère addition de vin rouge de Champagne à la cuvée, soit par la vinification du moût en rosé.

Production moyenne : 1 818 000 hectolitres de blancs et 18 400 hectolitres de rosés. Il est commercialisé chaque année environ 200 millions de bouteilles.

CHAPELLE-CHAMBERTIN

Appellation d'origine contrôlée et Grand Cru de la Côte de Nuits, qui s'applique aux vins rouges, issus du cépage Pinot noir, et produits sur deux parcelles de la commune de Gevrey-Chambertin, Chapelle et Les Gémeaux. Sa superficie est de 5 hectares 48, exploitée par neuf propriétaires. Le vignoble, contigu à celui de Griotte-Chambertin, a la même exposition, mais il est établi sur un sol plus lourd. De tous les Grands Crus de Gevrey, c'est l'un des plus légers, mais dont la finesse compense la légèreté.
Production moyenne : 230 hectolitres.

CHAPTALISATION

Addition de sucre au moût. Cette pratique, utilisée en France dès la fin du XVIIIe siècle, fut préconisée par Chaptal, médecin et chimiste, ministre de l'Intérieur de 1800 à 1804, dans son livre *L'Art de faire, de gouverner et de perfectionner les vins en 1801,* d'où le nom de chaptalisation qu'elle porte.

L'addition de 17 grammes de sucre par litre provoque la formation d'un degré supplémentaire d'alcool. Pratiquée à des doses modérées, et pour corriger un manque de sucres dû à des conditions naturelles médiocres, la chaptalisation améliore la qualité du vin. Par contre, utilisée exagérément, elle risque de produire des vins brûlants, déséquilibrés par une trop forte teneur en alcool.

La chaptalisation est sévèrement réglementée : elle n'est autorisée que dans certains cas, à des doses limitées, et doit faire l'objet d'une déclaration préalable à la Direction générale des impôts.

CHARDONNAY

Cépage blanc bourguignon, seul composant des grands vins blancs de Bourgogne. C'est aussi un des trois cépages de Champagne, surtout cultivé dans la Côte des Blancs. On le trouve également dans le Jura, dans le Centre et le Val de Loire.

Les vins de Chardonnay sont amples et fins, aux arômes de fruits secs. Ils peuvent se garder plusieurs années, la durée variant selon le terroir d'origine.

CHARGÉ
Qualifie un vin lourd et épais.

CHARLEMAGNE
Appellation d'origine contrôlée et Grand Cru blanc de la Côte de Beaune, qui s'applique aux vins blancs produits sur des parcelles bien délimitées des communes d'Aloxe-Corton et de Pernand-Vergelesses (Côte-d'Or). Les vins de Charlemagne, superbes vins blancs issus du cépage Chardonnay, sont généralement vendus sous l'appellation Corton-Charlemagne.

CHARMES-CHAMBERTIN
Appellation d'origine contrôlée et Grand Cru de la Côte de Nuits, conférée aux vins rouges, issus du cépage Pinot noir et produits sur deux parcelles de la commune de Gevrey-Chambertin, les Charmes et Mazoyères. Le mot charmes désigne en Bourgogne d'anciens champs communs retournés à la friche. Sous l'appellation Charmes-Chambertin, sont aussi vendus les vins du Grand Cru Mazoyères-Chambertin, qui lui est contigu. La superficie totale des deux appellations est de 31 hectares. Le Charmes-Chambertin est l'un des plus légers, parmi les neuf crus de Gevrey. C'est également celui qui évolue le plus vite. À boire entre cinq et dix ans, selon les millésimes. Production moyenne : 1 130 hectolitres.

CHARNU
Qualifie un vin qui «a de la chair», qui remplit bien la bouche, avec des tannins et surtout de la rondeur.

CHARPENTÉ
Qualifie un vin qui a une bonne constitution tannique, une charpente.

CHARTREUSE

Liqueur de plantes issue d'une très vieille recette qui est toujours fabriquée à Voiron, près de Grenoble. Le secret de sa fabrication en est jalousement conservé, mais on sait qu'il fait intervenir de nombreuses plantes aromatiques dont la mélisse, l'hysope, les feuilles d'angélique, l'écorce de cannelle, le macis et le safran; différentes macérations sont pratiquées ainsi que des distillations parallèles, pour aboutir à des mélanges en plusieurs étapes et enfin à un long vieillissement en fût.

Ce sont toujours des moines de l'ordre des Chartreux qui élaborent la Chartreuse verte (55°), la Chartreuse jaune plus douce (40°), ainsi que l'Élixir végétal (71°), qui se consomme sur un sucre dans une petite cuillère.

CHASSAGNE-MONTRACHET

Appellation d'origine contrôlée donnée aux vins rouges et blancs, produits dans la Côte de Beaune, sur la commune de Chassagne-Montrachet et sur deux parcelles de la commune de Rémigny. Le vignoble, d'une superficie de plus de 300 hectares, possède une cinquantaine de climats classés en Premiers Crus, parmi lesquels les Caillerets, les Vergers, les Grandes Ruchottes...

Les vins rouges, issus du cépage Pinot noir, sont solides, de bonne garde (jusqu'à dix ans). Ils ont aussi droit à l'appellation Côte de Beaune - Villages.

Les vins blancs, issus du Chardonnay, s'apparentent à ceux de la commune voisine de Puligny-Montrachet. Ce sont de grands vins blancs, secs mais amples, de bonne garde.

Production moyenne : 14 300 hectolitres, dont 6 700 hectolitres en blanc.

CHASSELAS

Cépage blanc, généralement cultivé comme raisin de table, mais qui peut aussi être vinifié. Il entre dans la composition de certains vins blancs, tel le Pouilly-sur-Loire (Nièvre), l'Alsace, le Crépy (Savoie) où il est aussi appelé Fendant... Le Chasselas donne des vins blancs secs aromatiques et peu acides.

CHÂTEAU

Le château, terme typique du Bordelais, est une expression réservée aux appellations d'origine (AOC et VDQS) et correspond effectivement à une exploitation viticole. Le terme château peut donc être utilisé pour tout vin d'appellation d'origine, pourvu que les raisins proviennent exactement de cette exploitation, et qu'ils aient été vinifiés sur cette exploitation.

Une cave coopérative peut cependant produire un vin de château, à condition que la vendange provienne d'une exploitation qui pourrait utiliser ce qualificatif et que la vinification, l'élaboration et la mise en bouteille de ce vin aient été faites dans des récipients identifiés.

CHÂTEAU-CHALON

Appellation d'origine contrôlée qui s'applique aux vins jaunes produits sur le territoire délimité des communes de Château-Chalon, Ménétru, Nevy et Domblans, soit une trentaine d'hectares, dans le Jura. Dominé par la butte de Château-Chalon, le vignoble est à l'abri des vents froids, et jouit d'une excellente exposition au soleil. Le cépage Savagnin trouve ici son sol de prédilection : les marnes bleues mêlées de débris calcaires. Le Château-Chalon constitue la plus belle expression des vins jaunes. Obtenu par un élevage en fûts de chêne durant six années, sans ouillage, ni soutirage, il acquiert une robe dorée, un nez intense de noix, très caractéristique. C'est un vin de très longue garde, qui peut se conserver plus de cinquante ans. Comme tous les vins jaunes, il est vendu dans une bouteille spéciale, le clavelin, d'une contenance de 62 centilitres.
Production moyenne : 900 hectolitres.

CHÂTEAU-GRILLET

Appellation d'origine contrôlée que portent des vins blancs secs, produits dans les Côtes du Rhône septentrionales, sur la rive droite du fleuve. Le vignoble, d'une superficie de 2,5 hectares, est disposé sur des terrasses granitiques étroites, exposées au sud-est. Issus du seul cépage Viognier, les vins sont généreux et suaves, ils s'arrondissent après deux à trois ans. Ils ont les mêmes caractéristiques que ceux de Condrieu, avec plus d'intensité et de finesse.
Production moyenne : 100 hectolitres.

CHÂTEAUMEILLANT

Appellation d'origine VDQS donnée aux vins rouges et rosés, produits sur environ 100 hectares, dans le sud du département du Cher et sur quelques communes de l'Indre. Issus des cépages Gamay (à 85 %), Pinot noir et Pinot gris, ce sont des vins rouges peu tanniques, et des vins gris. Légers et vifs, ils se boivent jeunes et frais. Il existe aussi une infime production de vins blancs.
Production moyenne : 3 250 hectolitres.

CHÂTEAUNEUF-DU-PAPE

Appellation d'origine contrôlée qui s'applique aux vins rouges principalement, et blancs, produits sur le terroir de cinq communes du Vaucluse, entre Avignon et Orange : Châteauneuf-du-Pape, Orange, Bédarrides, Sorgues et Courthezon. Le nom de ce cru vient du château que fit élever le pape Jean XXII, au XIVe siècle, pour sa résidence d'été. Représentant environ 3 000 hectares, le vignoble est situé sur un sol alluvial très particulier : il est constitué de collines, dont le sol d'argiles rouges est recouvert de gros cailloux siliceux roulés, d'origine alpine. Ces galets roulés emmagasinent la chaleur du jour et la restituent aux pieds de vigne pendant la nuit. Il en résulte une excellente maturation des raisins, très riches en sucres, qui donnent donc des vins très puissants.

Les vins rouges peuvent être produits à partir de 13 cépages : Grenache, Syrah, Mourvèdre, Picpoul, Terret noir, Counoise, Muscardin, Vaccarèse, Picardan, Cinsault, Clairette, Roussanne et Bourboulenc. Ce sont des vins puissants et généreux, pouvant atteindre 14° d'alcool. Ils ont un nez intense de petits fruits, de noyau et d'épices. Ils s'épanouissent généralement après trois ou quatre ans de garde, et peuvent se garder quinze ans et plus selon les millésimes.
Production moyenne : 90 200 hectolitres.

Les vins blancs sont issus des cépages Grenache blanc et Clairette. Ils sont puissants, mais bien équilibrés, d'une grande fraîcheur et d'une finesse d'arômes remarquable. Ils sont à boire jeunes, entre un et trois ans.
Production moyenne : 3 900 hectolitres.

Les vins de Châteauneuf-du-Pape mis en bouteille à la propriété, sont généralement conditionnés dans des bouteilles bourguignonnes, marquées des armoiries pontificales, qui apparaissent en relief sur le verre, avec la mention Châteauneuf-du-Pape.

CHATILLON-EN-DIOIS

Appellation d'origine contrôlée donnée aux vins rouges, rosés et blancs, produits sur l'aire délimitée de treize communes du département de la Drôme, dans l'arrondissement de Die. Les vins rouges et rosés sont issus du Gamay noir à jus blanc à raison de 75 % au moins et pour le reste, du Pinot noir et de la Syrah. Ils sont légers et fruités, à boire jeunes. Les vins blancs, issus des cépages Aligoté et Chardonnay, sont secs et plutôt légers, à boire jeunes et frais.
Production moyenne : 2 400 hectolitres, dont 1 900 de rouges et rosés.

CHAUSSAGE

Opération qui consiste à ramener la terre sur les pieds de vigne durant l'hiver, pour les protéger des gelées. Au printemps, on déchausse, c'est-à-dire que l'on libère le pied. Ce procédé, qui remue superficiellement la terre, permet également de désherber. Aujourd'hui, avec l'utilisation de désherbants chimiques, cette opération est de moins en moins pratiquée.

CHEILLY-LES-MARANGES

Appellation d'origine contrôlée attribuée aux vins rouges et blancs, produits au sud de la Côte de Beaune, sur la commune de Cheilly-les-Maranges (Saône-et-Loire). Le vignoble couvre environ 120 hectares et possède trois parcelles classées en Premiers Crus. Les vins rouges, issus du Pinot noir, sont souples et ronds, à boire jeunes. Ils sont souvent vendus sous l'appellation Côte de Beaune - Villages. Quant aux vins blancs, ils sont pratiquement inexistants. Cette appellation devrait disparaître prochainement pour être remplacée par l'AOC Maranges. Celle-ci englobera les aires d'AOC Cheilly, Dézize et Sampigny.
Production moyenne : 1 290 hectolitres.

CHENAS

Appellation d'origine contrôlée qui désigne des vins rouges de la région du Beaujolais, produits à partir du cépage Gamay noir à jus blanc et vinifiés en macération carbonique. Chenas est l'un des dix crus du Beaujolais et, à cheval sur les départements du Rhône et de la Saône-et-Loire, il couvre 240 hectares, sur un sol granitique. Il s'apparente au Moulin-à-Vent, son voisin. Le Chenas est coloré, assez charpenté et peut se garder trois à cinq ans.
Production moyenne : 14 150 hectolitres.

CHENIN

Cépage blanc du Val de Loire, aussi appelé Pineau de la Loire. Lorsque les conditions climatiques le permettent, il est vinifié en moelleux (Coteaux du Layon, Vouvray...). Il développe alors un nez de miel, avec souvent une note de coing mûr, très caractéristique, et peut se garder très longtemps. Il est aussi vinifié en vin sec, ou en mousseux (Crémant de Loire, Vouvray, Saumur).

CHERRY BRANDY

Liqueur de cerise issue d'une macération de fruits dans de l'alcool, qui est ensuite filtrée et édulcorée.

Ne pas confondre avec le sherry, lequel est le nom que les Anglais donnent au Xérès.

CHEVALIER-MONTRACHET

Appellation d'origine contrôlée et Grand Cru blanc de la Côte de Beaune, qui s'applique aux vins blancs produits sur une parcelle délimitée de la commune de Puligny-Montrachet (Côte-d'Or). Le vignoble, d'une superficie d'un peu plus de sept hectares, est situé au-dessus du mont Rachet, sur un terroir pentu soumis à l'érosion. Les vins sont très fins, d'un équilibre parfait. A peine plus légers que les Montrachets, ils évoluent plus rapidement.
Production moyenne : 241 hectolitres.

CHEVERNY

Appellation d'origine VDQS donnée aux vins blancs, rosés et rouges, produits sur la rive gauche de la Loire, à l'est de la Touraine. Le vignoble est situé au sud-est de Blois, à la limite de la Sologne. Il s'étend sur plus de 300 hectares.

Les vins blancs, toujours secs, peuvent être élaborés à partir d'un seul cépage, le Romorantin, typique de la région, avec ses arômes de miel, de tilleul et de seringa, ou encore associé au Sauvignon. On trouve également des vins issus de l'assemblage du Chardonnay, du Sauvignon et du Menu Pineau. Ce sont des vins secs, vifs et fruités.

Les vins rosés sont obtenus principalement par saignée. Issus des cépages Gamay et Pinot noir, ils sont légers et souples; issus du seul cépage Pineau d'Aunis, ils sont plus épicés en bouche.

Quant aux vins rouges, ceux de Gamay sont souples et légers, ceux de Pinot noir, à la couleur légère, sont plus élégants. On trouve de plus en plus de vins issus de l'assemblage de ces cépages avec le Côt et le Cabernet.

Enfin, il existe une production de vins effervescents, à base de Chardonnay, Menu Pineau et Chenin.

Production moyenne : 8 300 hectolitres de blancs et 8 800 hectolitres de rouges et rosés.

CHILI

Le Chili produit 4,5 millions d'hectolitres de vin, quantité comparable à celle de la Grèce. C'est le pays d'Amérique Latine où l'on trouve les meilleurs vins, grâce à l'introduction de cépages bordelais dès le milieu du XIXe siècle.

Les vignes sont localisées dans la partie centrale du pays, entre le désert d'Acama au nord et le fleuve Bio-Bio au sud. C'est au centre, dans le bassin du fleuve Maipo, souvent comparé au Médoc et dans la vallée de l'Aconcagua, respectivement au sud et au nord de Santiago, la capitale, que sont produits les meilleurs vins chiliens. Dans la partie septentrionale du vignoble, on trouve des Muscats et des vins du type Porto ou Madère. Le sud donne surtout des vins rouges ordinaires utilisant un cépage introduit dès le XVIe siècle, le Pais, qui, à lui seul, assure 35 % de la production de vin rouge chilien, en particulier le Pipeno, vin de table sans grande consistance.

Les meilleurs vins rouges du Chili proviennent de la vallée du Maipo et sont issus du cépage Cabernet Sauvignon, associé ou non au Cabernet Franc et au Merlot. D'autres cépages bordelais, comme le Côt ou le Petit Verdot entrent également dans la composition des vins de la vallée du Maipo. On y trouve aussi du Pinot noir aux arômes intenses et au goût de prune.

Pour les vins blancs, c'est le Sémillon qui prédomine. Il est à l'origine des trois-quarts des vins blancs chiliens, quelquefois, et pour le meilleur, marié au Sauvignon qui, au Chili, présente une note sucrée. Il existe enfin un vin blanc étiqueté «Pinot blanc», qui est en fait du Chenin.

Les vins chiliens sont assujettis à un contrôle administratif sérieux : degré minimum et rendement à l'hectare limité. Ils font l'objet d'un classement régi par l'âge, en quatre catégories : le Vin Courant a un an d'âge, le Spécial, deux, la Réserve en a quatre et l'appellation Gran Vino est attribuée aux vins de six ans ou plus.

CHINE

On ne dispose pas d'éléments statistiques officiels sur la production du vin en Chine. La vigne est cultivée dans le nord et le centre du pays.

Parmi les dizaines de cépages traditionnels utilisés pour le raisin de table comme pour le vin, aux noms pittoresques comme mamelle de vache, cœur de coq... il faut signaler le Longyan, autrement dit l'œil de dragon, cultivé dans la Chine du nord et le sud de la Mandchourie. On lui doit un vin dénommé Grande Muraille que la Chine exporte. Il convient de signaler aussi que le groupe Rémy-Martin s'est établi depuis une dizaine d'années dans la région de T'ien-Tsin, non loin de Pékin, pour y produire, avec du Muscat de Hambourg, un vin légèrement moelleux dénommé Dynastie.

La Chine ne possède pas, comme en Europe, une tradition ancienne d'alcools de qualité, et la consommation y est d'ailleurs tout à fait anecdotique. Citons néanmoins l'alcool de riz, ou choum, de qualités très diverses, et le Mou-Tai-Chiew (ou Mow Toy), qui est un alcool de grain.

CHINON

Appellation d'origine contrôlée qui désigne des vins rouges, issus du cépage Cabernet Franc et pour 10 % maximum du cépage Cabernet Sauvi-

gnon, et produits sur environ 1 200 hectares. Le vignoble s'étend de part et d'autre de la Vienne, dans la partie ouest de la Touraine. Les sols de graviers mêlés de sables sur les bords de la Vienne et de la Loire donnent des vins légers, à boire plutôt jeunes et frais, alors que les pentes argilo-calcaires produisent des vins de garde, à laisser mûrir quelques années en cave.
Chinon est l'une des plus anciennes appellations de la Loire.
Production moyenne : 66 050 hectolitres.
Il existe aussi une très faible production de vins blancs (moins de 500 hectolitres) issus du cépage Chenin et un peu de vin rosé.

CHIROUBLES

Appellation d'origine contrôlée attribuée aux vins rouges, produits dans la région du Beaujolais, à partir du cépage Gamay noir à jus blanc, vinifié en macération carbonique. Chiroubles est l'un des dix crus du Beaujolais.
Blotti dans un cirque granitique, il couvre environ 320 hectares, et produit un vin délicat, plein de finesse, au nez plutôt floral (violette, pivoine). Production moyenne : 19 250 hectolitres.

CHOREY-LES-BEAUNE

Appellation d'origine contrôlée qui s'applique aux vins rouges, produits sur la commune de Chorey, au nord de la Côte de Beaune (Côte-d'Or). Les terroirs y sont variés : sous-sol argileux à l'est de la Nationale Dijon-Beaune, alluvions caillouteuses vers le nord, marnes blanches sur graviers vers le sud et, à l'est de la voie ferrée, sols légers et fertiles, peu propices à la culture de la vigne. Les vins sont donc de qualité variable. Ils sont cependant tous assez colorés, pleins et tanniques. Ils ne sont pas de très grande garde, et doivent être bus entre trois et sept ans. Ils bénéficient aussi de l'appellation Côte de Beaune-Villages.
Production moyenne : 5 800 hectolitres.

L'appellation Chorey-les-Beaune s'applique aussi aux vins blancs issus du Chardonnay, mais sa production ne dépasse pas 20 hectolitres.

CHYPRE

La production de Chypre est de l'ordre de 700 000 hectolitres de vins, soit 1 % du volume de la récolte française. Le vignoble, laissé à l'abandon pendant l'occupation turque, a été régénéré à partir de 1878, lorsque les Anglais assurèrent l'administration de l'île. Le cépage le plus répandu, le Mavron, qui couvre environ 80 % du vignoble, donne des vins rouges, comme l'Othello ou l'Afames, puissants, tanniques, mais qui manquent d'acidité, ou des rosés dénommés Kokkinelli.

Deux autres cépages rouges, moins répandus, l'Opthalmo et la Marathefticon, le premier plus léger et plus acide, le second proche du Cabernet, peuvent améliorer la qualité du vin rouge chypriote.

Les vins blancs, comme l'Aphrodite et l'Arsinoé, sont à base de Xinistéri. Ce sont des vins généralement secs, sensibles à l'oxydation. On trouve aussi un vin blanc agréable, perlant, le Bellapais issu du cépage Sultana. La curiosité de Chypre, c'est le Commanderie, vin de dessert dont la qualité varie selon la proportion de Mavron et de Xinistéri assemblés et selon la vinification. Ce vin est produit dans la zone montagneuse au nord de Limassol où l'on cultive le Xinistéri dont l'intervention est un gage de qualité. Enfin on trouve aussi à Chypre des vins de type Muscat ou Xérès, ces derniers le plus souvent exportés en Grande-Bretagne.

CIDRE

Les cidres sont obtenus à partir de «pommes à cidre», qui sont différentes des «pommes de table». Ceux qui sont destinés à la distillation sont quelquefois enrichis de poirés qui en adoucissent le goût, et peuvent être conservés auparavant plusieurs saisons en cave. Ils donnent selon la réglementation de l'eau-de-vie de cidre ou du Calvados.

CINSAULT

Cépage rouge du Midi, qui entre dans la composition de nombreux vins de Provence, des Côtes du Rhône et du Languedoc. A rendement moyen, il donne des vins rouges souples, finement aromatiques, qui complètent bien, en assemblage, les vins produits par les cépages Carignan, Grenache, Syrah et Mourvèdre.

CLAIR

Synonyme de limpide. Ce terme est surtout utilisé pour qualifier le moût ou le vin, une fois débarrassé de ses impuretés par débourbage.

CLAIRET

Qualifie une couleur rouge très légère, ou une couleur rosée soutenue, due généralement à une macération de plusieurs heures. La mention clairet complète certaines appellations comme Bordeaux clairet.

CLAIRETTE

Cépage blanc du Midi, l'un des plus anciens du Languedoc. Il donne un vin très aromatique, fleurant souvent le miel, mais très sensible à l'oxydation. On le retrouve seul dans les AOC Clairette de Bellegarde et Clairette du Languedoc, et en association avec d'autres cépages dans certaines appellations de la vallée du Rhône, du Languedoc et de Provence.

CLAIRETTE DE BELLEGARDE

Appellation d'origine contrôlée attribuée aux vins blancs secs produits sur la commune de Bellegarde, sur le plateau des Costières, à quelques kilomètres au sud-est de Nîmes. Le sol est constitué d'une couche caillouteuse de galets

de plus de 10 mètres d'épaisseur. Issus du seul cépage Clairette, les vins sont remarquables par leur fraîcheur et leurs arômes.
Production moyenne : 2 450 hectolitres.

CLAIRETTE DE DIE

Appellation d'origine contrôlée qui recouvre des vins blancs tranquilles ou mousseux, produits sur les deux rives de la Drôme, sur 32 communes autour de Die. Le vignoble s'étend sur 800 hectares de coteaux pierreux argilo-calcaires. L'encépagement est constitué de Clairette, qui apporte fraîcheur et légèreté, et de Muscat à petits grains, qui apporte son arôme spécifique très fruité.
Les vins tranquilles sont issus du seul cépage Clairette, alors que les mousseux sont élaborés à partir des deux cépages. On distingue deux types de mousseux.
Ceux que l'on obtient par la méthode traditionnelle, ou méthode dioise, contiennent au moins 50 % de Muscat. Les moûts partiellement fermentés sont mis en bouteille, où ils continuent leur fermentation. Il n'y a donc pas d'adjonction de liqueur de tirage. La prise de mousse dure au moins quatre mois. Le depôt de levures est ensuite éliminé, généralement par filtration sous pression. Ces vins sont très aromatiques, au nez fruité caractéristique.
Ceux qui sont obtenus par une deuxième fermentation en bouteille, après addition d'une liqueur de tirage, contiennent au moins 75 % de Clairette et doivent être conservés neuf mois sur lie avant le dégorgement.
Production moyenne : 54 400 hectolitres, essentiellement de vins mousseux.

CLAIRETTE DU LANGUEDOC

Appellation d'origine contrôlée qui s'applique aux vins blancs, produits sur le territoire de onze communes du département de l'Hérault, au nord-ouest de Montpellier. Issus du seul

cépage Clairette, les vins peuvent être présentés jeunes ou rancios, secs ou moelleux.
Production moyenne : 9 150 hectolitres.

CLARIFICATION DES VINS

C'est l'opération qui consiste à éliminer les particules en suspension dans le vin, afin d'obtenir un vin limpide, qualité importante pour le consommateur.
La clarification spontanée est obtenue par simple repos du vin en cuve ou en fût : les impuretés se déposent par décantation et forment les lies. Les particules les plus grossières chutent plus rapidement : les soutirages successifs permettent d'obtenir un vin de plus en plus limpide, qui s'est dépouillé naturellement avec le temps. Cependant la clarification spontanée ne permet pas d'éliminer les particules très fines ni les bactéries. On provoque alors la clarification par différents procédés : le collage, la centrifugation et la filtration.

CLASSEMENT

Les vins français sont classés en quatre catégories, qui appartiennent à deux grands groupes, selon la réglementation européenne :

– Les AOC (appellations d'origine contrôlées) et les VDQS (vins délimités de qualité supérieure) sont des vins de qualité produits dans des régions déterminées (ou VQPRD). Leur terroir est strictement délimité (parfois même au niveau de la parcelle), l'encépagement, les conditions de production, de vinification et d'élevage sont parfaitement déterminés. Ces deux catégories regroupent tous les grands vins de France.

– Les Vins de Table, sans indication d'origine, sont souvent obtenus par assemblage de vins de régions différentes, et même de pays différents. Dans ce dernier cas ils portent la mention « vin des pays de la communauté européenne ». A l'intérieur de cette catégorie sont classés, au niveau européen, les Vins de Pays, qui répondent à des normes plus strictes, notamment pour ce qui concerne l'encépagement (seuls les cépages recommandés sont autorisés), le rendement, les qualités organoleptiques, vérifiées par une dégustation obligatoire, et surtout l'origine : ils sont nécessairement issus d'une région (Vin de Pays d'Oc), d'un département (Vin de Pays de l'Aude) ou d'une zone plus restreinte (Vin de Pays du Val d'Orbieu).

A l'intérieur de ces catégories, et pour une même appellation, on a souvent cherché à hiérarchiser les vins selon leur origine.

C'est le cas à Bordeaux, qui possède divers classements :
Le classement des Médocs, établi en 1855 et révisé en 1973, distingue 60 châteaux, du Premier au Cinquième cru. Le Médoc a également établi un classement des Crus Bourgeois, en 1932, révisé en 1978. De 1855 date également un classement des Sauternes.
Le classement des Graves, homologué en 1959 fait mention de 13 crus de vins rouges et 9 crus de vins blancs, sans aucune hiérarchie entre ces crus.
Celui de Saint-Émilion a été effectué en 1955 et révisé en 1969 et 1985; il compte 11 Premiers Grands Crus Classés et 65 Grands Crus Classés.
Il n'existe pas de classement officiel à Pomerol, ce qui n'empêche pas le Château Petrus d'être considéré comme le plus grand.

En Bourgogne, à côté des appellations régionales et communales, il existe une hiérarchie, à l'intérieur d'une même commune. Certaines parcelles ou «climats» sont classées en Premiers Crus et leur nom peut être mentionné en complément de l'AOC communale : par exemple Puligny-Montrachet Premier Cru les Garennes, sur la commune de Puligny-Montrachet. D'autres parcelles ont une telle notoriété qu'elles bénéficient du qualificatif Grand Cru et constituent à elles seules une AOC : par exemple, Montrachet Grand Cru.

A Chablis, il existe également un classement : sept Grands Crus et vingt-sept Premiers Crus, distinctions attribuées aux meilleurs climats, comme en Bourgogne.

En Champagne, c'est le prix de vente du raisin, donc sa qualité, qui détermine le classement des communes productrices. Celles qui atteignent le prix plafond sont dites à 100 %. Un assemblage de raisins classés à 100 %, même produits sur des terroirs différents, donne un Champagne Grand Cru; classés entre 90 et 99 % du prix plafond, un Champagne Premier Cru.

CLAVELIN

Bouteille spéciale, de forme basse, utilisée uniquement pour les vins jaunes du Jura. Sa contenance, de 62 centilitres, correspond à ce qu'il reste d'un litre de vin, après l'élevage en fûts de chêne durant les six années obligatoires de vieillissement. Il y a donc, après six ans, une perte par évaporation de près de 40 % en volume.

CLIMAT

Terme bourguignon, qui signifie lieu-dit. En Bourgogne, le vignoble, très morcelé, est constitué de nombreuses parcelles, qui correspondent souvent à un terroir spécifique, avec son type de sol, sa pente, son exposition. Aussi certains climats, par leur qualité, sont-ils classés en Premiers Crus, ou en Grands Crus.

CLONE

Pour un même cépage, c'est-à-dire une même variété de vigne, il existe d'un pied à l'autre, des différences de nature génétique. Un clone est l'ensemble des pieds de vigne issus par bouturage d'un seul pied-mère, ayant de ce fait la même composante génétique. Aujourd'hui, on tend à sélectionner les meilleurs pieds selon différents critères (résistance aux maladies, rendement, etc.) de façon à disposer de vignes homogènes : c'est la sélection clonale.

CLOS

A l'origine, ce terme désigne une parcelle de vignes, entourée d'un mur ou d'une haie, et s'applique par extension à sa production. Son utilisation, très courante en Bourgogne, est aujourd'hui plus large. Réservée aux vins d'appellation d'origine (AOC et VDQS), provenant d'une exploitation précise, elle est soumise aux mêmes conditions d'emploi que la dénomination «château».

CLOS DE LA ROCHE

Appellation d'origine contrôlée et Grand Cru rouge de la Côte de Nuits. Elle s'applique aux vins rouges produits sur certaines parcelles de la commune de Morey-Saint-Denis (Côte-d'Or). Le vignoble s'étend sur près de 17 hectares et produit des vins de grande classe, puissants, au nez très fruité. On le considère souvent comme le meilleur des Grands Crus de Morey.
Production moyenne : 620 hectolitres.

CLOS DES LAMBRAYS

Appellation d'origine contrôlée et Grand Cru rouge de la Côte de Nuits, qui s'applique aux vins rouges produits sur certaines parcelles de la commune de Morey-Saint-Denis (Côte-d'Or). Il est devenu Grand Cru en 1981. Voisin du Clos de Tart, le vignoble a une superficie de moins de 9 hectares. D'une couleur soutenue, ses vins sont puissants et bouquetés, de grande classe.
Production moyenne : 170 hectolitres.

CLOS DE TART

Appellation d'origine contrôlée et Grand Cru rouge de la Côte de Nuits. Ce sont des vins rouges produits sur certaines parcelles de la commune de Morey-Saint-Denis (Côte-d'Or). Ce vignoble doit son nom aux religieuses de l'abbaye de Notre-Dame de Tart, (fondée par l'abbaye de Citeaux), qui en furent propriétaires de 1141 à la Révolution française.

D'une superficie de 7,53 hectares, c'est l'un des seuls crus appartenant à un propriétaire unique. Le vignoble, dont les deux tiers des vignes ont plus de cinquante ans, est implanté sur un sol argilo-calcaire et graveleux. Les vins sont colorés, amples et puissants, au nez de violette et de fruits rouges.
Production moyenne : 250 hectolitres.

CLOS DE VOUGEOT

Appellation d'origine contrôlée et Grand Cru de la Côte de Nuits. Il s'agit de vins rouges et blancs produits sur certaines parcelles de la commune de Vougeot en Côte-d'Or.
Créé au XIIe siècle par les moines de l'abbaye de Citeaux, ce vignoble est le plus grand cru de la Côte de Nuits, avec une superficie de près de 61 hectares, que se partagent plus de 80 propriétaires. En son centre se trouve le château de Vougeot, construit au XIVe siècle, aujourd'hui propriété de la confrérie des Chevaliers du tastevin.

Ce grand vignoble s'étend tout le long du coteau, sur des terrains variés. D'ailleurs, la tradition prétend que l'on classait les vins du Clos de Vougeot en trois catégories : la cuvée des Papes correspondant aux vignes du haut du coteau, là où la pente permet un bon écoulement des eaux de pluie et où le sol brun-rouge est argilo-calcaire, la cuvée des Rois, récoltée en milieu de coteau, la cuvée des Moines, provenant du bas, plus argileux et plus humide.
Très différents selon les terroirs et les producteurs, les vins provenant du Clos de Vougeot ont en commun une certaine puissance et beaucoup de longueur en bouche.
Production moyenne : 1 680 hectolitres.

CLOS SAINT-DENIS

Appellation d'origine contrôlée et Grand Cru rouge de la Côte de Nuits, attribuée aux vins rouges produits sur certaines parcelles de la

commune de Morey-Saint-Denis (Côte-d'Or). Il doit son nom au chapitre de la collégiale de Saint-Denis de Vergy, fondé en 1023, et qui en était propriétaire. Le vignoble, d'une superficie de 6,70 hectares, produit un vin plus léger que celui de son voisin le Clos de la Roche, où l'on retrouve toute la souplesse et le fruit des Morey-Saint-Denis.
Production moyenne : 235 hectolitres.

COCKTAIL

Mélange en proportions variables de divers alcools, de sirops, d'aromates, d'eaux, de lait, de jus de fruit, etc, préparé immédiatement avant d'être consommé. Les cocktails sont de deux types, les short drinks qui sont servis secs (dry), et les long drinks qui sont allongés d'eau ou d'un autre liquide.

Inventés le plus souvent par des barmen, les cocktails portent des noms imagés qui ne rappellent pas toujours leur alcool de base. Citons, parmi les plus célèbres, le bloody mary à la vodka, le tom collins au gin, le manhattan au whisky, l'alexandra au Cognac, le planter's au rhum, le Porto flip au Porto.

Les cocktails se préparent directement dans le verre, ou bien sont confectionnés, et souvent frappés, au shaker. Certaines préparations exigent un véritable tour de main et du matériel particulier; la présentation demande à être aussi soignée que la préparation, avec le choix du verre adéquat, quelquefois givré, et des garnitures de rondelles de citron, d'orange, de feuilles de menthe, d'olives.

COGNAC

Le vignoble de Cognac couvre plus de 92 000 hectares, dans les départements de la Charente-Maritime et de la Charente, ainsi que deux petites enclaves en Dordogne et dans les Deux-Sèvres. Cette région est divisée en six crus, caractérisés par leur climat, sol et sous-sol.

– La Grande Champagne couvre près de 13 000 hectares, sur le sol le plus calcaire de la région. Elle donne des eaux-de-vie très fines, qui demandent un très long vieillissement en fût.

– La Petite Champagne, sur plus de 16 000 hectares, est située à l'ouest de la Grande Champagne, et bénéficie d'une influence océanique plus sensible.

Les eaux-de-vie de ces deux régions sont souvent assemblées pour donner des Cognacs Fine Champagne, mélange dans lequel la Grande Champagne doit représenter au moins 50 %.

– Les Borderies, sur moins de 5 000 hectares d'un terroir silico-argileux, produisent des eaux-de-vie douces, à évolution plus rapide que celles de la Champagne.

– Les Fins Bois forment une vaste ceinture autour des trois zones précédentes, sur près de 40 000 hectares au sous-sol de calcaire dur.
– Les Bons Bois représentent 20 000 hectares argilo-calcaires.

– Les Bois Ordinaires (ou Communs) sont situés le long de l'Océan, ainsi que sur les îles d'Oléron et de Ré. Cette zone, de près de 4 000 hectares, est caractérisée par un sol siliceux et une forte influence maritime.

Le Cognac est soumis, comme toutes les appellations d'origine contrôlées, à des conditions de production, d'élaboration et de vieillissement particulièrement strictes.
L'encépagement est constitué, à plus de 99 %, d'Ugni blanc (appelé localement Saint-Émilion des Charentes). Le Colombard et la Folle blanche, autrefois prépondérants, sont aujourd'hui très rarement cultivés.
Les vendanges ont lieu à partir de la mi-octobre. Après un pressurage rapide, les moûts sont mis à fermenter sans débourbage ni addition d'anhydride sulfureux. Le vin obtenu est vif et titre entre 7,2° et 9°.

La distillation se fait de la fin novembre au 31 mars de l'année suivante. Elle s'effectue obligatoirement avec l'alambic à repasse ou alambic cognaçais, c'est-à-dire en deux temps.
L'eau-de-vie obtenue est incolore et titre près de 70°. Elle est ensuite vieillie en fûts de chêne, provenant uniquement des forêts de Tronçais (Allier) et du Limousin. Le Cognac passe généralement six mois à un an dans des barriques neuves, puis est transvasé dans des fûts plus âgés. Au cours du vieillissement, il se produit une évaporation à travers le bois d'où une perte d'alcool et de volume : c'est ce que l'on appelle «la part des anges». Cette perte de près de 3 % par an est d'ailleurs très visible dans la région : les murs et les toits des chais de vieillissement sont noirs, à cause d'un champignon microscopique noir (torula coniacensis) qui s'y développe, grâce aux vapeurs alcooliques.
Enfin a lieu l'assemblage d'eaux-de-vie de crus différents et d'années différentes.

Les mentions de vieillissement indiquées sur l'étiquette d'un Cognac correspondent toujours à l'eau-de-vie la plus jeune de l'assemblage :
Un Cognac Trois Étoiles (ou VS) concerne une eau-de-vie dont la plus jeune a au moins trente mois, associée en proportions variables à d'autres de 5 ans, 10 ans ou davantage.
Pour les types Réserve, VO (very old) ou VSOP (very superieur old pale), l'âge minimum requis pour l'eau-de-vie la plus jeune entrant dans l'assemblage est de quatre ans et demi. Mais, dans la pratique, ces qualités comportent un pourcentage souvent très important de Cognac ayant subi 10, 15, 20 ans ou plus de vieillissement en fûts de chêne.
Enfin, les termes Vieille Réserve, Grande Réserve, XO, Napoléon, etc. s'appliquent à des eaux-de-vie encore plus âgées.

Après la mise en bouteille, le Cognac n'évolue plus. Seuls le chêne et son tannin assurent ce rôle. Il est donc prêt à boire, mais peut se conserver de nombreux mois, à condition de garder la bouteille debout, afin que le taux important d'alcool (43° environ) n'attaque pas le bouchon.

COINTREAU

Liqueur de type triple-sec réalisée à Angers à partir d'une décoction d'écorces d'agrumes. Une double distillation permet d'obtenir un alcoolat que l'on ajoute à un mélange d'alcool, de sucre et d'eau.

Très parfumé, le Cointreau se consomme en fin de repas, sec ou sur des glaçons.

COLLAGE

Le collage a pour but de clarifier le vin et de le stabiliser, en empêchant l'apparition ultérieure de dépôts. Cette méthode de clarification des vins était déjà utilisée par les Romains. Elle consiste à introduire dans le vin, avant la mise en bouteille, une substance d'origine protéique qui va floculer et, par précipitation, faire tomber au fond de la cuve toutes les particules et les protéines naturelles en suspension dans le vin. Le vin est ensuite séparé de ce dépôt par soutirage et éventuellement filtration.

Les colles, substances protéiques utilisées, sont le blanc d'œuf frais ou la poudre d'albumine d'œuf, la caséine, la gélatine, l'albumine de sang ou la colle de poisson. La bentonite (argile), bien qu'elle ne soit pas de nature protéique, précipite les protéines naturelles du vin et son utilisation fait partie des opérations de collage. L'avantage du collage est que la colle est ensuite totalement éliminée.

COLLERETTE

Petite étiquette, placée au niveau du col de la bouteille, sur laquelle on inscrit généralement le millésime ou les distinctions obtenues dans les concours.

COLLIOURE

Appellation d'origine contrôlée du Roussillon, qui désigne un vin rouge produit sur la zone d'appellation Banyuls, à partir des cépages Grenache (60 à 65 %), Mourvèdre, Carignan, Cinsault et Syrah. C'est un vin puissant, généreux et charpenté, très marqué par le cépage Grenache. Production moyenne : 3 650 hectolitres.

COLOMBARD

Cépage blanc, cultivé dans les Charentes et dans le Sud-Ouest, pour la production de vins destinés à la distillation (Cognac, Armagnac) mais aussi en Bordelais, où il est un cépage d'appoint pour certaines appellations de vins blancs.

COLORANTS

Certains colorants sont utilisés dans la préparation des alcools, quoique leur emploi soit strictement réglementé. Le caramel est utilisé pour ajuster la couleur des brandies, Cognacs, Calvados, whiskies, Armagnacs, marcs, vermouths, quinquinas, etc., mais on utilise également des concentrés fortement teintés et aromatisés.

Les liqueurs de fruits, par contre, conservent le plus souvent leur couleur naturelle.

COMPLET

Qualifie un vin riche, équilibré et harmonieux.

CONDRIEU

Appellation d'origine contrôlée, qui concerne un vin blanc, produit sur la rive droite du Rhône, au sud de Lyon. Couvrant 17 hectares de terrasses granitiques étroites, surplombant le Rhône, le vignoble est constitué uniquement du cépage Viognier. Il produit un vin blanc à dominante florale (violette, iris), évoluant vers des notes fruitées (abricot, pêche), puissant et rond, à boire jeune.
Production moyenne : 600 hectolitres.

CONDUITE DE LA VIGNE

Ensemble des facteurs qui vont déterminer l'aspect de la vigne et la qualité potentielle du raisin. La conduite comprend la densité de plantation (nombre de pieds à l'hectare), le système de taille, le palissage, et les différents travaux de la vigne.

Le mode de conduite dépend étroitement du cépage, du climat et du type de l'exploitation. Pour les appellations d'origine, il est déterminé par un décret, qui en fixe les conditions de production.

La conduite de la vigne varie selon les régions : par exemple, les vignes sont souvent taillées en gobelet (taille courte) dans le Languedoc, car cette forme leur permet de résister à la sécheresse et aux vents violents qui balaient la région. A Bordeaux, la nature des cépages oblige à une taille longue, ce qui nécessite un palissage.

CONGÉ

Titre de mouvement, c'est-à-dire document officiel qui accompagne un vin, en vrac ou en bouteille, et atteste le paiement des droits de circulation. C'est un élément du contrôle des vins.

CONSUME

Perte par évaporation lors de la conservation du vin ou des alcools. C'est lors de la conservation en fût que le consume est le plus important. Il peut varier de 1 % dans les chais humides, à 9 % dans les chais trop chauds ou trop aérés. Il est en moyenne de 4 à 5 %.

CONTRÔLE DES VINS

La France est souvent citée en exemple pour la rigueur de sa législation. Comme tous les États membres de la CEE, elle obéit aux réglements communautaires en matière viti-vinicole. Cependant, ces réglements précisent que les États membres peuvent imposer des conditions plus restrictives : c'est le cas en France pour la réglementation des AOC, des VDQS et des Vins de Pays.

Bien avant le traité de Rome, la France avait défini une réglementation en matière viti-vinicole et mis en place les moyens de l'appliquer. Trois mesures ont joué un rôle fondamental dans ce domaine.

Par la loi du 28 avril 1816, l'État a institué un contrôle sur le transport des vins et alcools. La loi du 1er août 1905, ou loi sur la répression des fraudes, définit les tromperies et falsifications. En 1906 est créé le Service de la répression des fraudes, chargé de l'application de cette loi. Par le décret-loi du 30 juillet 1935 ont été créées les appellations d'origine contrôlées (AOC) et par le décret du 19 décembre 1949 les vins délimités de qualité supérieure (VDQS).

Le contrôle de la production :

Toute plantation et tout arrachage de vigne fait l'objet d'une déclaration préalable. Les pépiniéristes sont contrôlés et déclarent toute vente de plants de vigne, dont le transport nécessite des documents d'accompagnement.

Tout viticulteur est tenu de déclarer après la vendange, la superficie, l'encépagement et la production de ses vignes. Cette déclaration constitue l'acte de naissance du vin : elle lui donne une existence légale. Dès lors, le vin sera soumis à un suivi administratif, puisqu'il devra toujours avoir « ses papiers » sur lui. Le contrôle à la production est complété par une déclaration de stock, effectuée par les producteurs le 31 août de chaque année.

Il y a donc un contrôle documentaire (par recoupement des différentes déclarations) et un contrôle de visu (les agents de la Direction générale des impôts – D.G.I. –, qui peuvent venir sur place vérifier la véracité des déclarations).

Le contrôle du produit et de son élaboration :

«Le vin est le produit résultant exclusivement de la fermentation du raisin frais ou du jus de raisin frais.» Cette définition, donnée par la loi du 1er août 1905, a été complétée par le décret du 19 août 1921, qui autorise un certain nombre de traitements, et donc interdit les autres. La plupart des traitements autorisés font l'objet d'une déclaration préalable et d'un contrôle particulier. Par exemple, la chaptalisation est rigoureusement réglementée : elle n'est autorisée que dans certains cas, à des doses limitées. Elle fait l'objet, ainsi que la quantité de sucre détenue et utilisée, d'une déclaration préalable à la DGI.

Le vin est l'objet de contrôles analytiques. Prélevés à tous les stades de la production et de la consommation, par les agents de la répression des fraudes, les échantillons de vin subissent des analyses critiques destinées à déceler d'éventuelles fraudes (traitements oenologiques interdits, etc.) mais aussi à vérifier que certains éléments ne dépassent pas les limites prescrites (par exemple le volume d'anhydride sulfureux ou l'acidité volatile). Par ailleurs, rappelons que les AOC, VDQS et Vins de Pays doivent faire l'objet d'un contrôle analytique et sensoriel (dégustation) systématique, pour obtenir l'appellation.

Enfin, la tenue obligatoire d'une série de registres permet un contrôle particulièrement efficace : le négociant doit tenir un registre global entrées-sorties (établi à partir des documents d'accompagnement décrits au paragraphe suivant), un registre par catégorie (AOC, VDQS, Vins de Pays), un compte par millésime, un registre par dénomination (domaines, châteaux...). Dans son chai, chaque cuve doit être identifiée. Les agents de la répression des fraudes et de la DGI vérifient la tenue des registres et la confrontent au stock.

Le contrôle des écritures, allié aux «visites» (prélèvements et analyses, chez les producteurs et négociants) assurent une parfaite protection du consommateur.

Le contrôle de la circulation des vins :

Tout transport de vin ou d'eau-de-vie est contrôlé par l'État depuis 1816. Ce contrôle permet la perception des taxes prélevées sur le transport des vins et alcools. Ainsi depuis 1816, existe-t-il un formalisme rigoureux, ainsi qu'une infrastructure importante, pour contrôler le déplacement des vins.

Les droits de circulation du vin doivent être payés avant qu'il ne soit mis à la disposition du détaillant ou du consommateur, c'est-à-dire soit par le viticulteur, soit par les intermédiaires ou négociants. Aussi, existe-t-il deux sortes de titres de mouvement. Pour les ventes en suspension de droit, c'est-à-dire de producteur à négociant ou de négociant à négociant, c'est l'acquit à caution. Pour les ventes en droit acquitté, c'est-à-dire de négociant ou viticulteur à détaillant ou à consommateur, c'est soit le congé, utilisé pour le transport du vrac, soit la capsule représentative de droit (CRD), utilisée pour les bouteilles.

L'acquit à caution est constitué de deux feuillets, l'original et son double. Sur l'acquit sont spécifiés les éléments de la circulation du vin (expéditeur, destinataire, transporteur, moyen de transport, date et heure de départ, date et heure limites d'arrivée), et l'identification du produit (désignation du produit, titre alcoométrique, teneur en sucre, mentions spéciales, zone vinicole, volume...). De plus, les acquits ont une couleur différente selon les catégories de vins : vert pour les AOC et VDQS, bleu pour les Vins de Pays et Vins de Table.

L'original suit le vin et doit être présenté à tout contrôle, lors du transport. Quand il arrive à destination, l'acquit est composté par le destinataire et renvoyé à la recette locale dont il relève. Celle-ci détache le talon qu'elle renvoie à la recette locale dont dépend l'expéditeur. Ce talon fait donc office d'accusé de réception.

Le double reste chez l'expéditeur, dans le registre «des acquits à caution». Celui-ci est examiné tous les quinze jours par la recette locale, qui contrôle ainsi les sorties de vins, en rapprochant les «talons-accusés de réception» qu'elle a reçus du registre de l'expéditeur. Ce système administratif au formalisme pesant est particulièrement efficace.

Le congé ressemble à l'acquit à caution. Les mêmes mentions y sont spécifiées. Il est seulement précisé que les droits de circulation ont été perçus.

La capsule-congé ou CRD est une vignette imprimée sur la capsule et fait donc corps avec la bouteille. Elle est verte pour les appellations d'origine AOC et VDQS et bleue pour les Vins de Pays et Vins de Table. Elle mentionne des références qui permettent d'identifier le négociant ou le producteur-embouteilleur, qui assure ainsi la responsabilité du vin.
Cette capsule est obligatoire pour les vins expédiés en bouteille par un négociant, mais elle est facultative pour les viticulteurs. Ainsi, certains grands châteaux préfèrent-ils utiliser le congé.

Toutes les mesures de contrôle que nous venons de décrire permettent de garantir la qualité et l'authenticité des vins. Mais cette réglementation, si pointilleuse fût-elle, serait insuffisante sans la passion de la qualité qui doit animer chacun des intervenants, depuis la production jusqu'à la mise sur le marché. Les vins de France doivent à cette quête insatiable du mieux, le fondement et la pérennité de leur notoriété.

CORBIÈRES

Appellation d'origine contrôlée, attribuée aux vins rouges, rosés et blancs secs, produits sur 23 000 hectares, dans le massif montagneux des Corbières, dans le département de l'Aude. On y distingue quatre sous-régions, déterminées par les différences du sol et du climat.

Les Corbières maritimes, avec 47 kilomètres de rivage, un climat méditerranéen et des coteaux calcaires, donnent un vin tendre et velouté, à boire jeune. Les Hautes Corbières, montagneuses, aux sols de schistes primaires et d'argilo-calcaires, produisent des vins de bonne garde, au nez typique de garrigue. Les Corbières de l'Alaric, au nord-ouest, déjà soumises à l'influence atlantique, donnent des vins plus aromatiques et plus frais. Les Corbières centrales, plus abritées, ont un climat très sec, avec des variations de température importantes. Les vins y sont très complets, de grande classe.

L'encépagement en rouge est constitué de Carignan, Grenache, Syrah, Mourvèdre, Lladoner Pelut, Terret noir, Cinsault et Picpoul noir. Les vins blancs sont issus essentiellement des cépages Grenache blanc, Bourboulenc et Maccabeu, mais sont également autorisés le Muscat, le Picpoul, le Terret et la Clairette.
La production est d'environ 663 000 hectolitres de rouges et 17 100 hectolitres de blancs.

CORDIAL

Boisson réconfortante, généralement alcoolisée. Si le terme est tombé en désuétude en France, il a conservé aux États-Unis un sens général de «liqueur sucrée».

CORNAS

Appellation d'origine contrôlée, donnée aux vins rouges, produits sur la commune de Cornas (Ardèche). C'est un des huit crus des Côtes du Rhône septentrionales, situé sur la rive droite du Rhône. Le vignoble, constitué de terrasses granitiques étroites, qui surplombent le fleuve, est protégé de l'effet desséchant du mistral. Les vins ont une couleur grenat foncé, ce qui leur a valu d'être qualifiés de «très bons vins noirs» par le curé de la paroisse au XVIIIe siècle. Souvent élevés en fûts de chêne, ils sont très charpentés et peuvent se garder plus de quinze ans en bouteille. Production moyenne : 2 100 hectolitres.

CORSE (VIGNOBLE DE)

La Corse est la plus élevée des îles de la Méditerranée. C'est un pays de grand soleil, mais l'altitude et l'influence maritime lui confèrent une fraîcheur surprenante, fort bénéfique pour la qualité des raisins. Le vignoble couvre près de 16 400 hectares, dont 2 400 sont classés en AOC, le reste produisant des Vins de Table et des Vins de Pays de l'île de Beauté.

Il existe une grande diversité de sols : une zone granitique à l'ouest, un sillon central de structure complexe et une zone schisteuse à l'est bordée par une plaine d'alluvions anciennes.

L'encépagement est très varié : une quarantaine de cépages locaux, dont les plus importants sont le Nielluccio, le Sciacarello et le Vermentino, qui donnent aux vins de Corse leur originalité. On trouve aussi des cépages du continent, notamment le Grenache, le Cinsault, le Carignan et l'Alicante Bouschet.

Il existe plusieurs appellations contrôlées.

L'appellation régionale Vin de Corse est accordée à tous les terroirs délimités de l'île, mais le vin qui la porte provient principalement de la côte orientale. Il existe cinq appellations locales, qui répondent à des conditions de production plus strictes, notamment en matière de rendement, et bien sûr de zones de production : il s'agit de Vin de Corse - Cap Corse, Vin de Corse - Calvi, Vin de Corse - Sartène, Vin de Corse - Figari et Vin de Corse - Porto Vecchio; enfin, deux appellations communales : Ajaccio et Patrimonio.

La production moyenne est de 1 400 000 hectolitres, dont 80 000 hectolitres d'AOC.

CORSE (VIN DE)

L'appellation d'origine contrôlée régionale Vin de Corse recouvre les vins rouges, rosés et blancs, produits sur l'ensemble de l'aire de production délimitée de la Corse.

Les vins rouges et rosés sont issus, pour 50 % au moins, des trois cépages Nielluccio, Sciacarello et Grenache (ces deux derniers doivent à eux seuls représenter au moins le tiers du total), et accessoirement, des cépages Cinsault, Mourvèdre, Barbarossa, Syrah, Carignan et Vermentino.
Quant aux vins blancs, ils sont élaborés à partir du cépage Vermentino, auquel on peut associer au maximum un quart d'Ugni blanc.
Production moyenne : 60 000 hectolitres, dont moins de 5 000 hectolitres de vins blancs.

Il existe cinq appellations locales, qui répondent à des conditions de production plus strictes, notamment quant au rendement à l'hectare (45 hectolitres à l'hectare au lieu de 50) :

Le Vin de Corse - Cap Corse est produit dans le nord de l'île. Ce sont surtout des vins blancs, à base de Vermentino, auquel on peut adjoindre non seulement l'Ugni blanc, mais aussi le Codiverta. Cette région produit également des vins doux obtenus à partir de Muscat passerillé, vins sans appellation officielle.

Le Vin de Corse - Calvi est produit sur un terroir granitique, dans la région de la Balagne. Ce sont des vins blancs très fins, à base de Vermentino et des vins rouges fins et charnus, à base de Sciacarello et Grenache.

Les Vins de Corse - Sartène sont pour l'essentiel des vins rouges et rosés à base de Sciacarello, Grenache et Cinsault.

Le Vin de Corse - Figari est produit sur des arènes granitiques exposées au midi. C'est un vin rouge de bonne garde, à base de Grenache et de Carcagiolo, cépage spécifique de cette zone.

Les Vins de Corse - Porto-Vecchio sont des vins rosés fins et aromatiques, des rouges charnus et de bonne garde, et des blancs secs et très fruités.

CORSÉ

Un vin est corsé lorsqu'il a du corps, de la consistance, c'est-à-dire lorsqu'il est à la fois charnu et charpenté, avec une bonne richesse en alcool.

CORTON

Appellation d'origine contrôlée et Grand Cru de la Côte de Beaune. Ce sont des vins rouges et blancs produits sur les parcelles délimitées des communes d'Aloxe-Corton, de Ladoix-Serrigny et de Pernand-Vergelesses (Côte-d'Or). Le Corton regroupe plusieurs climats, dont les noms sont souvent mentionnés en complément de l'appellation Corton. Par exemple : Corton Clos du Roi, Corton-Bressandes, etc.

C'est le seul Grand Cru de la Côte de Beaune qui produise des vins rouges. Issu du Pinot noir, le Corton rouge est ample et puissant, au nez de fruits (pruneau), de terroir... Il en est récolté environ 3 300 hectolitres. Le Corton blanc, issu du Chardonnay, est beaucoup plus rare : 55 hectolitres.

CORTON-CHARLEMAGNE

Appellation d'origine contrôlée et Grand Cru de la Côte de Beaune, produit sur trois parcelles délimitées des communes d'Aloxe-Corton, de Ladoix-Serrigny et de Pernand-Vergelesses (Côte-d'Or). Le vignoble, d'une superficie d'environ 70 hectares, aurait selon la légende appartenu à Charlemagne, d'où son nom. Les vignes sont installées sur le haut du coteau calcaire, dont la pente rend l'exploitation difficile. Le Corton-Charlemagne est un très grand vin blanc, à la robe dorée après quelques années, au bouquet riche et complexe, où se mêlent harmonieu-

sement la cannelle, le miel, la vanille et le fruit. En bouche, il est riche, ample et puissant, de longue garde.
Production moyenne : 1 480 hectolitres.

COSTIÈRES DU GARD OU DE NÎMES

Appellation d'origine contrôlée, attribuée aux vins rouges, rosés et blancs secs, produits dans le département du Gard. C'est un pays de plateaux et de coteaux, qui domine les vallées du Gard et du Rhône à l'est, et se termine en pente douce vers la plaine du Petit Rhône. Son terroir, très typique, le Gress, est un sol caillouteux formé de galets siliceux.

Les cépages utilisés sont, pour les rouges et les rosés : Grenache, Cinsault, Syrah, Carignan et Mourvèdre et pour les blancs : Grenache blanc, Clairette, Roussanne et Marsanne.
Production moyenne : 186 700 hectolitres de vins rouges et rosés et 5 700 hectolitres de vins blancs.

CÔT

Cépage noir cultivé dans le Sud-Ouest de la France, principalement à Cahors, sous le nom d'Auxerrois et à Bordeaux où il est appelé Malbec, mais aussi en Touraine... Il donne un vin assez coloré et riche en tannins.

COTEAUX CHAMPENOIS

Appellation d'origine contrôlée, qui concerne les vins tranquilles blancs, rosés et rouges, produits sur l'aire délimitée de la Champagne viticole, à partir des cépages Pinot noir, Pinot Meunier et Chardonnay.

Les vins rouges sont vinifiés de façon classique ou par macération carbonique. Issus des cépages Pinot noir et Pinot Meunier, ils ont un arôme de framboise très prononcé, et sont souples et gouleyants. Ils se boivent jeunes. Les plus réputés sont ceux produits sur les communes de Vertus, d'Ambonnay et surtout de Bouzy.

Les vins blancs sont pour la plupart des blancs de blancs, provenant du cépage Chardonnay, bien qu'il existe aussi des blancs de noirs. Ils sont essentiellement produits dans la Côte des Blancs (voir Champagne, vignoble de). Ce sont des vins secs et rafraîchissants, à boire jeunes.
Production moyenne : 240 hectolitres de blancs et 390 hectolitres de rouges.

COTEAUX D'AIX-EN-PROVENCE
Appellation d'origine contrôlée, donnée aux vins rouges, rosés et blancs, produits dans le département des Bouches-du-Rhône, avec une petite extension dans le Var. Le vignoble s'étend autour d'Aix-en-Provence sur 3 000 hectares, situés sur la partie occidentale de la basse Provence calcaire, entre la Durance et la Méditerranée. A l'ouest de ce vignoble, et à cheval sur les Alpilles, sept communes ont droit à l'appellation Coteaux d'Aix-les-Baux.
Les vins rouges sont issus des cépages Cabernet Sauvignon, Carignan, Cinsault, Counoise, Grenache, Mourvèdre et Syrah. Assez charpentés, leur nez varie selon l'importance respective des cépages, plutôt animal lorsque le Mourvèdre domine, floral lorsque c'est la Syrah, ou végétal lorsque c'est le Cabernet Sauvignon.
Les vins rosés proviennent des mêmes cépages et sont, de ce fait, assez vigoureux.
Production moyenne de vins rouges et rosés : 111 600 hectolitres. La production de vins blancs est faible, 6 800 hectolitres, à base de Clairette et de Bourboulenc, frais et parfumés, à boire jeunes.

COTEAUX D'ANCENIS
Appellation d'origine VDQS, qui s'applique aux vins produits en amont de Nantes, sur les deux rives de la Loire. Il s'agit essentiellement de vins rouges et rosés, mais aussi d'une petite production de blancs. Ces vins portent toujours, sur l'étiquette, le nom du cépage unique dont ils sont

issus et qui peut être, pour les blancs : le Chenin, le Pinot gris ou Malvoisie, et pour les rouges et rosés, le Cabernet Franc, le Cabernet Sauvignon et surtout le Gamay noir à jus blanc, qui représente à lui seul 90 % de la production.
Le Coteaux d'Ancenis, qu'il soit rouge, rosé ou blanc, est un vin léger et sec, vif et agréablement fruité, à boire jeune.
Production moyenne : 21 600 hectolitres, dont moins de 200 hectolitres de vins blancs.

COTEAUX DE L'AUBANCE
Appellation d'origine contrôlée, qui désigne les vins blancs généralement demi-secs ou moelleux, provenant du cépage Chenin et produit sur les rives de l'Aubance, qui coule entre le Layon et la Loire. Les pentes, plus faibles que celles des Coteaux du Layon, abritent moins bien les vignes des vents du nord. De plus, le sol de limon argileux, assez épais, lourd et humide, donne des vins frais et légers, moins corsés que leurs voisins du Layon, mais toujours assez concentrés du fait des vendanges à surmaturation, par tries successives.
Production moyenne : 1 800 hectolitres.

COTEAUX DE PIERREVERT
Appellation d'origine VDQS, que portent les vins rouges, rosés et blancs, produits sur l'aire délimitée de 42 communes du département des Alpes de Haute-Provence, à l'est des Côtes du Ventoux et des Côtes du Lubéron. La superficie de ce vignoble provençal est d'environ 200 hectares, produisant des vins légers et frais, à boire jeunes.
Les vins rouges sont produits à partir des cépages Carignan, Cinsault, Grenache, Mourvèdre, Œillade, Petite Syrah et Terret noir. Il s'en produit environ 12 000 hectolitres. Quant aux vins blancs, ils sont élaborés à partir des cépages Clairette, Marsanne, Picpoul, Roussanne et Ugni blanc et représentent environ 1 000 hectolitres.

COTEAUX DE SAUMUR

Appellation d'origine contrôlée, attribuée aux vins blancs, issus du cépage Chenin, et produits sur l'aire d'appellation Saumur. Issus de raisins bien mûrs, récoltés par tries successives, ce sont des vins tendres, qui contiennent au moins 10 grammes de sucres résiduels par litre.
Production moyenne : 150 hectolitres.

COTEAUX DU GIENNOIS OU CÔTES DE GIEN

Appellation d'origine VDQS, donnée aux vins rouges, rosés et blancs secs, produits sur les deux rives de la Loire, à cheval sur les départements de la Nièvre et du Loiret. Le vignoble, qui couvre environ 70 hectares, est constitué en rouge de Gamay noir à jus blanc pour les deux tiers et de Pinot noir, et en blanc de Sauvignon et d'un peu de Chenin. Les vins sont fruités, légers et frais, à boire jeunes.
Production moyenne : 3 900 hectolitres de rouges et rosés, et 560 hectolitres de blancs.

COTEAUX DU LANGUEDOC

Appellation d'origine contrôlée, qui recouvre les vins rouges, rosés et blancs secs, produits sur les garrigues et coteaux qui s'étendent de Narbonne jusqu'à Nîmes. Le vignoble est implanté sur les hauteurs pauvres et sèches, qui dominent la plaine de l'Hérault. La superficie du vignoble est d'environ 10 000 hectares.

On y trouve deux types de sols : les schistes primaires donnent des vins corsés et généreux, de bonne garde, alors que les cailloutis calcaires produisent des vins fruités, plus ronds.

Les cépages utilisés sont, pour les rouges et les rosés : le Carignan, le Grenache, le Cinsault, le Mourvèdre et la Syrah et pour les blancs : le Grenache blanc, la Clairette, le Bourboulenc et le Picpoul, ainsi que, dans une moindre mesure, la Roussanne, la Marsanne, le Rolle, le Maccabeu, le Terret blanc, le Carignan blanc et l'Ugni blanc.

L'intervention des quatre derniers cépages est progressivement limitée à 30 %.

Sur cette grande aire d'appellation on distingue douze terroirs, dont les noms peuvent compléter celui de l'appellation Coteaux du Languedoc; il s'agit de :
La Clape, Picpoul de Pinet, Quatourze, Cabrières, Saint-Saturnin, Montpeyroux, Saint-Georges d'Orques, La Méjanelle, Pic-Saint-Loup, Saint-Drézéry, Saint-Christol et Verargues.
Production moyenne : 297 000 hectolitres, dont moins de 15 000 hectolitres de vins blancs.

COTEAUX DU LAYON

Appellation d'origine contrôlée, attribuée aux vins blancs, produits sur environ 4 000 hectares, qui s'étendent sur les deux rives du Layon, rivière qui se jette dans la Loire à l'ouest d'Angers. On y trouve essentiellement des sols schisteux (de couleur allant du rouge au violet), particulièrement favorables à une bonne maturation du cépage Chenin.

La vallée du Layon est très encaissée et présente par endroits des pentes de 60 à 70 %. La rivière coule du sud-est au nord-ouest. Les meilleurs vignobles sont donc protégés des vents du nord et de l'humidité excessive des vents d'ouest. Cette exposition assure une maturité plus précoce des raisins, ce qui permet un bon développement de Botrytis cinerea et l'apparition de la pourriture noble. On vendange donc par tries successives, pour ne récolter que des raisins très concentrés.

Vingt-cinq communes ont droit à l'appellation Coteaux du Layon, dont six peuvent mentionner leur nom en complément de l'appellation, lorsqu'elles répondent à des conditions de production plus strictes, notamment un rendement à l'hectare moins élevé et une plus forte richesse en sucres. Il s'agit de Beaulieu-sur-Layon, Faye d'Anjou, Rablay-sur-Layon, Rochefort-sur-Loire, Saint-Aubin-de-Luigné et Saint-Lambert-du-Lattay. Enfin, l'appellation Coteaux du Layon Chaume s'applique aux vins produits dans une petite partie de la commune de Rochefort. Il ne faut pas la confondre avec l'appellation voisine, encore plus restreinte, Quarts de Chaume.

Les vins des Coteaux du Layon sont généralement des vins moelleux, contenant entre 25 et 30 grammes par litres de sucre, aux arômes de fleurs évoluant vers le miel ou la cire d'abeille. Généreux et bien équilibrés, ils sont d'une étonnante longévité.

Production moyenne : 48 000 hectolitres, dont 3 700 en appellation de villages et 1 900 hectolitres de Chaume.

COTEAUX DU LOIR

Appellation d'origine contrôlée, que portent les vins rouges, rosés et blancs, produits sur la rive gauche du Loir. Le vignoble, à cheval sur les départements de la Sarthe et de l'Indre-et-Loir, s'étend sur les coteaux calcaires et représente environ 30 hectares. La production des blancs, issus du Chenin, représente environ 430 hectolitres; les rouges et rosés, à base de Gamay, Cabernet, Côt et Pineau d'Aunis ont une production de l'ordre de 1 000 hectolitres. Ce sont des vins à dominante d'acidité, légers, frais et parfumés.

COTEAUX DU LYONNAIS

Appellation d'origine contrôlée, qui concerne les vins rouges, rosés et blancs secs, produits dans les cantons de l'Arbresle, Saint-Genis Laval, Givors, Mornant, Limonest et Faugneray, dans le département du Rhône. Le vignoble, situé à l'ouest de Lyon, est bordé par le Beaujolais au nord et les Côtes du Rhône septentrionales au sud. Il couvre aujourd'hui 240 hectares, sur des sols granitiques à faible rendement. Le cépage des vins rouges et rosés est le Gamay noir à jus blanc, vinifié en macération carbonique. Il existe une petite production de vins blancs, élaborés à partir du Chardonnay et de l'Aligoté. Souples et gouleyants, les vins des Coteaux du Lyonnais sont à boire jeunes et frais.

Production moyenne : 11 650 hectolitres, dont plus de la moitié est produite par la Cave des vignerons de Sain-Bel.

COTEAUX DU TRICASTIN

Appellation d'origine contrôlée, qui s'applique aux vins rouges, rosés et blancs, produits sur l'aire délimitée de 22 communes du sud du département de la Drôme. Les vins du Tricastin furent longtemps appelés « Vins de Donzère », en souvenir du temple dédié à Bacchus par les Romains, sur le rocher de Donzère. Le vignoble est planté sur des terrasses caillouteuses aux alluvions anciennes qui s'étagent au flanc des collines culminant à près de 400 mètres.

Les vins rouges et rosés sont issus des cépages Grenache, Cinsault, Syrah, Mourvèdre, Picpoul noir et Carignan. Ils sont généralement souples et fruités, à boire jeunes, surtout lorsqu'ils sont récoltés sur les molasses sableuses, situées au sud de l'aire d'appellation. Par contre, les galets roulés des terrasses quaternaires donnent des vins plus amples, et plus charpentés.
Production moyenne : 87 000 hectolitres.

Les vins blancs sont élaborés à partir des cépages Grenache blanc, Clairette, Picpoul blanc, Bourboulenc et Ugni blanc. Ils sont frais et élégants, à boire jeunes.
Production moyenne : 450 hectolitres.

COTEAUX DU VENDÔMOIS

Appellation d'origine VDQS, qui recouvre les vins rouges, rosés et blancs secs, produits sur 35 communes du Loir-et-Cher, à l'ouest de Vendôme. Les vins rouges proviennent des cépages Pineau d'Aunis pour 30 % au minimum, Gamay noir à jus blanc, Pinot noir, avec un peu de

Cabernet Sauvignon et de Cabernet Franc. Les rosés sont élaborés à partir du Pineau d'Aunis, seul ou accompagné d'un peu de Gamay, 30 % au maximum. Quant aux vins blancs, ils sont constitués de Chenin et dans la limite de 20 %, de Chardonnay. Ce sont des vins légers, à boire jeunes. Ils sont surtout diffusés dans la région.

Production moyenne : 7 630 hectolitres, dont 1 000 hectolitres de vins blancs.

COTEAUX VAROIS

Appellation d'origine VDQS, donnée aux vins rouges et rosés, produits dans le département du Var. Le vignoble s'étend sur environ 2 400 hectares, constitués de coteaux caillouteux qui s'étagent au flanc de plateaux calcaires.
Les cépages principaux sont le Carignan (limité à 60 %), le Cinsault, le Grenache, le Mourvèdre et la Syrah. Peuvent être utilisés, à moins de 30 %, le Cabernet Sauvignon et le Tibouren. Ce sont des vins fruités, à boire jeunes et frais.
Production moyenne : 55 300 hectolitres.

CÔTE DE BEAUNE (VIGNOBLE DE LA)

La Côte de Beaune s'étend au sud de la Côte-d'Or, sur environ 2 800 hectares. Elle prolonge la Côte de Nuits, selon un axe nord-est/sud-ouest, depuis Ladoix, au nord, jusqu'à Cheilly-les-Maranges, au sud. C'est une zone étroite de coteaux, qui mesure près de 25 kilomètres de longueur, mais seulement de 700 à 2 000 mètres de large. Le terroir est constitué d'un socle calcaire dur, riche en fossiles (oolithes), sur lequel reposent des marnes et des calcaires marneux.

La Côte de Beaune compte quatre niveaux d'appellations :
l'AOC Côte de Beaune-Villages,
les appellations communales,
les Premiers Crus,
les Grands Crus.

Les appellations communales, au nombre de seize, sont : Auxey-Duresses, Blagny (pour les rouges seulement), Chassagne-Montrachet, Cheilly-les-Maranges, Chorey-les-Beaune, Dezize-les-Maranges, Ladoix, Meursault, Monthélie, Pernand-Vergelesses, Puligny-Montrachet, Saint-Aubin, Saint-Romain, Sampigny-les-Maranges, Santenay, Savigny-les-Beaune.

C'est dans la Côte de Beaune que sont produits tous les Grands Crus blancs de Côte-d'Or. Par contre, il n'y a qu'un seul Grand Cru rouge : le Corton.

CÔTE DE BEAUNE

Appellation d'origine contrôlée, dont l'aire de production recouvre une toute petite parcelle de la commune de Beaune. Cette AOC n'est presque plus utilisée.
Production moyenne : 1 830 hectolitres, dont 170 hectolitres de vins blancs.

CÔTE DE BEAUNE -VILLAGES

Appellation d'origine contrôlée, qui désigne des vins rouges, produits sur les territoires d'une ou plusieurs des seize communes suivantes de la Côte de Beaune :
Auxey-Duresses, Chassagne-Montrachet, Cheilly-les-Maranges, Chorey-les-Beaune, Dezize-les-Maranges, Ladoix, Meursault, Monthélie, Pernand-Vergelesses, Puligny-Montrachet, Rémigny, Saint-Aubin, Saint-Romain, Sampigny-les-Maranges, Santenay, Savigny-les-Beaune.

Les vins rouges sont produits à partir des cépages Pinot noir, Pinot Liébault et Pinot Beurot, et les vins blancs à partir des cépages Chardonnay et Pinot blanc.

Chacune des seize communes ayant droit à cette AOC Côte de Beaune-Villages peut compléter son appellation par la mention Côte de Beaune. La production est d'environ 7 900 hectolitres, dont moins de 35 hectolitres de vins blancs.

CÔTE DE BROUILLY

Appellation d'origine contrôlée, quc portent les vins rougcs, produits dans la région du Beaujolais, à partir du cépage Gamay noir à jus blanc, vinifié en macération carbonique. C'est l'un des dix crus du Beaujolais. Il couvre environ 290 hectares, sur les versants pentus du mont Brouilly, au sol de granites et de schistes durs, appelés «cornes vertes». C'est un vin fruité, plus élégant et plus complexe que le Brouilly, qui acquiert une grande finesse après deux à trois ans.
Production moyenne : 18 000 hectolitres.

CÔTE DE NUITS (VIGNOBLE DE LA)

Elle s'étend au nord de la Côte-d'Or, selon un axe nord-sud, sur environ 1 300 hectares. C'est une bande de coteaux très étroite, qui fait près d'une trentaine de kilomètres de longueur, du sud de Dijon à Corgoloin, mais seulement 500 mètres de large. Le terroir est semblable à celui de la Côte de Beaune. Par contre, la Côte de Nuits produit presque exclusivement des vins rouges, à partir du seul cépage Pinot noir.

On y retrouve la même échelle des appellations : Côte de Nuits-Villages, appellations communales, Premiers Crus et Grands Crus.

Les appellations communales, au nombre de huit, sont : Chambolle-Musigny, Fixin, Gevrey-Chambertin, Marsannay, Morey-Saint-Denis, Nuits-Saint-Georges, Vosne-Romanée, Vougeot.

Les vins rouges de la Côte de Nuits sont généralement plus fermes que ceux de la Côte de Beaune et se conservent plus longtemps.

CÔTE DE NUITS -VILLAGES

Appellation d'origine contrôlée, attribuée aux vins rouges de Bourgogne, produits sur cinq communes de la Côte de Nuits : Fixin, Brochon, Comblanchien, Corgoloin, Prissey. Issus essentiellement du cépage Pinot noir, ce sont des vins fermes, pouvant se garder cinq à huit ans.

L'appellation Côte de Nuits-Villages peut aussi s'appliquer à des vins blancs, produits sur les mêmes communes, mais les quantités récoltées sont négligeables.
Production moyenne : 5 800 hectolitres de vins rouges et 50 hectolitres de vins blancs.

CÔTE ROANNAISE

Appellation d'origine VDQS, qui désigne des vins rouges et rosés, issus du seul cépage Gamay et produits sur 24 communes du département de la Loire, à quelques kilomètres au nord des Côtes du Forez. Ce sont des vins frais et fruités, à boire jeunes.
Production moyenne : 4 000 hectolitres dont 5 % en rosé.

CÔTE RÔTIE

Appellation d'origine contrôlée, donnée aux vins rouges, produits sur les communes d'Ampuis, Saint-Cyr-sur-Rhône et Tupin-et-Semons. Ce cru, le plus au nord des Côtes du Rhône septentrionales, est constitué de deux côtes, la Brune et la Blonde, en hommage aux deux filles du seigneur d'Ampuis. La première produit des vins robustes, de très longue garde; la seconde donne des vins plus tendres, moins aptes au vieillissement. D'une superficie totale de 120 hectares, le vignoble est établi sur des terrasses granitiques, arides et caillouteuses. Les vins sont produits à partir du cépage Syrah, avec au maximum 20 % de Viognier. Ils ont une couleur profonde, un nez puissant, avec des notes animales et des parfums de truffe et de poivre. Ils sont de longue garde.
Production moyenne : 3 700 hectolitres.

CÔTES D'AUVERGNE

Appellation d'origine VDQS, qui désigne les vins rouges, rosés et blancs secs, produits sur une cinquantaine de communes du département du Puy-de-Dôme, autour de Clermont-Ferrand. Ce vignoble a une renommée fort ancienne, puisque l'on raconte que Vercingétorix fêta sa victoire contre César, à Gergovie, avec du vin local.

Les vins rouges et rosés sont issus principalement de Gamay noir à jus blanc, mais le Pinot noir est également autorisé. D'une couleur légère, ce sont des vins fruités, à boire jeunes. Quant aux vins blancs, élaborés à partir du seul cépage Chardonnay, leur production est pratiquement inexistante.

L'appellation peut être complétée par une des cinq appellations locales suivantes : Boudes, au terroir caractéristique d'argiles rouges; Chanturgue, aux portes même de Clermont-Ferrand; Chateaugay, dont le donjon, bâti sur le bord du plateau, domine le vignoble; Corent, qui domine la vallée de l'Allier, surtout célèbre pour ses rosés et Madargues, dont le vignoble a pratiquement disparu.
Production moyenne : 19 200 hectolitres, dont moins de 30 hectolitres de vins blancs.

CÔTES DE BERGERAC

Appellation d'origine contrôlée, attribuée aux vins rouges et blancs, produits sur l'aire d'appellation Bergerac.

Les vins rouges sont issus des mêmes cépages que ceux de l'appellation Bergerac, mais contraints à des rendements plus faibles, ils sont généralement plus corsés et peuvent se garder jusqu'à cinq ans.

Les vins blancs sont issus du seul cépage Sémillon. Ils contiennent au moins cinq grammes de sucres résiduels par litre et ont un degré minimum naturel supérieur à celui du Bergerac sec. Lorsqu'ils ont plus de dix-sept grammes de sucre par litre, l'appellation Côtes de Bergerac doit obligatoirement être suivie du terme moelleux.
Production moyenne : 75 600 hectolitres, dont plus de 49 000 hectolitres de vins blancs.
Voir Bergerac.

CÔTES DE BLAYE

Appellation d'origine contrôlée, donnée aux vins blancs secs, produits sur la rive droite de l'estuaire de la Gironde. Le vignoble couvre les cantons de Blaye, Saint-Savin et Saint-Ciers sur Gironde, mais les vins blancs sont pour l'essentiel produits dans les deux derniers. Les sols sont argilo-calcaires et argileux à l'ouest, et de plus en plus sablonneux vers l'est où, à la vigne, succède une forêt de pins. L'encépagement est constitué de Sauvignon, Colombard, Sémillon, Muscadelle, Ugni blanc, Chenin et Folle blanche. Pendant longtemps, cette région a produit des vins destinés à l'élaboration de la Fine de Bordeaux, donc à la distillation, ce qui explique l'emploi de tous ces cépages. Aujourd'hui, même si les vins sont encore souvent à base de Colombard, la part grandissante du Sauvignon permet la production de vins secs et fruités, fins et très agréables.

Production moyenne : 11 700 hectolitres.

Il existe aussi une appellation Blaye ou Blayais, avec des conditions de production moins strictes.

CÔTES DE BORDEAUX SAINT-MACAIRE

Appellation d'origine contrôlée, que portent les vins blancs, produits dans la région de Bordeaux. Le vignoble prolonge à l'est celui des Premières Côtes de Bordeaux, sur la rive droite de la Garonne. Le vignoble couvre plus de 2 000 hectares, mais moins de 100 hectares sont utilisés pour la production de cette appellation. La tendance est à produire de plus en plus de vins rouges sous l'appellation Bordeaux.

Produits à partir des cépages Sémillon, Sauvignon et Muscadelle, les Côtes de Bordeaux Saint-Macaire sont des vins souples, plus ou moins moelleux selon les années.

Production moyenne : 2 300 hectolitres.

CÔTES DE BOURG

Appellation d'origine contrôlée, attribuée aux vins rouges et blancs de la région de Bordeaux.

Le vignoble couvre environ 3 000 hectares, sur les rives droites de la Dordogne et de la Gironde. Il est constitué de coteaux argilo-calcaires ou argilo-graveleux, parfois même sablonneux, sur un sous-sol de calcaire à astéries.
Élaborés à partir des cépages Cabernet Sauvignon, Cabernet Franc, Merlot et Malbec, les vins rouges sont riches en couleur, avec des tannins souples, qui leur assurent une bonne garde. Production moyenne : 157 500 hectolitres.
Les vins blancs, surtout produits à l'est et dans le nord de la zone d'appellation, proviennent des cépages Sauvignon, Sémillon, Muscadelle, mais aussi pour une moindre part, Merlot blanc et Colombard. Ils sont légers et fruités, à boire jeunes.
Production moyenne : 13 200 hectolitres.
Ces vins rouges et blancs peuvent aussi s'appeler Bourgeais ou Bourg, mais ces deux appellations ne sont presque plus utilisées.

CÔTES DE BUZET
Voir Buzet.

CÔTES DE CANON-FRONSAC
Voir Canon-Fronsac.

CÔTES DE CASTILLON
Voir Bordeaux Côtes de Castillon.

CÔTES DE DURAS
Appellation d'origine contrôlée. Ce sont des vins rouges, rosés, blancs secs et blancs moelleux, produits au nord-ouest du département du Lot-et-Garonne, dans le prolongement du plateau de l'Entre-deux-Mers girondin.

Le vignoble couvre environ 1 500 hectares, où sont produits environ deux tiers de vins blancs et un tiers de vins rouges et rosés.

Les vins blancs moelleux sont obtenus à partir des cépages Sémillon, Muscadelle et Mauzac;

d'une couleur jaune d'or, ils sont fins et très aromatiques.

Les vins blancs secs, nerveux et racés, sont issus du cépage Sauvignon. Les cépages Ondenc, Ugni blanc et Chenin peuvent également intervenir en proportion moindre.

Les vins rouges sont élaborés à partir des cépages Merlot, Malbec, Cabernet Franc et Cabernet Sauvignon. Les vins de Merlot, souvent vinifiés en macération carbonique, sont fruités et souples, à boire jeunes. Les vins vinifiés de façon traditionnelle sont plus charnus et demandent quelques années de vieillissement, afin d'assouplir leurs tannins. Quant aux rosés, ils sont issus des mêmes cépages et sont élaborés par saignée.
Production moyenne : 56 000 hectolitres, dont 29 600 hectolitres de vins blancs.

CÔTES DE GIEN

Voir Coteaux du Giennois.

CÔTES DE LA MALEPÈRE

Appellation d'origine VDQS, qui recouvre les vins rouges et rosés, produits dans le département de l'Aude, au sud-ouest de Carcassonne.

Les vins rouges sont issus des cépages Merlot, Côt et Cinsault, et les rosés des cépages Cinsault, Grenache et Lladoner Pelut. Ce vignoble est situé dans une zone climatique, où l'influence océanique atténue la sécheresse du climat méditerranéen, ce qui explique l'utilisation de cépages bordelais. Les vins y sont assez charpentés, un peu rustiques.
Production moyenne : 10 600 hectolitres.

CÔTES DE MONTRAVEL

Appellation d'origine contrôlée, que portent les vins blancs moelleux, produits dans la région de Bergerac, sur neuf communes situées en bordure ouest du département de la Dordogne. Produits

à partir des cépages Sauvignon, Sémillon et Muscadelle, ce sont des vins moellcux contenant entre 8 et 54 grammes de sucres résiduels par litre.
Production moyenne : 4 400 hectolitres.

CÔTES DE PROVENCE

Appellation d'origine contrôlée, qui s'applique aux vins rouges, rosés et blancs, produits sur environ 18 000 hectares, situés pour les quatre cinquièmes dans le Var, le reste dans les Bouches-du-Rhône et une commune des Alpes-Maritimes.
On distingue trois grandes aires de production. La zone côtière du massif des Maures, qui s'étend de Toulon à Saint-Raphaël, est constituée de sols schisteux ou granitiques. La dépression permienne, qui se déploie en arc de cercle autour du massif des Maures, est constituée de sols argilo-sableux, sur un soubassement de grès rouges. Enfin, sur le plateau triasique, à terres rouges, domine le calcaire.
Les vins rouges et rosés sont obtenus à partir des cépages suivants : Carignan, Grenache, Cinsault, Mourvèdre et Tibouren, auxquels on peut adjoindre le Cabernet Sauvignon, la Syrah, le Calitor et le Barbaroux. Les rosés, généralement obtenus par saignée (courte macération) représentent 60 % de la production.
Les vins blancs sont élaborés à partir des cépages Ugni blanc et Clairette, qui donnent aux vins fraîcheur et souplesse, Rolle et Sémillon, qui apportent une puissance aromatique particulière.
Production moyenne : 717 000 hectolitres, dont moins de 46 000 hectolitres de vins blancs.

CÔTES DE SAINT-MONT

Appellation d'origine VDQS, attribuée aux vins rouges, rosés et blancs, produits essentiellement dans le sud-ouest du département du Gers. Inclus dans l'aire d'appellation de l'Armagnac et contigu à celle du Madiran, le vignoble couvre environ 450 hectares, sur des terrasses alluviales anciennes et sur des croupes marneuses et calcaires.

L'encépagement en rouge est constitué de Tannat, Cabernet Sauvignon, Cabernet Franc, Merlot et Fer Servadou. Les vins rouges, qui doivent être issus à 70 % de Tannat, ont beaucoup de mâche et de corps et s'arrondissent après quelques années. Les vins rosés, obtenus par saignée, sont aromatiques, vifs et assez charpentés.

Les vins blancs secs, parfumés et nerveux, sont obtenus à partir des cépages Arrufiac, Clairette et Courbu; la part des Petit et Gros Manseng est limitée à 50 %.

La majeure partie de la production est assurée par une cave coopérative : l'Union de Producteurs Plaimont.
Production moyenne : 19 500 hectolitres, dont 1 400 hectolitres de vins blancs.

CÔTES DE TOUL

Appellation d'origine VDQS, qui désigne les vins blancs, gris et rouges, produits sur neuf communes de la région de Toul, à quelques kilomètres à l'ouest de Nancy (Meurthe-et-Moselle). Les vins rouges, issus des cépages Pinot noir et Pinot Meunier, ont une couleur légère; ils sont souples et fruités. Les vins blancs, produits à partir de l'Aligoté, de l'Aubin et de l'Auxerrois, sont vifs, à boire dans l'année.

Les vins gris, qui représentent plus de 95 % de la production, sont obtenus par une vinification sans macération des cépages rouges précédemment cités, auxquels s'ajoute le Gamay, et, dans une limite de 15 %, les cépages blancs déjà énumérés. De couleur très pâle, ils sont vifs et fruités, à boire jeunes et frais.

Production moyenne : 4 600 hectolitres, essentiellement diffusés dans la région.

CÔTES DU BRULHOIS

Appellation d'origine VDQS, que portent les vins rouges et rosés, produits dans le Sud-Ouest, aux confins de trois départements : Gers, Tarn-et-Garonne et Lot-et-Garonne. Implanté sur un ensemble de collines graveleuses, le vignoble est constitué de Cabernet Franc, Cabernet Sauvignon, Fer Servadou, Merlot, Côt et Tannat.

Les vins rouges, obtenus à partir de vendanges totalement éraflées, sont riches en couleur et bien charpentés, au nez de fruits et d'épices.

Les vins rosés sont obtenus par saignée.

Production moyenne : 6 350 hectolitres.

CÔTES DU CABARDÈS ET DE L'ORBIEL OU CABARDÈS

Appellation d'origine VDQS, donnée aux vins rouges et rosés, produits dans le département de l'Aude, au nord-est de Carcassonne, sur les pentes sud de la Montagne Noire. Le vignoble couvre environ 2 200 hectares, sur des sols schisteux et calcaires. Les vins sont issus principalement des cépages Cinsault, Grenache, Syrah, Mourvèdre et Carignan. Mais, on trouve – leur part ne doit pas excéder 40 % – des cépages du Sud-Ouest : Cabernet Sauvignon, Merlot, Malbec, Fer Servadou, Négrette... En effet, ce vignoble subit l'influence océanique, qui atténue la sécheresse du climat méditerranéen.

Production moyenne : 12 600 hectolitres.

CÔTES DU FOREZ

Appellation d'origine VDQS. Il s'agit de vins rouges et rosés, produits sur 21 communes du département de la Loire, à mi-chemin entre Lyon et Clermont-Ferrand. Ce vignoble, situé sur la rive droite de la Loire, est voisin du Beaujolais et du Lyonnais. On y retrouve le cépage Gamay, unique cépage, qui produit des vins rouges souples et fruités et des vins rosés secs, à boire jeunes.

Production moyenne : 6 670 hectolitres.

CÔTES DU FRONTONNAIS

Appellation d'origine contrôlée, attribuée aux vins rouges et rosés, produits dans les départements du Tarn-et-Garonne et de la Haute-Garonne. L'aire d'appellation couvre environ 1 700 hectares, sur les terrasses alluviales de la rive gauche du Tarn. Elle est limitée à l'ouest par le canal du Midi.

Le cépage traditionnel est la Négrette, qui représente 50 à 70 % de l'encépagement et confère au vin ses arômes caractéristiques de framboise. Les autres cépages sont le Côt, la Mérille, le Cabernet Franc, le Cabernet Sauvignon, le Fer Servadou, le Gamay noir à jus blanc, la Syrah, le Cinsault et le Mauzac (les quatre derniers étant limités à 15 % de l'encépagement). On trouve deux types de vins. Les vins très riches en Négrette, issus de sols riches en fer, sont tanniques, typés et aptes au vieillissement. Ceux qui sont issus de sols sableux, avec un plus fort pourcentage de Cabernets, Gamay ou Syrah, sont fruités et souples et se boivent jeunes.

Il existe aussi une production de vins rosés, vifs et fruités.

L'appellation Côtes du Frontonnais, issue de l'unification de deux vignobles séparés, peut être suivie de la mention Fronton ou Villaudric, selon les communes d'origine.

Production moyenne : 62 100 hectolitres de vins rouges et 5 500 hectolitres de vins rosés.

CÔTES DU JURA

Appellation d'origine contrôlée, qui désigne les vins rouges, blancs, rosés ou gris, les vins jaunes et les vins de paille, récoltés sur l'ensemble de la zone viticole du Jura. Le vignoble couvre environ 500 hectares.

Les vins rouges et rosés sont à base respectivement de Pinot noir ou gris et de Poulsard, complétés par du Trousseau. Ils sont généralement élevés en foudres de chêne pendant un à deux ans. Ils sont souvent très fruités, marqués par le Pinot.

Les vins blancs sont issus du cépage Chardonnay, pur ou assemblé avec du Savagnin. Élevés en foudres de chêne durant deux à trois ans avant la mise en bouteille, ce sont des vins corsés, de longue garde, au nez intense, à dominante de noix.

Les vins jaunes sont issus du seul cépage Savagnin, et sont obtenus après un élevage en fûts de chêne durant six ans sans ouillage, ni soutirage. Ils ont un bouquet complexe et beaucoup de longueur.

Quant aux vins de paille, ils sont obtenus à partir de tous les cépages rouges et blancs du Jura : Poulsard, Trousseau, Pinot noir ou gris, Savagnin, Chardonnay et Pinot blanc. Ils sont hélas très rares.

Il existe aussi une production de vins mousseux, obtenus par deuxième fermentation en bouteille. Production moyenne : 26 500 hectolitres, dont plus de 21 000 hectolitres de vins blancs.

CÔTES DU LUBÉRON

Appellation d'origine contrôlée, donnée aux vins rouges, rosés et blancs, produits sur 36 communes du Vaucluse, au sud-est d'Avignon. Le vignoble est situé sur les pentes et coteaux de la chaîne calcaire du Lubéron. Le climat y est plus froid que dans les Côtes du Rhône méridionales, avec des hivers plus rudes et des automnes plus précoces.

Les vins rouges et rosés sont à dominante de Grenache et Syrah (à plus de 50 %), avec du Mourvèdre, du Carignan et du Cinsault, ces deux derniers étant limités respectivement à 30 et 20 %. Peuvent également intervenir, la Counoise, le Picpoul, le Gamay et le Pinot noir à raison de 10 % au maximum pour chacun d'eux. Ce sont des vins fruités, plus ou moins charpentés selon les producteurs, qui s'apparentent à ceux des Côtes du Ventoux.

Les vins blancs sont produits à partir des cépages Grenache blanc, Clairette, Bourboulenc et Ugni blanc, auxquels on peut adjoindre, dans la limite de 20 %, la Roussanne et la Marsanne.

A côté de la coopération, qui représente près de 90 % de la production, il existe quelques producteurs, qui font faire à leur vin de longues cuvaisons, un élevage en fûts de chêne... On obtient alors des produits haut de gamme, riches et charpentés, mais assez chers.

Production moyenne : 103 400 hectolitres de rouges et rosés, 20 000 hectolitres de vins blancs.

CÔTES DU MARMANDAIS

Appellation d'origine VDQS. Ce sont des vins rouges, rosés et blancs, produits dans la région de Marmande (Lot-et-Garonne). Le vignoble s'étend sur environ 2 500 hectares, sur les deux rives de la Garonne. Les sols y sont différents : graveleux sur la rive gauche et argilo-calcaires sur la rive droite.

Les vins rouges et rosés sont produits à partir des cépages Cabernet Sauvignon, Cabernet Franc et Merlot, dont l'ensemble ne doit pas excéder 75 %, mais aussi des cépages Abouriou, Côt, Fer Servadou, Gamay et Syrah. Les vins blancs sont à base de Sauvignon, avec du Sémillon, de la Muscadelle et de l'Ugni blanc.

Les vins rouges représentent la plus grosse partie de la production, essentiellement vinifiée par deux caves coopératives : Beaupuy et Cocumont. Production moyenne : 48 400 hectolitres de vins rouges et rosés, 1 930 hectolitres de vins blancs.

CÔTES DU RHÔNE (VIGNOBLE DES)

Le vignoble s'étend sur environ 200 kilomètres depuis Vienne (Rhône), jusqu'en Avignon (Vaucluse), sur les deux rives du fleuve. Il représente 63 000 hectares, répartis sur six départements différents : Rhône, Loire, Ardèche, Gard, Drôme et Vaucluse. Il produit essentiellement des vins rouges (90 %) mais aussi des vins rosés et blancs, des vins mousseux et des vins doux naturels.

Les Côtes du Rhône regroupent deux zones très différentes, tant par le climat et les terroirs que par l'encépagement et les types de vins.

Les Côtes du Rhône septentrionales donnent naissance à un chapelet de crus de faibles superficies, accrochés sur les versants abrupts qui surplombent le Rhône, et constitués de terrasses granitiques étroites. Le climat est ensoleillé, mais plus frais que dans le sud, tempéré par des brouillards matinaux, typiques de la région du Lyonnais. Les vins rouges sont issus du seul cépage Syrah. Les vins blancs proviennent soit du cépage Viognier, soit des cépages Marsanne et Roussanne. Cette partie septentrionale héberge des crus réputés : sur la rive droite, Côte Rôtie, Condrieu, Château-Grillet, Saint-Joseph, Cornas et Saint-Péray et sur la rive gauche, Hermitage et Crozes-Hermitage.

Dans les Côtes du Rhône méridionales, à partir de Donzères, la plaine s'élargit sur la rive gauche du Rhône et le vignoble s'étend sur des coteaux et terrasses plus larges, au sol argilo-calcaire et très caillouteux. Le climat est méditerranéen, avec une saison sèche de mai à septembre, renforcée par un vent violent, le mistral. Les vins sont le produit d'un assemblage de nombreux cépages, avec une prédominance de Grenache blanc et noir. Cette région produit la majeure partie des appellations Côtes du Rhône et Côtes du Rhône-Villages, mais aussi quatre crus : Châteauneuf-du-Pape, Gigondas, Lirac et Tavel.

CÔTES DU RHÔNE

Appellation d'origine contrôlée, que portent les vins rouges, rosés et blancs, produits sur l'ensemble de la zone viticole des Côtes du Rhône, soit environ 39 000 hectares et plus de la moitié du vignoble. L'aire de production est essentiellement localisée dans la partie méridionale.

Zone de passage depuis l'invasion romaine, cette région a collectionné un nombre impressionnant de cépages, dont on en a gardé 23, bien adaptés aux différentes conditions climatiques et à la variété des sols. Les principaux sont : Grenache, Syrah, Cinsault, Carignan, ce dernier limité à 30 % de l'encépagement, Mourvèdre, Clairette, Bourboulenc, Picpoul, Terret noir, Picardan, Roussanne, Marsanne et Viognier. Les cépages accessoires sont : Counoise, Muscardin, Vaccarèse, Pinot fin, Mauzac, Pascal blanc, Ugni blanc, Calitor, Camarèse et Gamay.
Les vins des Côtes du Rhône sont généralement souples et ronds, au nez de fruits ou de garrigue. Ils sont à boire dans leur jeunesse, après un à trois ans. Il existe aussi une production de vins primeurs, mis en vente à partir du troisième jeudi de novembre.
Production moyenne : rouges et rosés, 1 830 000 hectolitres; blancs : 31 700 hectolitres.

CÔTES DU RHÔNE -VILLAGES

Appellation d'origine contrôlée, qui concerne les vins rouges (80 %), rosés et blancs, produits sur les territoires délimités de 48 communes, dont certaines ont droit à l'une des 17 appellations communales, qui peut compléter l'AOC Côtes du Rhône-Villages.
Elles sont toutes situées dans la partie méridionale des Côtes du Rhône : Rochegude, Saint-Maurice-sur-Eigues, Vinsobres, Rousset-les-Vignes et Saint-Pantaléon dans la Drôme; Cairanne, Rasteau, Roaix, Séguret, Vacqueyras, Valréas, Visan, Sablet et Beaumes-de-Venise dans le Vaucluse; Laudun, Saint-Gervais et Chusclan dans le Gard.

Les vins rouges sont produits à partir du Grenache, limité à 65 %, de la Syrah, du Mourvèdre et du Cinsault qui doivent représenter à eux trois au moins 25 % de l'encépagement. On distingue deux types de vins : ceux à dominante de Grenache, généreux, au bouquet puissant où se

mêlent des notes épicées (poivre, réglisse) et empyreumatiques (grillé, torréfié), sont surtout produits dans le Vaucluse. Les autres sont plus souples, plus fruités. On les trouve surtout dans le Gard et la Drôme.
Les vins rosés sont élaborés principalement à partir des cépages Grenache, limité à 60 %, Carignan, limité à 15 % et Camarèse et Cinsault, ensemble pour au moins 15 %. Ceux de Chusclan, puissants et aromatiques, rappellent ceux de Tavel et Lirac. Ceux de Laudun, plus légers, sont aussi très fins.
Production moyenne de vins rouges et rosés : 156 600 hectolitres.

Les vins blancs sont à base de Clairette, Roussanne et Bourboulenc. Ce sont des vins frais et pleins, aux arômes de garrigue et de fleurs. Leur production est très faible : 3 100 hectolitres.

A noter que deux des villages des Côtes du Rhône, Baumes-de-Venise et Rasteau, ont également une production de vins doux naturels, à base de Muscat pour le premier et de Grenache pour le second.

CÔTES DU ROUSSILLON

Appellation d'origine contrôlée, qui désigne les vins rouges, rosés et blancs produits dans les Pyrénées-Orientales et le sud-est de l'Aude. Bassin s'ouvrant à l'est sur la Méditerranée, et bordé par trois massifs, les Corbières au nord, les Albères au sud et le Canigou à l'ouest, ce terroir a des sols très variés.

Les vins rouges et rosés sont issus des cépages Carignan (limité à 70 %), Grenache, Cinsault, Lladoner-Pelut, Syrah et Mourvèdre. Les rosés sont obtenus par saignée (courte macération). Quant aux rouges, ils peuvent être obtenus par macération carbonique ou par vinification traditionnelle, avec foulage de la vendange.

Les vins blancs sont obtenus à partir du cépage Maccabeu, auquel on adjoint le Tourbat, ou

Malvoisie du Roussillon qui, mûr plus tardivement, permet d'apporter degré et acidité.
Production moyenne : 209 000 hectolitres de vins rouges et rosés, 10 900 hectolitres de vins blancs.

CÔTES DU ROUSSILLON -VILLAGES

Appellation d'origine contrôlée, donnée aux vins rouges, produits sur 25 communes des départements des Pyrénées-Orientales et de l'Aude, situées sur les versants arides de l'Agly, rivière qui traverse le Fenouillèdes au sud des Corbières. Issus des mêmes cépages que les Côtes du Roussillon, ils sont généralement plus corsés. Tanniques, ils peuvent se conserver plusieurs années.

Deux communes peuvent rajouter leur nom à celui de l'appellation Côtes du Roussillon-Villages : La Tour de France, en raison de l'originalité de son terroir de schistes, et Caramany, vinifié pour au moins 60 % en macération carbonique.
Production moyenne : 88 500 hectolitres.

CÔTES DU VENTOUX

Appellation d'origine contrôlée, attribuée aux vins rouges, rosés et blancs, produits sur les pentes caillouteuses du mont Ventoux dans le Vaucluse, à l'est de l'aire d'appellation des Côtes du Rhône. Influencé par la proximité des Alpes, le climat nettement plus frais que celui des Côtes du Rhône méridionales entraîne une maturité plus tardive des raisins.

Les vins rouges et rosés proviennent à raison d'au moins 80 % des cépages Grenache, Syrah, Cinsault, Mourvèdre et Carignan. Ils sont souples et fruités, à boire dans les deux ans. Les rosés sont plus légers que ceux des Côtes du Rhône.
Production moyenne : 239 200 hectolitres.

Les vins blancs proviennent essentiellement des cépages Clairette et Bourboulenc et représentent moins de 2 500 hectolitres.

Côtes du Vivarais

Appellation d'origine VDQS, que portent les vins rouges, rosés et blancs, produits sur l'aire délimitée de dix communes de l'Ardèche et quatre communes du Gard, sur la rive droite du Rhône. Situé au nord-ouest de la partie méridionale des Côtes du Rhône, le vignoble est implanté essentiellement sur des sols calcaires et bénéficie d'un climat méditerranéen. Trois villages ont le droit d'adjoindre leur nom à celui de l'appellation, lorsque leurs vins répondent à des conditions de production plus strictes, notamment en matière d'encépagement. Il s'agit d'Orgnac, de Saint-Montant et de Saint-Remèze.

Les vins rouges et rosés sont issus des cépages Cinsault, Grenache, Mourvèdre, Syrah, Picpoul, Aubun et Carignan. Les trois derniers sont interdits dans l'encépagement des trois appellations villageoises évoquées ci-dessus. Les vins sont fruités et souples, à boire jeunes.
Production moyenne : 33 600 hectolitres.

Les vins blancs sont issus des cépages Bourboulenc, Clairette, Grenache blanc, Marsanne et Picpoul pour les appellations villageoises, auxquels s'ajoutent le Mauzac, le Maccabeu et l'Ugni blanc, pour les simples Côtes du Vivarais.
Production moyenne : 1 200 hectolitres.

Coulant

Vin souple, peu corsé, moelleux et agréable. Synonyme de gouleyant.

Coulée

Le processus de distillation produit une coulée, avec un alcool plus ou moins titré en fonction de l'alambic. Les alambics à coulée continue donnent d'une manière régulière de l'alcool entre 52° et 70°. Les autres produisent tout d'abord des «têtes», riches en esters volatils, et qui ne sont pas conservées; puis arrive, à partir de 72°, le «cœur», qui contient le meilleur des arômes de l'alcool; on interrompt la distillation vers 50° pour éviter les «queues», chargées d'huiles de fusel, qui gâteraient le fruit de la distillation.

COULEUR

La couleur des vins est due aux polyphénols. On distingue trois types de vins :
Les vins rouges, obtenus à partir de raisins noirs, ont subi une phase de macération, c'est-à-dire de contact entre les parties solides de la vendange, notamment les peaux et le jus, les premières donnant leur couleur au second.
Les vins blancs sont obtenus par pressurage direct de raisins blancs ou rouges; dans le premier cas il s'agit de blancs de blancs, dans l'autre de blancs de noirs.
Les vins rosés sont obtenus à partir de raisins noirs, soit par pressurage direct comme les blancs, soit comme les rouges, avec une courte phase de macération (vins de saignée).

La couleur varie selon les cépages, le sol, le climat, les modes de vinification, enfin, elle évolue au cours du vieillissement. Plusieurs notions permettent de caractériser la couleur ou plutôt l'aspect du vin.

L'intensité de la couleur est fonction de l'origine (cépages, climat) et du mode de vinification. Dans le cas des vins rouges, le cépage Syrah, par exemple, donne des vins beaucoup plus colorés que le cépage Pinot noir. Bien évidemment, pour un cépage et un terroir donnés, la couleur sera d'autant plus intense que la durée de macération aura été longue.

La teinte ou nuance reflète une notion d'évolution. Dans le vin rouge jeune, encore riche en anthocyanes à l'état libre, il y a des reflets violines, qui vont s'estomper au profit d'un rouge franc. Puis, lors du vieillissement, la couleur des tannins l'emporte et produit des reflets tuilés.

La limpidité, c'est-à-dire l'absence de trouble, est un signe de bonne santé. On la vérifie en regardant un objet à travers le vin. Si ses contours ne sont pas nets, le vin est trouble.

La transparence dépend de la constitution du vin. Un vin riche en tannins sera moins transparent qu'un vin peu tannique : il paraîtra plus opaque. Il ne faut pas confondre limpidité et transparence : un vin tannique opaque peut être tout à fait limpide.

Il y a une relation entre la couleur et les autres caractères du vin. « La couleur est le visage du vin. »

COULURE

Accident qui se produit lors de la floraison et qui empêche la fécondation ou fait avorter le fruit. La coulure s'observe lors de la nouaison, étape qui suit immédiatement la floraison. Elle peut avoir plusieurs origines.

La coulure climatique est due à la pluie, au vent, au froid qui peuvent provoquer la dissémination du pollen. De plus, une faible activité de photosynthèse réduit la production des sucres et entraîne un affaiblissement physiologique, peu favorable à une bonne fécondation.

La coulure physiologique : Il y a toujours un phénomène de concurrence entre la croissance des rameaux et le maintien des jeunes fruits. Un excès de vigueur des souches peut entraîner une coulure des grappes, parce que les substances nutritives (sucres) se dirigent principalement vers les rameaux et les jeunes feuilles. Ce phénomène s'observe dans les sols trop fertiles, ou dans certaines conditions climatiques (temps chaud qui suit un temps froid et humide).

Un moyen de lutter contre l'avortement du fruit est le rognage, opération qui consiste à couper les extrémités des rameaux juste après la floraison, afin de retarder leur croissance.

La coulure est donc soit une absence de fécondation, soit l'avortement du fruit.

COUNOISE

Cépage qui fait partie de l'encépagement du Châteauneuf-du-Pape, des Côtes du Rhône et des Coteaux d'Aix. Il donne un vin fin, à la robe foncée et brillante.

COUPAGE

C'est un mélange de vins d'origines différentes, qui permet d'obtenir un produit équilibré, dont le caractère sera constant d'une année sur l'autre. Seuls les Vins de Table peuvent être des vins de coupage (puisque toute autre catégorie de vins français implique une notion d'origine).

COURBU

Cépage du Béarn, le Courbu blanc entre dans la composition des vins blancs du Sud-Ouest : Jurançon, Irouléguy, Pacherenc du Vic-Bilh et Béarn. Le Courbu noir est un des cépages utilisés pour les vins rouges et rosés d'appellation Béarn.

COURT

Qui a une faible persistance en bouche, décevante par rapport aux caractères perçus initialement.

CRÉMANT

Dénomination réservée à certains vins mousseux à appellation d'origine (AOC ou VDQS), produits par une deuxième fermentation en bouteille, et dont la pression en gaz carbonique est d'environ 3,5 atmosphères; un crémant de Champagne est donc moins mousseux qu'un Champagne.

Il existe trois AOC, dont le nom comporte le terme de crémant : le Crémant d'Alsace, le Crémant de Bourgogne et le Crémant de Loire. Ils sont tous trois le résultat d'une deuxième fermentation en bouteille, et sont soumis à des conditions de production très strictes, notamment pour ce qui concerne le rendement au pressurage, qui ne doit pas excéder 100 litres de vin, pour

150 kilos de vendanges. La durée de conservation en bouteille sur lies de levures, c'est-à-dire avant dégorgement, doit être d'au moins neuf mois.

CRÉMANT D'ALSACE

Appellation d'origine contrôlée, attribuée aux vins mousseux blancs ou rosés, produits dans la zone d'appellation Alsace, élaborés principalement à partir des cépages Pinot blanc et Auxerrois. Les cépages Pinot gris, Riesling, Pinot noir et Chardonnay peuvent aussi être utilisés.
Le Crémant blanc peut être un blanc de blancs ou un blanc de noirs, alors que le Crémant rosé doit provenir exclusivement du Pinot noir. Conservé au moins un an en cave, il est prêt à boire dès le dégorgement, c'est-à-dire dès sa commercialisation.
Production moyenne : 50 000 hectolitres, dont moins de 2 500 hectolitres de vins rosés.

CRÉMANT DE BOURGOGNE

Appellation d'origine contrôlée, donnée aux vins mousseux blancs ou rosés, produits dans toute la zone d'appellation Bourgogne.
L'encépagement est constitué de Pinot noir, Pinot gris, Pinot blanc et Chardonnay, pour 30 % au moins, ainsi que de Gamay noir à jus blanc, limité à 20 %, enfin d'Aligoté, de Melon de Bourgogne et de Sacy. Le Crémant de Bourgogne est généralement frais et léger; il est parfait à l'apéritif, avec une pointe de crème de cassis. Comme tous les vins mousseux, il est prêt à boire dès sa commercialisation.
Production moyenne : 20 800 hectolitres de vins blancs et 1 960 hectolitres de vins rosés.

CRÉMANT DE LOIRE

Appellation d'origine contrôlée, qui s'applique aux vins mousseux blancs ou rosés produits dans la vallée de la Loire, sur les aires d'appellation Anjou, Saumur et Touraine.
L'encépagement est constitué de raisins noirs,

Pinot noir, Cabernet Franc, Cabernet Sauvignon, Pineau d'Aunis, Grolleau noir et gris (ces deux derniers limités à 30 % du volume de chaque cuvée) et de blancs, Chardonnay, Chenin et Arbois (cépage sans aucun rapport avec le Jura).
Conservé au moins un an en cave fraîche, le Crémant de Loire est prêt à boire dès sa commercialisation.
Production moyenne : 14 500 hectolitres.

CRÈME

Liqueur de consistance sirupeuse, telle la crème de menthe, de cassis, de banane, de noisette, etc.

Les crèmes de fruits sont généralement plus parfumées que les liqueurs de fruits; il en est ainsi par exemple pour la crème de cassis, dont une variété, la crème de cassis de Dijon, bénéficie d'une appellation contrôlée.

Les crèmes se boivent en digestif dans des petits verres, en apéritif quelquefois avec de la glace et de l'eau, et entrent dans la composition de nombreux cocktails.

CRÉPY

Appellation d'origine contrôlée, qui recouvre les vins blancs secs, issus des cépages Chasselas roux et vert, produits sur la rive sud du lac Léman, entre Thonon et Genève. Le vignoble s'étend sur les pentes calcaires du mont Crépy. La proximité du lac qui provoque une forte réverbération accentue l'ensoleillement du vignoble. Les vins de Crépy ont une robe d'or pâle aux reflets verts. Ils sont légèrement perlants (une pointe de gaz carbonique) et développent des arômes de noisette et de pierre à fusil.
Production moyenne : 4 000 hectolitres.

CRIOTS-BÂTARD-MONTRACHET

Appellation d'origine contrôlée et Grand Cru blanc de la Côte de Beaune, qui concerne les vins

blancs produits sur une parcelle délimitée de la commune de Chassagne-Montrachet (Côte-d'Or). Le vignoble, qui couvre moins de deux hectares, est contigu à ceux de Montrachet et Bâtard-Montrachet. Les vins, proches du Bâtard-Montrachet, sont très fins, élégants et de bonne garde.
Production moyenne : 65 hectolitres.

CRISTALLIN

Se dit d'un vin très brillant.

CROZES-HERMITAGE

Appellation d'origine contrôlée, qui désigne les vins rouges et blancs, produits sur les aires de onze communes du canton de Crozes, dans la Drôme. Le vignoble, situé sur la rive gauche du Rhône, est le plus étendu des neuf crus des Côtes du Rhône septentrionales. Il recouvre 800 hectares, installés en terrasses autour de l'éperon granitique de Tain. Le paysage se compose de collines escarpées coiffées de nombreux châteaux-forts et tours en ruine.

Les vins rouges, issus de la Syrah, ont un nez de framboise et d'aubépine, avec des notes poivrées. En bouche, ils sont assez charpentés, quoique plus souples que leurs voisins d'Hermitage.
Leur production est d'environ 34 400 hectolitres.
Les vins blancs, produits à partir des cépages Roussanne et Marsanne, sont secs mais ronds, au nez épicé (curry).
Production moyenne : 3 600 hectolitres.

CRU

L'origine de ce mot vient du verbe croître. Le terme cru a diverses significations, selon les régions, mais toutes ont en commun la notion d'origine géographique.

– A Bordeaux, le cru correspond à l'exploitation viticole et s'identifie au château.
– En Bourgogne, où les propriétés viticoles sont

très morcelées, on utilise plutôt le terme de climat (équivalent bourguignon de lieu-dit), qui correspond à une parcelle cadastrale.

– Le cru peut avoir une signification plus large, mais toujours géographique, et correspond donc à une production particulière. Par exemple, Morgon est un des crus du Beaujolais, et Châteauneuf-du-Pape un cru des Côtes du Rhône.
– Les expressions Premier Cru et Grand Cru font partie de l'appellation officielle de certains vins de grande réputation. Leur attribution relève de l'Institut national des appellations d'origine (INAO).

C'est ainsi que Chambertin est un Grand Cru de Bourgogne. Alsace Grand Cru est une AOC qui ne s'applique qu'à certains lieux-dits alsaciens. Il en est de même des sept Grands Crus de Chablis. Le terme de Premier Cru ne s'applique en Bourgogne qu'à certains climats dont le nom peut compléter celui de l'appellation communale, mais dont la notoriété est plus discrète que celle des Grands Crus.

– Quant à la notion de Cru Classé, elle est propre au vignoble bordelais. Elle s'applique aux châteaux dont les vins ont fait l'objet d'un classement. C'est le cas des Médocs, des Graves, des Sauternes et des Saint-Émilions. Dans le Médoc, il existe deux classements distincts, celui des Crus Classés, de 1855 et celui des Crus Bourgeois.

CURAÇAO

Liqueur d'orange fabriquée à l'origine par des négociants hollandais, à partir d'écorces d'oranges bigarades de l'île de Curaçao.

Le curaçao est d'une saveur et d'une amertume très particulière; il est généralement incolore ou légèrement ambré, bien que certaines variétés soient colorées en rose ou en bleu, ce qui donne une note particulière à des cocktails comme le blue lagoon.

CUVAISON

C'est l'ensemble des phénomènes qui ont lieu, au cours de la vinification des vins rouges et rosés, depuis la mise en cuve de la vendange jusqu'à l'écoulage. Durant la cuvaison se produisent simultanément la fermentation alcoolique et, par macération des parties solides, l'extraction des matières colorantes et des tannins. La durée de cuvaison peut varier de quelques heures, pour les rosés, à plusieurs semaines, pour les vins rouges de grande garde.

CUVE

Les cuves sont des récipients d'une contenance de 50 à 10 000 hectolitres, qui servent à la vinification et/ou au stockage des vins. Elles peuvent être faites à partir de matériaux divers. Le bois, longtemps utilisé, a été supplanté par le ciment, le béton carrelé ou vitrifié intérieurement et, plus récemment, par l'acier inoxydable.

L'aménagement des cuves de vinification diffère selon les besoins :
Pour la vinification en blanc, il importe de contrôler les températures de fermentation. Le nécessaire refroidissement peut se faire par ruissellement d'eau froide sur les parois des cuves en inox, mais surtout par le passage du vin dans des appareils réfrigérants.
Pour la vinification en rouge, il faut absolument obtenir une bonne extraction des parties solides. Les cuves ouvertes, sans « plafond », souvent utilisées en Bourgogne, ne sont utilisées qu'en cours de fermentation, lorsque le gaz carbonique, produit par les levures, forme une couche protectrice entre le chapeau de marc et l'air. La cuvaison étant assez courte, on pratique, en cours de fermentation, de nombreux pigeages du marc : on foule le marc, on le refoule dans le moût, afin d'augmenter le contact et donc la dissolution des tannins et des matières colorantes. Ensuite, afin d'éviter l'oxydation, le vin est rapidement mis en fûts.

Les cuves fermées, utilisées plus généralement, permettent de longues cuvaisons, bien au-delà de la fermentation. Dans ce cas, on ferme la cuve dès que le dégagement de gaz carbonique a cessé.

Quant aux cuves de stockage, elles doivent être absolument étanches et bien pleines, afin d'éviter l'oxydation des vins. Pour protéger les cuves en vidange de toute altération, on les conserve sous gaz inerte (azote, gaz carbonique), ou sous une pellicule inerte de paraffine.

CUVÉE

La cuvée est un assemblage, c'est-à-dire le mélange de plusieurs vins d'une même origine. Par exemple, en Champagne, la cuvée est l'assemblage de vins tranquilles issus de villages (tous sur l'aire d'appellation Champagne), de cépages et d'années différents. Chaque maison de Champagne se distingue par la constitution de sa cuvée, au goût caractéristique, suivi d'année en année. C'est cette cuvée qui est ensuite mise en bouteille pour y subir une deuxième fermentation, qui produira la prise de mousse. Quant aux cuvées spéciales, aucun règlement particulier ne les régit. Ce sont généralement des vins provenant d'une cuve particulière, présentés avec une étiquette spéciale, souvent en relation avec un événement médiatique.

CUVIER

C'est le local où se trouvent les cuves de vinification. On l'appelle aussi la cave.

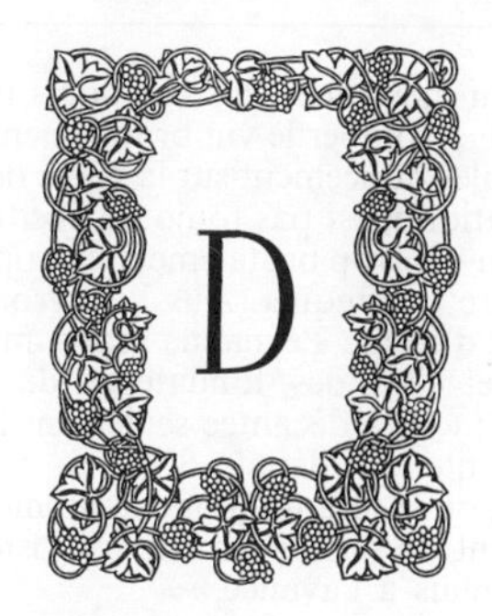

Débourbage

Opération qui consiste à éliminer, avant le début de la fermentation, les bourbes d'un moût de raisin blanc, c'est-à-dire les particules en suspension, susceptibles de communiquer au vin des goûts désagréables.
Ces particules sédimentent, au bout de douze à vingt-quatre heures, et sont ensuite éliminées par soutirage. On procède parfois à un débourbage à froid, en refroidissant le moût à 5-10°, opération qui permet une clarification plus efficace.
On peut aussi effectuer un débourbage dynamique, par centrifugation ou filtration grossière du moût.

Débourrement

C'est l'éclosion des bourgeons et l'apparition des premières feuilles. Le débourrement, qui marque le début du cycle végétatif de la vigne, a lieu fin mars - début avril, selon les cépages et les latitudes.

Décantation

Cette opération a pour rôle de séparer le vin d'un éventuel dépôt. Il suffit de transvaser le vin dans une carafe, jusqu'à l'apparition des particules du dépôt dans l'épaulement de la bouteille. Cette opération s'accompagne toujours d'une aération du vin, qui peut être plus ou moins forte, selon que l'on fait tomber le vin brutalement ou qu'on le fait couler doucement sur la paroi de la carafe. Or, l'aération n'est pas toujours positive. Le fait d'aérer un vin trop brutalement et trop tôt risque de détruire le bouquet. Aussi, suivrons-nous les principes d'Émile Peynaud, grand maître en la matière et l'un des fondateurs de l'œnologie moderne : «Sera décantée seulement la bouteille qui présente un dépôt. S'il y a nécessité de décanter, on le fera toujours au dernier moment, juste avant de passer à table ou juste avant de servir, jamais à l'avance.»

DÉCLASSEMENT

On entend par déclassement, le fait de retirer à un vin d'appellation d'origine, le droit de porter son appellation. Le déclassement était pendant longtemps appliqué à des vins produits en «surplus», c'est-à-dire au-delà du rendement autorisé. Les vins déclassés avaient donc la même qualité que les autres, mais, ne pouvant revendiquer l'appellation, ils se vendaient moins chers. C'était souvent une bonne affaire.

Aujourd'hui, il faut savoir que les vins déclassés n'existent plus. Si le producteur dépasse le rendement autorisé, toute sa production doit être distillée. Cela veut dire que le déclassé qu'on vous propose «sous le manteau» n'est jamais qu'un Vin de Table ou un vin de jeunes vignes, qui ne pouvait de toutes façons pas revendiquer l'appellation d'origine.

DÉCUVAGE

Voir Écoulage.

DÉGORGEMENT

Cette opération, qui a lieu en Champagne et dans l'élaboration de quantité de vins mousseux à appellation d'origine, consiste à éliminer le dépôt de levures formé dans la bouteille après la deuxième fermentation.

Pour y parvenir, les bouteilles sont placées sur des pupitres dans une position inclinée, goulot vers le bas. En les remuant quotidiennement et en accentuant progressivement leur inclinaison, le dépôt se fixe dans le goulot. Celui-ci est ensuite placé dans une saumure glacée, afin d'emprisonner le dépôt dans un bloc de glace. Il suffit alors d'ouvrir la bouteille; le dépôt est éjecté sous la pression, avec un minimum de perte tant en volume qu'en gaz carbonique.

DEGRÉ

Voir Titre alcoométrique.

DÉGUSTATION

Opération qui consiste à expérimenter, analyser et apprécier un aliment ou une boisson, ou, plus précisément, selon la définition de Jean Ribereau-Gayon et Émile Peynaud : «Déguster, c'est goûter avec attention un produit dont on veut apprécier la qualité; c'est le soumettre à nos sens, en particulier ceux du goût et de l'odorat; c'est essayer de le connaître en recherchant ses différents défauts et qualités et en les exprimant. C'est étudier, analyser, décrire, définir, juger, classer.»

La dégustation d'un vin se fait en plusieurs étapes. L'examen visuel permet d'apprécier la couleur, son intensité et sa nuance, la limpidité et la brillance du vin. L'examen au nez permet de percevoir les odeurs, les arômes et le bouquet du vin. L'examen en bouche permet de percevoir les goûts et les odeurs par la voie rétro-nasale, et d'autres impressions ou sensations (astringence, pétillant, onctuosité...)

Enfin, après avoir avalé ou recraché le vin, on percevra la fin de bouche et la persistance aromatique intense, ou longueur en bouche.

DÉLICAT

Fin et harmonieusement équilibré, aux caractères fondus.

DEMERARA

Type de rhum jeune que l'on produit en Guyane à partir des résidus de la fabrication du sucre du même nom. Le Demerara est d'une teinte et d'un goût prononcés.

DENSITÉ DE PLANTATION

Nombre de pieds de vigne à l'hectare. Il peut varier de 2 500 à 10 000, selon les régions et les appellations. Il est fixé par les décrets définissant les appellations d'origine.

La mécanisation des travaux de la vigne a provoqué une mutation du vignoble, que l'on a cherché à adapter aux machines. L'espace entre les rangs est aujourd'hui plus large qu'auparavant, soit de 2 à 3 mètres. Diminuer le nombre de pieds à l'hectare permet ainsi de diminuer les coûts d'exploitation. Cependant, des études indiquent une baisse de la qualité dans les vignes hautes et espacées (sauf dans les vignes en Lyre, où les grappes bénéficient d'une excellente exposition au soleil). En effet, les meilleurs vins sont produits avec des densités de plantation importantes.

DENTELLE

Terme employé pour qualifier les vins délicats, parfumés, tout en finesse.

DÉPÔTS DU VIN

Le vin peut parfois présenter un dépôt coloré ou des cristaux incolores. Si cette présence gêne l'aspect du vin, elle n'altère en rien ses qualités organoleptiques.

Les cristaux incolores sont dus à l'acide tartrique, acide naturel du raisin, que l'on retrouve dans le vin et qui précipite sous forme de cristaux de bitartrate de potassium ou de tartrate neutre de calcium, plus simplement appelés tartre. Cela se produit généralement à la suite d'un refroidissement. Un moyen d'éviter le tartre est de refroidir les vins, lorsqu'ils sont en cuve, afin de

faire précipiter l'acide tartrique avant la mise en bouteille.
Le dépôt rouge tuilé est dû à la précipitation de la matière colorante présente dans la baie du raisin. Ce phénomène est très courant dans les vins vieux.

DÉPOUILLÉ

Qualifie un vin jeune en cuve, qui vient d'être clarifié par sédimentation de toutes les particules en suspension. Peut aussi qualifier un vin vieux, qui a perdu une partie de sa couleur avec l'âge.

DÉSÉQUILIBRÉ

Se dit d'un vin qui ne présente pas un heureux équilibre : un ou plusieurs de ses principaux constituants sont excessifs ou déficients. Par exemple un vin desséché, qui manque de rondeur, un vin pâteux, qui en a trop, un vin mou, qui manque d'acidité, un vin vert, qui en a trop, etc., sont des vins déséquilibrés.

DÉSHERBAGE

Les labours qui permettaient d'éliminer les mauvaises herbes, sont de plus en plus souvent remplacés par l'usage de désherbants chimiques.

DESSÉCHÉ

Qui a perdu son moelleux, sa rondeur ou sa chair. On dit souvent d'un vin qui a été conservé trop longtemps en fûts de chêne, qu'il a été «asséché par la barrique», et donc qu'il est desséché.

DÉZIZE-LES-MARANGES

Appellation d'origine contrôlée, appliquée aux vins rouges et blancs, produits au sud de la Côte de Beaune, sur la commune de Dézize-les-Maranges (Saône-et-Loire). Le vignoble couvre une cinquantaine d'hectares, et possède une parcelle classée en Premier Cru : les Maranges. Les vins rouges, issus du Pinot noir, sont souples, à boire jeunes. Ils sont souvent vendus sous l'appellation Côte de Beaune - Villages. Quant aux vins blancs, ils sont pratiquement inexistants. Cette appellation devrait disparaître dans les prochaines années, pour être remplacée par l'AOC Maranges, regroupant les trois appellations Dézize, Sampigny et Cheilly. Production moyenne : 80 hectolitres.

DIGESTIF

En fin de repas, de nombreux alcools ont un agréable effet digestif sur l'organisme. C'est d'ailleurs le moment où il est le plus naturel de consommer des eaux-de-vie, Cognac, Armagnac, Calvados, rhum, whisky, des eaux-de-vie de fruits, des liqueurs d'herbes ou de fruits, des vins de liqueur tels que le Pineau des Charentes, le Porto, le Madère ou le sherry.

DISTILLATION

Opération qui consiste à faire passer par chauffage, du vin (ou du cidre) de l'état liquide à l'état vapeur de façon à séparer ses différents constituants et à n'en recueillir que les éléments qui contribuent à la qualité de l'eau-de-vie : l'éthanol, les esters, aldéhydes et alcools supérieurs.

DISTINGUÉ

Vin qui possède des caractères organoleptiques fins et originaux, qui permettent de le distinguer des autres vins.

DOMAINE

Expression réservée aux vins à appellation d'origine (AOC et VDQS) et aux Vins de Pays, provenant d'une exploitation viticole précise et produits avec des raisins vendangés et vinifiés sur cette exploitation.

Une cave coopérative peut cependant produire un vin de domaine, à condition que la vinification, l'élaboration et la mise en bouteille de ce vin soient effectuées dans des récipients identifiés.

DOUCEÂTRE

Qui présente une saveur sucrée non équilibrée par les autres composantes du goût, donc un manque d'harmonie.

DOUCEREUX

Légèrement douceâtre.

DUR

Qualifie un vin qui présente une dominante d'acidité et d'astringence. Ce terme n'est pas obligatoirement négatif, il ne correspond pas systématiquement à un déséquilibre. Un vin jeune peut être dur, sera long à se faire, mais pourra, avec l'âge, s'arrondir.

DURAS

Cépage noir, typique de la région de Gaillac, dans le Tarn. Il donne des vins aromatiques et charpentés.

Eau

Boisson naturelle et indispensable, l'eau entre dans une large part dans la fabrication des alcools pour en réduire le degré et elle s'est révélée être un composant tout à fait spécifique dans le caractère de certaines eaux-de-vie. Dans la fabrication du scotch whisky, par exemple, l'eau très pure des Highlands ou des Lowlands est parfaitement nécessaire, et toutes les tentatives pour obtenir des qualités similaires dans d'autres régions se sont soldées par des échecs.

Eau-de-vie

Alcool de bouche obtenu par la distillation de vin, de cidre, de poiré, de marc, de lie, de fruits fermentés, de mélasses de canne à sucre, de grains, de betterave, de pomme de terre.

Les eaux-de-vie de qualité bénéficient d'une appellation tirée de la région d'origine, comme pour le Cognac, l'Armagnac, les différentes sortes de fine (Fine de Bordeaux, Bourgogne, Savoie...), le Calvados, l'eau-de-vie de cidre de Normandie ou de Bretagne, etc.

Les meilleurs rhums, tirés de mélasses complètes, sont dits rhums agricoles. Les eaux-de-vie de fruits, en dehors du kirsch, portent le nom du fruit, eaux-de-vie de mirabelle, de prunelle, de poire, etc.

EAU-DE-VIE DE FRUITS

Les eaux-de-vie de fruits, ou eaux-de-vie blanches, sont exclusivement obtenues par distillation de fruits fermentés ou macérés dans de l'alcool (framboise). C'est l'une des distillations les plus délicates, conduite en général à l'aide d'un alambic à repasse avec une chauffe très lente.

L'Alsace et la Lorraine se sont fait une spécialité d'excellentes eaux-de-vie de fruits, dont la célèbre poire Williams, qui est aussi une spécialité du Valais, le kirsch, la mirabelle. Mais on distille également la prune, la prunelle, la quetsche, la pêche, le coing, l'abricot, la fraise, la mûre, la framboise, le cassis et la myrtille.

Après vieillissement, le plus souvent dans le verre ou le grès, les eaux-de-vie de fruits sont réglées à 40°, 42° ou 45° et commercialisées. Elles doivent être conservées à l'abri de la lumière et demandent, pour la plupart, à être consommées sans trop de retard. Seuls le kirsch et la quetsche se bonifient en vieillissant.

EAU-DE-VIE DE VIN

C'est le produit de la distillation du vin et non de celle du marc (voir ce mot). Parmi les appellations d'origine, il faut citer en premier l'Eau-de-vie de vin de Faugères, dans l'Hérault. Elle est obtenue au moyen d'un alambic à repasse et sa distillation s'apparente à celle du Cognac.

Autres appellations : Eaux-de-vie de vin de la Marne, d'Aquitaine, des Coteaux de la Loire, de Bourgogne, du Centre-Est, de Franche-Comté, du Bugey, de Savoie, du Languedoc, des Côtes du Rhône, de Provence.

ÉCHEZEAUX

Appellation d'origine contrôlée et Grand Cru rouge de la Côte de Nuits, qui désigne les vins rouges produits sur des parcelles délimitées de

la commune de Flagey-Échezeaux, au nord de Vosne-Romanée (Côte-d'Or). Ce vignoble, d'une superficie d'environ 38 hectares, est installé en milieu de côte, sur des sols relativement profonds. Le vignoble étant constitué de parcelles très inégales du point de vue qualitatif, les Échezeaux peuvent être de qualité et de prix très inégaux. Mais tous sont généralement fins et délicats, au nez très floral (aubépine, violette). Ils peuvent se garder cinq à huit ans selon les millésimes.
Production moyenne : 1 200 hectolitres.

ÉCIMAGE

L'écimage, qui est pratiqué juste après la floraison, consiste à couper l'extrémité des rameaux. Cette opération favorise le développement des jeunes fruits. En effet, quand la vigne est trop vigoureuse, les éléments nutritifs se dirigent vers les extrémités, au détriment des jeunes fruits, qui, privés de nourriture, finissent par tomber : c'est la coulure physiologique.

ÉCOSSE

D'origine écossaise, le whisky est un alcool de grain qui doit son arôme au malt d'orge utilisé, qui est par ailleurs imprégné d'un fumet de tourbe de bruyère.

Une double distillation de l'orge fermenté sous l'action de levures donne un «whisky de pur malt», titrant généralement 64°, et qui est vieilli en fût un minimum de trois ans.

La classification des whiskies se fait en fonction de la région d'origine et du type de mélange qui a été effectué. De nombreux whiskies de qualité portent d'autre part le nom des distilleries qui les ont produits.

C'est dans les Highlands que se situe l'essentiel de la production de whisky, avec de nombreux «single malts», c'est-à-dire des whiskies issus d'une seule distillerie. Citons en particulier ceux de la vallée du Livet qui portent sur leur étiquette la dénomination «glenlivet».

Les «Islay malts» se caractérisent par un fumet de tourbe plus prononcé et les quelques «cambeltown malts» ont une amertume particulière; moins typés, les «Lowlands malts» se prêtent surtout aux mélanges.

Les «pure malts» sont des assemblages de différents «single malts», à l'exclusion de tout autre alcool. Les «blended scotches» sont des compositions effectuées à partir de différents whiskies et d'alcool de grain; ils sont d'un goût léger, mais représentent la plus grande part des ventes de whiskies dans le monde.

L'Écosse produit également des liqueurs, tels les athol brose, drambuie, glen mist, lochan d'ora, qui sont des mélanges de whisky, d'herbes, de miel de bruyère, avec quelquefois un arôme de tourbe ou de flocons d'avoine.

ÉCOULAGE

Opération qui consiste à soutirer le vin rouge ou rosé, qui s'écoule spontanément de la cuve de fermentation par simple gravité. L'écoulage se fait après la fermentation et marque la fin de la macération (et de la cuvaison) : on sépare, par simple gravité, le vin de goutte du marc, qui est ensuite pressé pour donner le vin de presse.

EDELZWICKER

Assemblage typique de tous les cépages alsaciens, mais surtout de Pinot blanc, Sylvaner et Chasselas. C'est un vin léger, peu aromatique, mais rafraîchissant, l'exemple typique du vin de comptoir.

ÉDULCORATION

Cette opération consiste à ajouter, à un vin sec, du moût de raisin non fermenté ou concentré, afin de l'adoucir. Les vins obtenus sont plus ou moins doux, selon la quantité de moût ajoutée.

L'édulcoration est donc totalement différente de la chaptalisation, puisqu'elle n'augmente pas la teneur en alcool.

ÉGRAPPAGE
Voir Éraflage.

ÉLIXIR
D'origine médicinale, l'élixir n'est plus présent dans la variété des alcools que d'une manière anecdotique. Citons néanmoins l'élixir d'Anvers tiré d'une macération d'herbes, l'élixir de Garus au goût de vanille et de safran, et bien entendu l'incomparable élixir végétal de la Grande-Chartreuse (Voir Chartreuse).

EMPYREUMATIQUE
Série olfactive regroupant des odeurs de cuit, de grillé, de fumé, torréfaction (cacao, café) etc. Ces odeurs se retrouvent souvent dans les vins provenant de vendanges très mûres.

ENCÉPAGEMENT
Ensemble des cépages ou variétés de vignes utilisés pour une appellation, une région ou même un domaine particulier.

ENCUVAGE
Opération qui consiste à mettre la vendange en cuve.

ENTRAYGUES ET DU FEL (VIN D')
Appellation d'origine VDQS, qui désigne les vins rouges, rosés et blancs, produits dans six communes du nord de l'Aveyron et deux communes du Cantal. Les vins rouges et rosés sont issus des cépages Cabernets, Fer, Gamay, Jurançon noir, Merlot, Mouyssagues, Négrette et Pinot noir; quant aux vins blancs, ils sont issus des cépages Mauzac et Chenin. Ce vignoble, accroché à flanc de pentes abruptes, est très ancien, mais les vins,

qui sont légers, souples et frais, sont consommés localement tant la production est faible : 370 hectolitres en tout.

ENTRE-DEUX-MERS

Appellation d'origine contrôlée, donnée à des vins blancs secs de la région de Bordeaux. Le vignoble est situé dans la vaste région de l'Entre-deux-Mers, délimitée par la Dordogne et la Garonne. Constituée de coteaux et de vallons, au relief tourmenté, cette région très agréable est aussi très hétérogène : le sol est très varié, allant des alluvions modernes dans les vallées (réservées aux prairies) aux plateaux argilo-calcaires et argilo-siliceux plus ou moins graveleux, en passant par les boulbènes, sols battants sablo-argileux, très difficiles à travailler et souvent asphyxiants pour la vigne.

L'encépagement est composé de Sémillon, Sauvignon et Muscadelle à raison de 70 % au moins pour ces trois cépages, mais aussi d'Ugni blanc, Colombard, Merlot blanc et Mauzac, ces trois derniers pratiquement tombés en désuétude.
L'Entre-deux-Mers est un vin blanc sec, léger, plus ou moins fruité selon le pourcentage de Sauvignon, qui s'accorde à merveille avec les fruits de mer, et surtout les «huîtres du Bassin» (d'Arcachon, naturellement!)
Production moyenne : 151 000 hectolitres.

Il existe, dans cette région de l'Entre-deux-Mers, une zone, qui s'étend sur neuf communes, voisines des Premières Côtes de Bordeaux, dont le nom peut compléter l'appellation qui devient Entre-deux-Mers Haut-Bénauge. Il s'agit des communes de Targon, Ladaux, Soulignac, Cantois, Escoussans, Arbis, Saint-Pierre de Bat, Gornac et Mourens.

ENVELOPPÉ

Qualifie les vins riches en alcool (éthanol, glycérol...), dans lesquels la sensation de moelleux est dominante.

ÉPAIS

Qualifie des vins riches en couleur et en extrait sec, qui donnent aussi bien à l'œil qu'en bouche, une impression d'épaisseur et, à la limite, de grossièreté.

ÉPANOUI

Se dit d'un vin qui a atteint sa plénitude. Celle-ci se situe au sommet de sa courbe de vie qui, pour un vin donné, évolue selon son millésime.

ÉPICÉ

Qui présente des odeurs rappelant les épices : poivre, cannelle, girofle...

ÉQUILIBRÉ

La constitution d'un vin fait appel à trois composantes.

L'astringence, due aux tannins, se traduit par une rugosité sur toutes les muqueuses de la bouche. Elle n'existe que dans les vins rouges et certains rosés.

L'acidité, que l'on ressent sur les côtés de la langue, apporte une sensation de fraîcheur.

La rondeur, ou le moelleux, est une sensation de douceur et d'onctuosité, due aux sucres, mais surtout aux alcools (éthanol, glycérol).

Un vin est dit équilibré lorsque ces composantes sont en harmonie. L'un ou l'autre de ces caractères peut dominer, mais sans excès.

ÉRAFLAGE

Opération qui consiste à éliminer les rafles, c'est-à-dire la partie ligneuse de la grappe de raisin. Elle est fortement conseillée et généralement pratiquée dans la vinification en rouge classique, car les rafles cèdent au vin des tannins aux goûts astringents, végétaux et herbacés, souvent désagréables. Aujourd'hui, les machines à vendanger sont conçues pour ne récolter que les baies de raisin et assurent donc l'éraflage. Il existe cependant un cas où l'éraflage est tout à fait déconseillé : la vinification en macération carbonique, qui exige la mise en cuve de grappes intactes.

ÉRAFLOIR

Appareil qui sert à érafler la vendange.

ERMITAGE

Voir Hermitage.

ESPAGNE

L'Espagne possède le plus grand vignoble du monde, avec une superficie de plus de 1,5 millions d'hectares. Cependant, les rendements sont très faibles et la production n'excède pas 35 millions d'hectolitres, contre 70 millions pour la France.

Le vignoble espagnol est divisé en deux catégories, selon les normes européennes : les Vins de Table et les VCPRD, ou vinos de calidad producidos en regiones determinadas.
Cette deuxième catégorie est soumise à une réglementation, qui concerne la culture, l'élaboration et le vieillissement des vins. Le vin doit en outre être produit, élaboré et mis en bouteille dans la région de production. Il existe en Espagne aujourd'hui vingt-neuf vins qui bénéficient de l'appellation «vinos de calidad».

En Galicie, le climat est beaucoup plus frais et pluvieux que dans le reste de l'Espagne. On y trouve le Ribeiro, aux vins, rouges et blancs, légers et vifs, et le Valdeorras, aux vins rouges de Grenache, puissants et pleins, et aux vins blancs issus du cépage Palomino.

Dans la région du Duero, le climat est plus continental, très sec et très venteux. On y trouve le Ribera del Duero, qui produit des vins rouges assez charpentés, et des rosés (claros) légers et fruités. La Rueda, au sud de la province de Valladolid, a un climat beaucoup plus sec. Le cépage Verdejo donne des vins jaunes, dans le style du Xérès. Enfin, près de Zamora, le Toro donne des vins rouges à dominante de Grenache, puissants et charpentés, et des vins blancs bien équilibrés à base de Verdejo.

La région de l'Èbre supérieur est célèbre pour ses vignobles de Rioja et de Navarra.
– Le Rioja jouit d'une grande réputation. Le vignoble est situé dans la dépression du fleuve Èbre au sud-ouest de Pampelune. Le vignoble de Rioja est constitué de trois zones bien déterminées :
La Rioja Alta est la région la plus élevée, qui bénéficie d'un climat continental modéré. Le vignoble couvre 17 000 hectares, sur des terrains argilo-calcaires au relief doux. C'est le domaine du Tempranillo, cépage rouge qui donne des vins de bonne garde.
La Rioja Baja est une région sèche, aux sols argilo-ferreux, particulièrement favorable aux vins rouges de Grenache, puissants et ronds.
La Rioja Alavesa est une région constituée de coteaux calcaires accidentés et exposés plein sud. Le cépage principal est le Tempranillo, qui donne sur ces coteaux des vins ronds et veloutés.
Il existe également des vins blancs, généralement élevés plusieurs années en fûts de chêne.
Les vins de Rioja sont classés en quatre catégories :
Vinos de Origen, sous-entendu sin crianza, c'est-à-dire sans vieillissement,
Vinos de Crianza, de trois ou quatre ans d'âge, après un élevage en «barricas» de 225 litres (barriques bordelaises), d'au moins un an,
Vinos de Reserva, d'au moins cinq ans d'âge dont deux ans et demi en barriques,
Vinos de Gran Reserva, d'au moins sept ans d'âge dont quatre en barriques.

– Le Navarra : situé au sud de Pampelune, dans la région de l'Èbre supérieur, le vignoble borde au sud-ouest la Rioja et couvre 23 700 hectares. On y trouve, en rouge, les cépages Tempranillo et

Graciano, ainsi qu'un peu de Grenache et de Mazuelo; en blanc, la Viura, la Malvasia et le Moscatel. Les vins sont essentiellement des rouges corsés, plus lourds que ceux de la Rioja, et des rosés souples et pleins.

L'Aragon possède un climat plus méditerranéen, d'où l'utilisation des cépages Grenache en rouge, et en blanc, Maccabeu et Grenache blanc. Les vins d'appellation, Campo des Borja, Carinena et Somontano, sont très corsés.

La Catalogne, bordée par les Pyrénées au nord et la Méditerranée au sud-est, a fortement développé son vignoble ces derniers temps sous l'impulsion de plusieurs firmes et notamment de la famille Torres. Il existe plusieurs appellations : Allela, au nord de Barcelone, recouvre surtout des vins blancs secs ou doux. Ampurdan-Costa Brava qualifie surtout des rosés assez légers et des rouges fruités du type primeur, les «vinovells». Le Priorato, dans la province de Tarragone, est un vin rouge très puissant, issu des cépages Grenache et Carignan. Terra Alta, à l'ouest de Tarragone, recouvre des vins blancs et rouges très corsés. Enfin, les aires d'appellation de Pénédes et de Tarragona sont de réputation internationale.

– Le vignoble de Pénédes, situé entre Barcelone et Tarragone, représente plus de 25 000 hectares. Le climat méditerranéen est tempéré par l'influence montagneuse, ce qui permet des rendements relativement élevés par rapport au reste de l'Espagne. La production moyenne est de plus de 1 200 000 hectolitres.

Les vins blancs, issus des cépages Maccabeo, Xarel-lo et Parellada, très frais, servent à l'élaboration du Cava (vin mousseux).

Les vins rouges, à base de Carignan, Grenache, Samso, Ull de Llebre et Monastrell, sont fruités et veloutés.

– Le vignoble de Tarragona est situé au cœur de la province du même nom, sur la côte nord-est de l'Espagne et couvre 25 000 hectares. On y distingue deux zones : la région de Ribera del Ebro produit des vins assez légers, alors que, autour de Falset, les vins sont beaucoup plus puissants en alcool : ce sont des vins rouges corsés et colorés, ainsi que des vins de liqueur.

Le Centre : au sud de Madrid s'étend le plus grand vignoble d'Espagne, producteur de vins de table, mais également de «vinos de calidad». La Mancha, au sol calcaire et au climat très sec, produit surtout des vins blancs assez neutres au goût, mais très forts en alcool, issus du cépage Airén. Le vignoble de l'Almansa est planté aux trois quarts des cépages rouges Grenache et Monastrell et donne des vins puissants et gras. Au nord de Tolède, la région de Mentrida, très sablonneuse, est plantée en Grenache et donne ici des vins corsés et charpentés. Au sud de la plaine de la Mancha, le vignoble de Valdepenas produit des vins rouges à dominante de Cencibel, et des blancs issus du cépage Airén. Il y a également une production de vins clairets, obtenus en additionnant un peu de Cencibel à l'Airén.

La région Levantine s'étend à l'ouest d'Alicante et de Valence. C'est ici le domaine du Monastrell, parfois accompagné d'un cépage teinturier, l'Alicante Bouschet. Dans l'appellation d'origine Alicante, ce cépage très coloré est souvent vinifié en saignée : on écoule une partie du moût, à peine coloré, afin de garder dans l'autre partie de la cuve une plus forte concentration de peaux par rapport au jus. On obtient ainsi, d'un côté, des vins robustes, très riches et très colorés, appelés «doble pasta»; de l'autre, des vins rosés pâles et plus légers. Jumilla et Vecla, dans la province de Murcie, produisent des vins robustes et riches en alcool. Le vignoble de Valence produit des vins blancs, secs lorsqu'ils sont issus de Merseguera, plus doux lorsqu'ils proviennent de Malvasia, Pedro Ximenez et Moscatel. Enfin, plus à l'ouest, le vignoble d'Utiel-Requena produit des vins rouges très colorés, issus des cépages Tempranillo et Bobal Tinta (un cépage teinturier).

L'Andalousie produit des vins de réputation mondiale : le Xérès (voir ce mot), mais également le Montilla-Moriles ou le Condado de Huelva, qui sont des types de vins analogues, enfin le Malaga.

– Le Malaga est un vin demi-sec ou doux, produit dans la région de Malaga, au sud de l'Espagne. Le vignoble couvre environ 12 000 hectares. Il est implanté en partie sur le littoral, où il bénéficie d'un climat très doux et en partie à l'intérieur des terres, plus au nord, où le climat est continental, sec et torride. Le cépage principal est le Pedro Ximenez, mais on trouve également le Moscatel, ou Muscat, qui a fait la réputation de cette région.

Les vins de Malaga peuvent être obtenus soit par concentration des raisins, en les faisant sécher au soleil, soit en réduisant le moût en «arrope» (concentration du moût par ébullition). Les vins de Malaga ont une couleur ambre foncé et sont très liquoreux. Les meilleurs types de Malagas sont les «lagrimas» ou larmes; ils sont obtenus à partir du jus de goutte et sont d'une grande finesse. Ils sont conservés en «solera», comme le Xérès. Les autres sont vieillis dans des foudres de chêne, durant au moins deux ans.

Il existe enfin une appellation VCPRD spécifique, le Cava, réservée aux vins mousseux élaborés dans les provinces de Barcelone, Tarragone, Lérida, Gérone, Sarragosse, La Rioja, Alava et Navarre.

Les «vinos de calidad» représentent aujourd'hui plus de la moitié des vignobles. Si certains sont depuis longtemps de renommée internationale (Rioja, Pénédes, Xérès...), beaucoup ont encore un long chemin à parcourir. Mais depuis quelques années, les efforts entrepris pour mieux maîtriser la vinification et concevoir des vins plus légers, plus aromatiques, correspondant mieux au goût du consommateur européen, donnent à l'Espagne un énorme potentiel.

A côté de ses vins et de ses vins de liqueur, l'Espagne ne produit que peu d'alcools. Outre des eaux-de-vie de vin, citons l'anesone, à base d'anis et de réglisse, assez proche du pastis français.

ESPRIT

Autre nom de l'alcoolat, qui est le résultat de la distillation d'un mélange alcoolisé. On appelle par ailleurs esprit de vin le fruit d'une triple distillation, titrant plus de 80°, et qui est utilisé pour l'ajustage des liqueurs et du Champagne.

ESSENCE

Liquide volatil et concentré, tiré par distillation ou expression de différents végétaux. En liquoristerie, on utilise des essences de citron, de menthe, de fleur d'oranger, d'anis. Cette dernière, appelée anéthole, est soluble dans l'alcool mais pas dans l'eau, ce qui produit ce louchissement caractéristique dans la préparation des apéritifs anisés.

ESTAING (VIN D')

Appellation d'origine VDQS, que portent les vins rouges, rosés et blancs, produits dans trois communes du nord de l'Aveyron, dans la vallée du Lot. Les vins rouges et rosés sont issus des cépages Gamay noir à jus blanc, Fer Servadou, Jurançon noir, Merlot, Cabernets, Mouyssagues, Négrette, Duras, Castet et Pinot noir; quant aux vins blancs, ils sont issus des cépages Mauzac, Roussellou et Chenin. Cette appellation est fort ancienne, et quelques-uns de ces cépages, qui n'existent aujourd'hui qu'à l'état de traces, seraient dignes d'entrer au musée de l'ampélographie. Les vins, légers et fruités dans l'ensemble, sont consommés localement tant la production est faible, à peine 250 hectolitres.

ESTERS

Éléments chimiques qui sont produits par l'assemblage d'un alcool et d'un acide, ou par la déshydratation de deux molécules d'alcool. Les esters sont des composants majeurs de l'arôme des alcools; ils sont recueillis au moment de la distillation ou apparaissent au cours du vieillissement.

ÉTHANOL

Alcool principal du vin, issu de la fermentation alcoolique du sucre par les levures. Il est d'autant plus abondant que le moût est sucré. C'est le principal constituant du vin, après l'eau, puisqu'il en contient 72 à 120 grammes par litre, c'est-à-dire 9 à 15 % en volume. D'un goût douceâtre, légèrement sucré, l'éthanol forme, avec l'acidité et les tannins, l'équilibre gustatif du vin, auquel il apporte moelleux, rondeur, onctuosité. Il donne aussi une sensation de chaleur.

ÉTIQUETTE D'AOC

La réglementation concernant l'étiquetage des vins est stricte. Elle l'est particulièrement pour les vins à AOC. Elle distingue deux catégories de mentions : les mentions obligatoires sont toutes regroupées sur une même étiquette, en caractères clairs, lisibles et suffisamment grands, afin de les différencier des autres mentions, alors que les mentions facultatives peuvent être soit sur la même étiquette, soit sur une collerette ou une contre-étiquette.

Les mentions obligatoires pour les AOC sont :
– le nom de l'appellation suivi de la mention appellation d'origine contrôlée, ou appellation X contrôlée. Il existe une seule exception : les vins de Champagne sont dispensés de la mention appellation d'origine contrôlée.
– le nom et la raison sociale de l'embouteilleur, l'adresse de son principal établissement
– le volume net de vin
– le degré alcoolique.

Les mentions autorisées sont principalement :
– le nom et l'adresse du propriétaire récoltant ou du groupe de propriétaires (coopérative, GIE, etc.)

– le nom de l'exploitation (cave, coopérative, domaine, clos, château, etc.)
– le millésime
– la marque
– l'encépagement
– des recommandations d'utilisation, généralement situées sur la contre-étiquette, comme la température de service, la durée de garde, etc.

ÉTIQUETTE DE CHAMPAGNE

Le Champagne est le seul vin à AOC pour lequel la mention appellation d'origine contrôlée n'est pas obligatoire. Par contre, sur chaque étiquette doivent figurer les mentions suivantes :
– Champagne
– la marque ou le nom du producteur
– le numéro d'immatriculation délivré par le CIVC (Comité interprofessionnel du vin de Champagne) précédé des initiales suivantes :
  - N.M. : négociant-manipulant (maison de négoce)
  - R.M. : récoltant-manipulant (vigneron)
  - C.M. : coopérative-manipulant (coopérative de récoltants)
  - M.A. : marque d'acheteur (détaillant ou restaurateur qui a sa propre marque)
– la contenance de la bouteille
– le degré alcoolique.

D'autres mentions sont autorisées sans être obligatoires, par exemple, le lieu de production, le dosage (brut, sec, demi-sec...), les particularités de la cuvée (blanc de blancs, rosé...) et le millésime, s'il y a lieu.

ÉTIQUETTE DE VDQS

L'étiquette d'un VDQS doit porter les mentions obligatoires suivantes :
– le nom de l'appellation d'origine
– la mention appellation d'origine vin délimité de qualité supérieure
– le label de garantie VDQS, avec le numéro de contrôle de l'embouteilleur, qui peut être le

propriétaire ou le négociant, son nom et sa raison sociale, enfin l'adresse de son principal établissement
- le volume net de vin
- le degré alcoolique.

D'autres mentions sont simplement autorisées : ce sont les mêmes que celles qui sont également autorisées pour les AOC.

ÉTIQUETTE DE VIN DE PAYS

Considéré par la Communauté européenne comme faisant partie de la catégorie des Vins de Table, les Vins de Pays ont cependant une réglementation distincte, même pour l'étiquetage.
Les mentions obligatoires sont les mêmes que celles des Vins de Table, avec en plus la mention : Vin de Pays, suivi du nom de la zone de production, régionale, départementale ou locale.

Les mentions autorisées sont plus nombreuses : le logo Vin de Pays, le nom du producteur et de l'exploitation viticole (domaine, mas, cave...), l'encépagement, le millésime, ainsi que diverses autres indications nettement précisées par la réglementation.

ÉTIQUETTE DE VIN DE TABLE

L'étiquette d'un Vin de Table, comme celle de tous les vins, est soumise à une réglementation stricte, qui prévoit les mentions obligatoires et les mentions facultatives.
Les mentions obligatoires sont :
- la mention Vin de Table
- le nom ou la raison sociale de l'embouteilleur, le nom de la localité (ou son code postal, s'il peut y avoir une confusion avec une appellation d'origine) où il a été mis en bouteille
- le volume net du vin
- le degré alcoolique.

Pour les Vins de Table issus du coupage de vins provenant de plusieurs États membres de la CEE, l'étiquette doit porter la mention « mélange

de vins de différents pays de la Communauté Européenne».
Le millésime ou toute mention géographique sont strictement interdits.

Les mentions autorisées sont :
- la marque commerciale
- la couleur du vin
- les recommandations de service (température, accord avec les mets...), et diverses autres indications accessoires nettement précisées par la réglementation.

ÉTOFFÉ

Qualifie un vin aux caractères intenses mais équilibrés. On dit aussi qu'il est ample ou plein.

ÉVENTÉ

Qualifie un vin qui a subi une oxydation. Cela se traduit par une diminution très sensible des caractères olfactifs, et l'apparition de composants odorants nouveaux, en particulier l'éthanal à l'odeur de pomme verte.

Fade

Vin de peu de caractère. Qualifie aussi les vins déséquilibrés par une acidité anormalement basse.

Faible

Qualifie un vin léger en alcool, au goût peu intense, le contraire d'un vin ample.

Fantaisie

Est qualifié de «fantaisie» un alcool qui s'apparente à un produit original et contrôlé. Le kirsch fantaisie, par exemple, est un mélange d'un peu d'eau-de-vie de cerise et d'arômes divers dans de l'alcool pur.

Fatigué

Des actions un peu violentes, mécaniques, physiques ou physico-chimiques peuvent diminuer provisoirement les caractères d'un vin. On dit alors qu'il est fatigué. Cela s'observe par exemple après une filtration, une mise en bouteille ou un transport assez long. Après un temps de repos, le vin retrouve ses qualités initiales.

FAUGÈRES

Appellation d'origine contrôlée, attribuée aux vins rouges et rosés, produits sur sept communes du département de l'Hérault. Le vignoble est situé sur les premiers contreforts des Cévennes, dominé par le pic de la Coquillade. Il est caractérisé par des sols schisteux à forte pente. L'encépagement est constitué de Grenache, Carignan, Cinsault, Mourvèdre, Syrah et Lladoner Pelut. Souvent appelé vin de la Passion, le Faugères est soyeux et généreux, au nez intense de fruits, de réglisse, d'épices.

Production moyenne : 51 000 hectolitres.

FÉMININ

Qualifie des vins souples, où le moelleux l'emporte sur l'astringence, et dont les odeurs sont tout en finesse, ni violentes, ni trop puissantes.

FERME

Qualifie un vin équilibré, qui présente une légère dominante d'astringence et d'acidité, tout en restant très agréable.

FERMÉ

Les vins de garde, tanniques, qui nécessitent plusieurs années de vieillissement pour s'épanouir, ont souvent une période au cours de laquelle leur bouquet s'exprime faiblement. On dit alors qu'ils sont fermés, de peu d'expression.

FERMENTATION ALCOOLIQUE

C'est la transformation des sucres en éthanol par les levures selon la réaction :

C_6-H_{12}-O_6------- 2 CH_3-CH_2OH + 2 CO_2
(sucres) (éthanol) (gaz carbonique)

Cette réaction s'accompagne d'un dégagement de chaleur, réaction qui explique l'importance que revêt le contrôle des températures dans la vinification. Les levures, qui transforment le sucre en alcool, vont synthétiser en même temps de nombreuses autres substances en petite quantité, appelées produits secondaires, mais dont l'importance est primordiale pour la qualité et le caractère du vin.

FERMENTATION MALO-LACTIQUE

C'est la transformation de l'acide malique en acide lactique, par les bactéries lactiques, selon l'équation suivante :

$COOH\text{-}CHOH\text{-}CH_2\text{-}COOH \text{--------} COOH\text{-}CHOH\text{-}CH_3 + CO_2$
(acide malique) (acide lactique)
(gaz carbonique)

Cette transformation se traduit par la perte d'une fonction acide (COOH). De plus, l'acide lactique est, non seulement moins acide, mais aussi plus souple et plus agréable au goût que l'acide malique, qui est dur et agressif. Il est aussi plus stable. La fermentation malo-lactique permet donc une stabilisation et une désacidification biologique particulièrement souhaitable pour l'assouplissement du vin. Elle est donc recherchée systématiquement dans la vinification en rouge, et parfois dans certains vins blancs, qui sont ensuite élevés en fûts de chêne (Bourgognes blancs, par exemple). Par contre, elle sera évitée dans l'élaboration des vins blancs secs, pour lesquels on recherche fraîcheur et arômes.

La fermentation malo-lactique se fait généralement après la fermentation alcoolique, lorsque les levures, en disparaissant, permettent le développement des bactéries lactiques. Parfois, elle ne se fait pas aussitôt : le vin refroidit à l'approche de l'hiver et les bactéries ne peuvent plus se développer. Il suffit alors de chauffer le vin aux alentours de 25° pour provoquer la fermentation malo-lactique.

Il y a encore quelques années, le processus de la fermentation malo-lactique était mal connu. On le subissait sans le comprendre. Il arrivait parfois que la fermentation malo-lactique ne se produise pas. Ce n'est qu'avec le printemps et des températures plus clémentes, que les bactéries se développaient. La fermentation malo-lactique produisait alors un dégagement de gaz carbonique. «Le vin travaille» disait-on. Et c'est pourquoi on entend encore prétendre qu'il existe une relation entre la vigne et le vin : «quand la sève monte dans la vigne, le vin travaille», explication poétique sans fondement scientifique.

FER SERVADOU (OU PINENC)

Cépage noir local du Sud-Ouest. Il entre dans la composition de plusieurs vins d'appellation (Côtes du Marmandais, Côtes de Saint-Mont, Tursan, Madiran, Marcillac...) auxquels il apporte des parfums sauvages et un bouquet de terroir.

FIEFS VENDÉENS

Appellation d'origine VDQS, accordée aux vins, produits sur 400 hectares, dans le département de la Vendée. On y distingue quatre terroirs. Ceux de Pissotte et de Brem-Talmont, près de la côte, produisent surtout des vins blancs, à base de Chenin; celui de Mareuil produit plus de 90 % de rouges et de rosés, à base de Gamay et de Pinot noir, enfin celui de Vix, qui produit autant de rouges que de rosés et de blancs.
Production moyenne : 12 700 hectolitres de vins rouges et rosés, et 2 700 hectolitres de vins blancs.

FILTRATION

Technique de clarification des vins, qui consiste à faire passer le vin trouble à travers une couche filtrante à pores très fins. Trois types de filtres sont utilisés en œnologie.

La terre d'infusoirs ou diatomés est une terre constituée d'algues microscopiques fossilisées. Elle a l'aspect d'une poudre blanche très légère, et sa porosité peut varier, permettant d'obtenir des filtrations plus ou moins serrées.

Les plaques filtrantes sont constituées de fibres de cellulose. On les utilise pour clarifier des vins déjà relativement dépouillés, notamment avant l'expédition ou la mise en bouteille.
Les membranes sont constituées d'un ester de cellulose, qui peut retenir de très petites particules, de la dimension des bactéries (0,65 à 0,45 microns). La filtration sur membranes, qui élimine bactéries et, à fortiori levures puisqu'elles sont de dimension supérieure, est appelée filtration stérilisante.

FIN DE BOUCHE

La fin de bouche désigne l'impression gustative laissée par le vin juste après l'avoir avalé ou recraché. Cette notion ne doit pas être confondue avec la persistance aromatique intense, qui est la durée pendant laquelle on continue à percevoir des odeurs, après avoir avalé ou recraché le vin.

FINE

Terme souvent utilisé pour eau-de-vie de vin, mais qui s'applique explicitement à deux appellations d'origine.
Fine Champagne : il s'agit d'un assemblage de deux Cognacs provenant pour au moins 50 % de la Grande Champagne et de la Petite Champagne pour le reste.
Fine Bordeaux : c'est une eau-de-vie résultant de la distillation selon les règles du Cognac de vins ayant droit à l'appellation Bordeaux.

FINE CHAMPAGNE

Terme utilisé pour qualifier des Cognacs résultant de l'assemblage exclusif d'eaux-de-vie provenant des zones Grande Champagne (à 50 % minimum) et Petite Champagne.

FINS BOIS

Zone de production de la région de Cognac, qui couvre plus de 38 000 hectares, sur un terroir de calcaires durs.

FITOU

Appellation d'origine contrôlée, donnée aux vins rouges produits dans la région des Corbières. Le vignoble est constitué de deux zones : l'une maritime, l'autre située dans le massif des Corbières.

Les terrains, secs et caillouteux, conviennent bien aux cépages Carignan, Grenache noir et Lladoner Pelut. Le Fitou est un vin puissant, généreux et charnu, qui développe avec l'âge un bouquet animal. C'est la plus ancienne appellation contrôlée rouge du Languedoc.
Production moyenne : 73 900 hectolitres.

FIXIN

Appellation d'origine contrôlée, qui s'applique aux vins rouges, récoltés sur la commune de Fixin et une partie de celle de Brochon, au nord de la Côte-d'Or. C'est une des huit appellations communales de la Côte de Nuits. Le vignoble couvre 116 hectares, et possède six climats classés en Premiers Crus.

Les vins de Fixin, issus du cépage Pinot noir, sont colorés, généreux, avec une bonne charpente. Ils peuvent être aussi commercialisés sous l'appellation Côte de Nuits-Villages. Il existe également une production infime de vins blancs (moins de 20 hectolitres).
Production moyenne : 3 400 hectolitres.

FLAVEUR

Ensemble des sensations perçues par le nez ou dans la bouche (c'est-à-dire les odeurs et les goûts) pendant la dégustation.

FLAVONES

Pigments jaunes situés dans la pellicule des grains de raisin blanc.

FLEGMES

Liquide alcoolique rempli d'impuretés résultant d'une première distillation. Les flegmes, ou brouillis, sont distillés une seconde fois dans un alambic à repasse.

FLEURIE

Appellation d'origine contrôlée, qui désigne des vins rouges, produits dans la région du Beaujolais, à partir du cépage Gamay noir à jus blanc, vinifié en macération carbonique. C'est l'un des dix crus du Beaujolais, qui couvre environ 840 hectares, sur une arène granitique. C'est un vin au nez floral, corsé et très velouté. Production moyenne : 44 450 hectolitres.

FLOC DE GASCOGNE

Mistelle résultant d'un mélange de jus de raisin et d'Armagnac. Le Floc de Gascogne est un agréable apéritif, proche de son voisin, le Pineau des Charentes. Il se boit très frais pour le blanc, et rafraîchi pour le rouge.

FLORAISON

La floraison de la vigne se déroule en juin, sept à neuf semaines après le débourrement. Elle est accompagnée par la fécondation. C'est une étape très importante : de son déroulement dépendra le volume de la récolte. Une bonne fécondation dépend essentiellement de la température, idéale entre 20 et 25°. En-dessous, la floraison est longue et irrégulière, la fécondation se fait mal. A l'opposé, des températures excessives provoquent des brûlures. La fécondation est favorisée par un temps sec et la pluie empêche la dissémination du pollen.

FLORAL

Qualifie l'arôme d'un vin qui rappelle des parfums de fleurs (aubépine, acacia, rose, violette, etc.).

FLOU

Qualifie un vin qui n'est pas parfaitement limpide.

FOLLE BLANCHE

Cépage charentais, produisant des vins blancs généralement vifs et peu alcoolisés, destinés principalement à la distillation. C'est un cépage recommandé pour l'élaboration du Cognac et de l'Armagnac, mais il est en régression, du fait de sa sensibilité aux maladies black-rot et pourriture grise. C'est aussi le cépage unique de l'appellation VDQS Gros Plant du Pays Nantais.

FONDU

Qualifie un vin très harmonieux et souple, qui a acquis cet équilibre en vieillissant.

FONGICIDES

Produits ayant la propriété de tuer certains champignons et parasites de la vigne, tels le botrytis cinerea, l'oïdium ou le black-rot.

FORT

Qualifie les vins dont le caractère alcoolique est fortement ressenti au goût.

FOUDRE

Récipient en bois (généralement de chêne) de grande contenance : de 50 à 500 hectolitres, et (rarement) plus.

FOULAGE

Opération qui consiste à rompre la pellicule du raisin de façon à libérer le jus, qui est alors mis en contact avec les levures qui se trouvent naturellement à la surface du grain. Le foulage se fait généralement pour les vinifications en rouge classiques et en rosé par saignée.
Dans la vinification par macération carbonique, les grappes sont mises intactes en cuve. Quant aux raisins blancs, ils sont généralement pressés directement à leur arrivée au cuvier.

FOXÉ

Odeur spécifique et désagréable, qui «renarde», que l'on trouve dans la plupart des vins issus de l'espèce américaine vitis labrusca, ou d'hybrides.

FRAIS

La fraîcheur d'un vin est proportionnelle à l'intensité de sa saveur acide. Un vin frais est un vin bien équilibré, à légère dominante acide et caractère alcoolique peu marqué.

FRANC

Qui ne présente aucune odeur ni aucun goût anormal, ni étranger. Cet épithète est aussi utilisé pour la couleur, lorsqu'elle est nette.

FRIAND

Qualificatif assez imprécis, qui correspond à des caractères de fraîcheur, d'agrément, de délicatesse, d'une certaine jeunesse.

FROID

Le froid est entré depuis peu dans le traitement et l'amélioration des alcools. Il permet de stabiliser les mélanges alcoolisés et d'en atténuer certains mauvais goûts. Le procédé consiste à descendre brutalement l'eau-de-vie ou la liqueur à − 10°, et à la réchauffer lentement en cuve; il est quelquefois procédé à un filtrage à basse température.

Quelquefois controversé, le froid permet néanmoins de raccourcir le temps de vieillissement des alcools.

FRONSAC

Appellation d'origine contrôlée, que portent les vins rouges du Bordelais, produits sur la rive droite de la Dordogne, à deux kilomètres à l'ouest de Libourne. Le vignoble est situé entre l'Isle et la Dordogne, sur des coteaux argilo-calcaires ou argilo-sableux, avec un sous-sol de calcaire à astéries. Il couvre enrivon 700 hectares, sur sept communes, autour de Fronsac. L'encépagement est constitué de Cabernet Franc et Merlot, mais aussi de Cabernet Sauvignon et de Malbec. Charnus et charpentés, les vins de Fronsac sont de grande garde, jusqu'à dix ans et plus. Production moyenne : 39 800 hectolitres.

FRONTIGNAN (MUSCAT DE)

Appellation d'origine contrôlée qui désigne les vins doux naturels blancs, produits à quelques kilomètres au sud-ouest de Montpellier, sur les pentes argilo-calcaires exposées plein sud des collines de la Gardiole. Issu du cépage Muscat à petits grains, appelé localement Muscat de Frontignan, le Muscat de Frontignan est un vin généreux, au nez de fruit très prononcé. Avec le même cépage, on produit aussi un vin de liqueur, obtenu par mutage avant toute fermentation. Le vin doux naturel et le vin de liqueur Muscat de Frontignan ont aussi droit aux appellations Frontignan et Vin de Frontignan. Ils sont généralement commercialisés dans une bouteille qui présente des cannelures torsadées en relief et qui leur est réservée.
Production moyenne : 18 750 hectolitres.

FRUITÉ

Caractère des arômes du vin, qui rappelle des odeurs de fruits. La plupart des vins jeunes sont fruités : framboise dans les vins de Loire, cerise dans les Bourgognes, banane dans les Beaujolais primeurs, lychee dans les Gewurztraminer.

FRUITS A L'EAU-DE-VIE

Fruits sélectionnés et conservés dans de l'alcool, comme les griottes à l'eau-de-vie, les bigarreaux au marasquin, les pruneaux ou les marrons à l'Armagnac, les petites poires au Calvados, les grains de raisin au Cognac, les mandarines à la liqueur d'orange, les cerises au kirsch, etc. Citons également, pour la curiosité, la poire Williams grossie sur l'arbre dans sa bouteille, et ensuite noyée dans son eau-de-vie.

Les fruits à l'eau-de-vie font d'excellents digestifs, et sont faciles à préparer soi-même.

FUMÉ

Qualifie les odeurs rappelant celles des produits alimentaires fumés. Par exemple, le Sauvignon développe dans le Pouilly Fumé des notes fumées caractéristiques, d'où son surnom local de blanc fumé.

FÛT (CONSERVATION EN)

La conservation en fûts de chêne fait partie des procédés traditionnels et de l'élevage des grands vins rouges. Elle apporte au vin des tannins et des principes odorants particuliers, ainsi qu'une oxydation mesurée. La conservation en fûts de chêne doit être utilisée avec beaucoup de précautions. En effet, les éléments apportés par le bois ne doivent pas dominer exagérément. Aussi, seuls les vins les plus corsés, les plus riches, supportent un élevage en fût. Les autres risquent d'être asséchés et amaigris par le bois. Il faut aussi moduler la durée de conservation selon la structure du vin : de quelques mois à deux ans.

Les fûts doivent être de bonne qualité (le chêne est le plus indiqué) et d'une contenance d'environ 225 à 600 litres : cela permet d'avoir des surfaces de contact suffisamment grandes par rapport au volume.

Enfin, les fûts doivent être bien entretenus : les fûts usagés peuvent apporter au vin une maigreur et une dureté (en liaison directe avec une augmentation de l'acidité), mais aussi d'autres mauvais goûts comme le moisi.

L'élevage en fûts demande beaucoup d'attention. C'est ainsi que les fûts doivent être ouillés. L'ouillage consiste à ajouter régulièrement du vin dans les fûts pour compenser l'évaporation. Il faut en effet les maintenir toujours pleins afin d'éviter l'oxydation.

FÛT (GOÛT DE)

Qualifie les mauvais goûts donnés par les fûts défectueux.

GAILLAC

Appellation d'origine contrôlée, attribuée aux vins rouges, rosés et blancs secs, produits dans le département du Tarn, sur 73 communes de l'arrondissement de Gaillac, à 40 kilomètres au nord-est de Toulouse. Cette région viticole est l'une des plus importantes du Sud-Ouest, près de 17 000 hectares, dont 1 400 hectares classés en AOC, les autres en Vins de Pays.

Les sols sont variés : terrasses sablo-graveleuses, sur la rive gauche du Tarn, qui conviennent mieux aux vins rouges; calcaires sur les hauts coteaux de la rive droite, réservés aux cépages blancs, et molasses des premières côtes, où sont produits rouges et blancs.

Les vins rouges sont issus principalement (à 60 % au moins) des cépages Duras, (typique du Gaillac), Fer Servadou (localement appelé Braucol), Syrah et Gamay. Les cépages accessoires sont le Cabernet Sauvignon, le Cabernet Franc et le Merlot. Les vins sont de deux types. Élaborés à partir du cépage Gamay en macération carbonique, ce qui leur confère souplesse et fruité, ils sont commercialisés à partir du troisième jeudi de novembre, en primeur. Vinifiés de façon traditionnelle, ils sont corsés et charpentés, et peuvent se garder plus longtemps.

Les vins rosés, souvent à dominante de Gamay et de Syrah, sont obtenus par saignée.

Les vins blancs secs proviennent des cépages Mauzac, Len de l'El, Sauvignon, Sémillon, Muscadelle et Ondenc. Sauvignon et Len de l'El

doivent représenter ensemble, au moins 15 % de l'encépagement. Ils sont généralement peu acides et parfumés. On distingue le Gaillac perlé, dont le gaz carbonique naturel provoque des bulles (la perle) qui rehaussent la fraîcheur et les arômes du vin.
Production moyenne : 46 500 hectolitres de vins rouges et rosés, 32 500 hectolitres de vins blancs.

GAILLAC DOUX

Appellation d'origine contrôlée, appliquée aux vins blancs moelleux, produits sur l'aire d'appellation Gaillac, à partir des mêmes cépages que les Gaillacs blancs secs. Ils sont obtenus à partir de raisins surmûris, et sont donc très riches en sucres, soit plus de 68 grammes par litre. La production est très faible.

GAILLAC MOUSSEUX

Appellation d'origine contrôlée, donnée aux vins mousseux blancs ou rosés, produits dans la région de Gaillac, à partir des mêmes cépages que les vins à AOC Gaillac. Le Gaillac mousseux est obtenu selon deux méthodes.

La méthode gaillacoise, ou méthode traditionnelle, consiste à mettre en bouteille du vin qui contient encore des sucres. La fermentation s'achève en bouteille et produit la mousse, par dégagement de gaz carbonique. Il n'y a donc pas d'addition de liqueur de tirage, ni de liqueur d'expédition. Cette méthode traditionnelle est difficile à conduire et sa production est limitée. Dans l'autre, le vin mis en bouteille est sec. On ajoute une liqueur de tirage, constituée de sucre et de levure, afin de provoquer une deuxième fermentation en bouteille, à l'origine de la prise de mousse : c'est la méthode champenoise.

GAILLAC PREMIÈRES CÔTES

Appellation d'origine contrôlée, attribuée aux vins blancs secs, produits sur onze communes de l'arrondissement de Gaillac. Ils sont élaborés principalement à partir du cépage Mauzac, mais aussi des cépages Len de l'El, Muscadelle, Ondenc, Sauvignon et Sémillon. Lorsque les raisins sont vendangés à surmaturation, on obtient des vins très riches en sucres (qui contiennent plus de 4° potentiels, c'est-à-dire plus de 68 grammes par litre) : ce sont les Gaillac Premières Côtes doux.

GAMAY NOIR À JUS BLANC

Cépage noir qui donne naturellement un vin fruité, un peu acide, aux reflets violets. C'est le cépage unique du Beaujolais, qui donne les meilleurs vins sur les sols granitiques des monts du Beaujolais (Beaujolais-Villages et crus), mais on le trouve aussi en Touraine et en Auvergne. Presque toujours vinifié en macération carbonique, le vin qu'il produit est souple et peut se consommer rapidement. C'est pourquoi il est souvent commercialisé en primeur, c'est-à-dire dès le troisième jeudi de novembre.

GARDE

Le vin de garde est un vin qui n'acquiert toutes ses qualités qu'après un certain temps de vieillissement, qui débute par une phase d'élevage (en cuve ou, plus généralement, en fûts de chêne) puis par une conservation en bouteille plus ou moins longue selon le type et la qualité du vin. On dit d'un vin qui vieillit bien qu'il est de bonne garde, de grande ou de longue garde.

GAZ CARBONIQUE

Gaz produit au cours de la fermentation alcoolique et de la fermentation malo-lactique. Le dégagement de gaz carbonique explique l'aspect tumultueux du moût en fermentation.

Le gaz carbonique donne une sensation de picotement sur les muqueuses, mais qui n'est perçue dans les vins qu'au-dessus de 500 milligrammes par litre. Au-dessous de ce seuil, il joue un rôle sur l'équilibre du vin, accentue l'acidité, renforce les goûts tanniques et atténue les goûts sucrés.

Les vins tranquilles (non effervescents) possèdent tous un peu de gaz carbonique dissous, même si on ne le perçoit pas toujours. Sa concentration est de l'ordre de 100 à 600 milligrammes par litre dans les vins rouges, et de 600 à 1 200 milligrammes par litre dans les vins blancs. Parfois, on ressent un léger perlant, dû à une quantité de gaz carbonique un peu plus importante, obtenue par une mise en bouteille sur lie.

Quant aux vins effervescents, leur teneur en gaz carbonique est beaucoup plus élevée et provoque une pression de cinq à six atmosphères. Cette pression est obtenue par une fermentation alcoolique en milieu clos (fin de fermentation ou deuxième fermentation en cuve close ou en bouteille) ou encore par ajout de gaz pour les vins mousseux gazéifiés.

GÉNÉPI

Nom usuel d'une armoise de haute montagne, qui entre dans la composition de liqueurs telles que le génépi des Alpes, agréable liqueur de plantes.

GÉNÉREUX

Qualifie un vin riche en alcool.

GENIÈVRE

Fruit très aromatique du genévrier, apprécié dans la cuisine des pays nordiques. Il est également à la base d'une eau-de-vie de genièvre appelée péquet en Belgique, genever ou schiedam aux Pays-Bas.

Le genièvre a entraîné des imitations plus édulcorées, le jenever belge, le Wacholder allemand ou le gin anglais.

GENTIANE

Plante de montagne, dont on utilise les racines comme succédané du quinquina. On en tire une essence, mélange d'un alcoolat et du résultat d'une macération, qui est un excellent tonique amer. On en fait une liqueur de gentiane aux vertus apéritives ; l'essence de gentiane entre, par ailleurs, dans la composition de nombreuses liqueurs de plantes.

GEVREY-CHAMBERTIN

Appellation d'origine contrôlée, donnée aux vins rouges, produits sur les communes de Gevrey-Chambertin et Brochon, dans la Côte-d'Or. C'est l'appellation communale la plus étendue de la Côte de Nuits, couvrant 500 hectares, sur des sols de marnes et de calcaires. Gevrey possède 25 climats classés en Premiers Crus, dont la Combe au Moine et le Clos Saint-Jacques.
D'une couleur soutenue, les vins de Gevrey-Chambertin sont puissants, et d'une grande finesse.
Production moyenne : 15 900 hectolitres.

GEWURZTRAMINER

C'est une variété particulièrement aromatique du vieux plant «traminer» originaire du Tyrol italien. Ce cépage, aux petits grains rosés, donne un vin puissant et rond, moelleux dans les grandes années, au nez intense et élégant, caractérisé par une note épicée, (gewürz signifie épice) et souvent aussi une odeur de lychee.
Production moyenne de Gewurztraminer en Alsace : 175 000 hectolitres.

GIGONDAS

Appellation d'origine contrôlée, que portent les vins essentiellement rouges, mais aussi rosés, produits dans la commune de Gigondas (Vaucluse). Le vignoble, d'une superficie de 1 100 hectares, est situé au pied de ces superbes rochers que sont les Dentelles de Montmirail, des terrasses de cailloutis calcaires surchauffées par le soleil.

Les vins rouges, issus principalement des cépages Grenache noir (limité à 80 %), Syrah, Mour-

vèdre et Cinsault, sont très colorés, puissants et charpentés, au nez complexe où se mêlent épices et fruits à noyau. Ils peuvent se garder huit à douze ans. Ils sont toujours obtenus à partir de raisins sains, puisqu'ils doivent être obligatoirement triés, afin d'éliminer le «rapé» (raisin abîmé).
Les vins rosés, produits essentiellement à partir du Grenache noir et du Cinsault, représentent un volume très faible.
Production moyenne : 32 500 hectolitres.

GIN
Eau-de-vie aromatisée originaire des Pays-Bas, mais qui a trouvé son plus grand développement en Angleterre sous le nom de London dry gin.

GIVRY
Appellation d'origine contrôlée. Ce sont des vins rouges et blancs, produits sur la commune de Givry (Saône-et-Loire), au cœur de la Côte Chalonnaise. Le vignoble couvre environ 120 hectares, sur des coteaux calcaires. Le Givry rouge, issu du Pinot noir, est souple et très fruité avec un goût de griotte. Il est à boire dans les cinq ans. Le Givry blanc est fruité et rond.
Production moyenne : 6 100 hectolitres de vins rouges et 600 hectolitres de vins blancs.

GLYCÉROL
Trialcool présent dans les vins en assez forte proportion : cinq à quinze grammes par litre. Il a une saveur sucrée et peut donner au vin un caractère onctueux, lorsqu'il est présent à forte dose comme c'est le cas dans les vins moelleux obtenus à partir de raisins atteints de pourriture noble.

GOULEYANT
De l'ancien français «goule», gosier, bouche; qualifie un vin souple et léger, qui se boit facilement.

GOÛT

Sens, dont les organes récepteurs sont situés dans la bouche. Il existe quatre goûts élémentaires : sucré, salé, acide et amer.

Contrairement aux odeurs, qui sont des substances volatiles et qui sont perçues par une muqueuse située au fond de la fosse nasale, les goûts sont solubles dans la salive et sont perçus par les papilles de la langue. Celles-ci ont des sensibilités différentes selon les goûts et se distinguent aussi par leur temps de réaction :

La zone la plus sensible au goût sucré est située sur le bout de la langue et la saveur sucrée est immédiatement perceptible. Les papilles sensibles au goût salé sont situées sur les côtés de la langue, voisines de celles sensibles au goût acide. Leur temps de réaction est un peu plus lent, quatre à cinq secondes. Par contre, l'impression est plus persistante, et peut durer une dizaine de secondes. Enfin, les papilles sensibles à l'amertume sont situées au fond de la langue et sont particulièrement lentes à réagir, cinq secondes au moins. Par contre, l'impression d'amertume est très tenace.

C'est pour cela que l'on trouve souvent que l'attaque est ronde et moelleuse, l'évolution acide et la finale amère.

GOÛT (FAUX)

Goût (et par extension odeur) anormal(e), défaut du vin.

GRAIN DE RAISIN

Voir Raisin.

GRAISSE (MALADIE DE LA)

Altération du vin, qui prend une consistance huileuse et visqueuse, surtout perceptible lorsqu'on le fait couler dans un verre. Elle résulte d'une attaque bactérienne du glycérol. Ce phénomène est devenu très rare, grâce à l'amélioration des conditions d'hygiène dans les caves, qui permet d'éliminer les bactéries indésirables.

GRAND

Vin d'excellente qualité, de bonne renommée. Il existe une corrélation entre les grands vins et leur persistance aromatique intense.

GRANDE CHAMPAGNE

Zone de production de la région de Cognac qui couvre près de 13 000 hectares, sur le sol le plus calcaire de la région. Elle donne des eaux-de-vie très fines, qui demandent un très long vieillissement en fût.

GRAND-MARNIER

Liqueur onctueuse aux écorces d'oranges, vieillie plusieurs mois en fûts; le Grand-Marnier «cordon rouge» est confectionné avec du Cognac, tandis que le «cordon jaune» est fait avec des eaux-de-vie ordinaires.

GRANDS-ÉCHEZEAUX

Appellation d'origine contrôlée et Grand Cru rouge de la Côte de Nuits. Ce sont des vins rouges produits sur la commune de Flagey-Échezeaux. Voisin du Clos de Vougeot, le vignoble couvre plus de 9 hectares, imbriqués dans le climat d'Échezeaux. Bien que de grande qualité, ces deux crus, Échezeaux et Grands-Échezeaux, n'ont pas la notoriété des autres Grands Crus de Vosne-Romanée. Ils sont souvent vendus sous l'appellation Vosne-Romanée Premier Cru. Intermédiaires entre les vins de Vougeot et ceux de Vosne-Romanée, les Grands-Échezeaux sont des vins racés et bouquetés.
Production moyenne : 260 hectolitres.

GRAPPE BLANCHE

Nom du rhum agricole antillais directement commercialisé sans vieillissement. Le «grappe blanche» est parfumé, âpre au goût et titre 55°.

GRAS

Vin souple, agréable, moelleux, presque onctueux.

GRAVES

Appellation d'origine contrôlée, que portent les vins rouges, blancs secs et blancs moelleux, de la région de Bordeaux. Le vignoble, qui couvre environ 3 200 hectares, s'étend du nord de Bordeaux (jalle de Blanquefort) au sud de Langon, sur la rive gauche de la Garonne. L'aire d'appellation entoure la ville de Bordeaux et les vignobles de vins moelleux de Cérons, Barsac et Sauternes. Depuis peu, une dizaine de communes de la partie nord des Graves (à la limite de la ville de Bordeaux) ont droit à leur propre appellation, Pessac-Léognan.

Le sol est constitué de graves (issus des terrasses quaternaires de la Garonne), reposant sur des sous-sols divers : calcaires, argiles, marnes ou alios (sable riche en oxyde de fer).

Dans la partie sud, où les graves sont parfois recouvertes d'une mince couche de sable ou de limon, la production de vins blancs secs, et plus rarement moelleux, l'emporte sur celle des vins rouges. Par contre, au nord, on produit essentiellement des vins rouges.

Les vins rouges proviennent des cépages Cabernet Sauvignon, Merlot, et, pour une moindre part, Cabernet Franc, Malbec et Petit Verdot. Ce sont des vins assez corsés, de bonne garde. Leur production est d'environ 83 200 hectolitres.

Les vins blancs sont élaborés à partir des cépages Sauvignon, Sémillon et Muscadelle. Les vins secs dans lequels domine le Sauvignon sont secs et nerveux. Ils ont des arômes d'une grande finesse.

Les vins moelleux sont surtout produits à partir du cépage Sémillon, qui leur confère, grâce au développement de la pourriture noble, beaucoup

d'ampleur et de concentration.
Production moyenne : 476 000 hectolitres.

Le classement de 1855 ne citait qu'un seul cru de Graves : le Château Haut-Brion. En 1959, un classement a été réalisé sous l'égide de l'INAO, qui concerne seize vins.

CLASSEMENT DE 1959

Commune
- Crus classés en vins rouges
  - Crus classés en vins blancs

Talence
- Château La Mission-Haut-Brion
- Château La Tour-Haut-Brion
  - Château Laville-Haut-Brion

Pessac
- Château Haut-Brion
- Château Pape Clément

Villenave d'Ornon
  - Château Couhins
  - Château Couhins-Lurton

Cadaujac
- Château Bouscaut
  - Château Bouscaut

Léognan
- Château Carbonnieux
- Domaine de Chevalier
- Château Malartic-Lagravière
- Château d'Olivier
- Château de Fieuzal
- Château Haut-Bailly
  - Château Carbonnieux
  - Domaine de Chevalier
  - Château Malartic-Lagravière
  - Château d'Olivier

Martillac
- Château Smith-Haut-Lafitte
- Château La Tour-Martillac
  - Château La Tour-Martillac

GRAVES DE VAYRES

Appellation d'origine contrôlée, qui s'applique aux vins rouges et blancs, produits sur la rive gauche de la Dordogne, entre Bordeaux et Libourne. Enclave au sol graveleux, dans la vaste région de l'Entre-deux-Mers, le vignoble des Graves de Vayres couvre environ 450 hectares.

Les vins blancs sont élaborés à partir des cépages Sauvignon, Sémillon, Muscadelle et, limité à 30 %, Merlot blanc. Les vins rouges font appel aux cépages Cabernet Sauvignon, Cabernet Franc, Merlot, Malbec, Petit Verdot et Carmenère, ces deux derniers ont pratiquement disparu. Ils sont assez charpentés et de bonne garde.
Production moyenne : 10 800 hectolitres de vins rouges et 10 400 hectolitres de vins blancs.

GRAVES SUPÉRIEURES

Appellation d'origine contrôlée, qui désigne les vins blancs moelleux, produits dans la région des Graves, essentiellement dans la partie méridionale. Issus des mêmes cépages que les Graves blancs, ils doivent présenter au moins 12 % d'alcool acquis. Ils sont généralement plus moelleux et plus concentrés que les Graves.
Production moyenne : 21 500 hectolitres.

GRÈCE

Le vignoble grec représente aujourd'hui plus de 170 000 hectares, dont la moitié sont plantés en raisins de cuve, produisant autour de 5 millions d'hectolitres de vin, soit 7 % de la production française. La vigne, autrefois sur les côtes, a gagné l'intérieur du pays et les coteaux montagneux, jusqu'à près de 1 000 mètres. Les plaines sont ici peu nombreuses, et les sols, essentiellement calcaires, ont un faible rendement.

Les vins grecs se répartissent en vins de marque, mis en bouteille sous diverses marques commerciales et en vins typiques, commercialisés sous une appellation d'origine. Ces derniers doivent provenir d'un terroir viticole déterminé, à partir d'un encépagement bien précis et être élaborés selon des méthodes traditionnelles bien définies.

On compte une dizaine de régions viticoles.

Le Péloponnèse possède le plus grand vignoble grec, avec une superficie de plus de 60 000 hectares. Il est pour l'essentiel situé sur les côtes, à moins de 400 mètres d'altitude, à l'exception de deux vignobles d'appellation d'origine : Neméa, dont la vigne s'étage de 250 à 800 mètres et donne un vin corsé et charpenté, très coloré et de grande garde (on le surnomme le sang d'Hercule) et Mantinia, au centre du Péloponnèse qui produit à une altitude de 650 mètres, un vin blanc sec et léger.
Au sud-est de Patras, le Mavrodaphne, vieux cépage rouge, et le Muscat blanc donnent des vins de liqueur. La méthode de vieillissement du premier rappelle celle du Xérès. C'est un vin au bouquet étonnant. On récolte également sur les coteaux autour de Patras, des vins blancs légers et frais.

L'île de Crète compte plus de 50 000 hectares de vignes. Le vignoble, encore franc de pied (non greffé), est surtout constitué de vieux cépages rouges crétois, qui donnent des vins puissants et pleins, parfois légèrement rancios : Archanès et Peza. Mais il existe également des vins blancs frais, le Peza blanc, et des vins de liqueur : Sitia et Dafnès.

La Grèce centrale et l'île d'Eubée sont essentiellement plantés en Salvatiano, cépage blanc, souvent élaboré en Retsina.
Véritable institution, le Retsina est un vin blanc sec de table, provenant d'un moût auquel on a ajouté, avant ou pendant la fermentation, quelques morceaux de résine de pin. Les Retsinas sont obtenus à 85 % à partir des cépages Savatiano et Rhoditis. Secs et nerveux, d'une légère amertume, avec un nez rappelant la thérébentine,

ils sont agréables à boire sur place, pour ceux qui s'y accoutument.

La Macédoine et la Thrace, au nord de la Grèce, sont renommées pour la qualité de leurs vins rouges, dont les plus célèbres sont le Naoussa, l'Amynteon et le Goumenissa. La presqu'île de Chalcidique produit aussi des vins blancs et rouges de qualité : les Côtes de Meliton.

L'Épire, au nord-est de la Grèce, est une région montagneuse qui possède deux crus prestigieux : Zitsa, vin blanc vif et pétillant issu du cépage Debina et Metsovo, vin rouge tannique et charpenté.

Les îles ioniennes comptent plus de 8 000 hectares de vignes. Les îles de Zante et de Corfou produisent surtout des vins blancs secs et rancios, les Verdeas. Par contre, Leucade produit un vin rouge très coloré surnommé Santa Mavra. Céphalonie produit des vins de liqueur, issus de Muscat et de Mavrodaphne, mais également un vin blanc très fin, le Robola de Cephalonie.

Thessalie, Nea Anchialos et Rapsani, produisent surtout des vins de marque, consommés sur place dans ces régions touristiques.

Les îles de la mer Égée sont particulièrement réputées pour les vins de liqueur : le célèbre Muscat de Samos, produit sur des terrasses étroites échelonnées de la mer jusqu'à 800 mètres d'altitude, et le Muscat de Lemnos, issu du cépage Muscat d'Alexandrie.

Les Cyclades et le Dodécanèse comptent au total 8 000 hectares de vignes. Paros produit surtout des mistelles (moûts de raisins mutés) destinés à la production de vermouths, mais également un vin «rubis» à appellation d'origine Paros, obtenu en mélangeant cépages rouges et blancs. Santorin produit des vins très puissants, et particulièrement un vin de paille, appelé Liastos. Quant à Rhodes, on y trouve surtout des vins blancs secs et des vins rouges souples, mais également un vin de liqueur à appellation, le Muscat de Rhodes.

La Grèce produit également quelques eaux-de-vie de vin qui sont généralement aromatisées, comme le metaxa, et une anisette à l'essence d'anis vert, l'ouzo.

GREFFAGE

Technique qui consiste à réunir une variété-greffon, qui fournira la partie aérienne (tiges, feuilles et raisins), à une variété-sujet ou porte-greffe, dont les racines sont résistantes au phylloxéra, ou bien adaptées au sol. Les greffons sont des vignes européennes du type vitis vinifera, alors que les sujets sont d'origine américaine et sont obtenus par hybridation à partir des espèces vitis riparia, rupestris ou berlandieri.
Le choix de la variété-sujet ou porte-greffe, se fait en fonction de différents critères : la présence de calcaire actif, la résistance à la sécheresse et, bien sûr, l'affinité avec le greffon.

GRENACHE

Cépage d'origine espagnole, de l'Aragon, cultivé dans le sud de la France, les Côtes du Rhône, le Languedoc-Roussillon et l'Ardèche. Son port dressé et ses rameaux vigoureux lui permettent de bien résister à la sécheresse et aux vents violents, mistral et tramontane. Il donne un vin puissant en alcool, souple et gras. Sensible à l'oxydation, il est utilisé pour l'élaboration de vins doux naturels de type rancio (Banyuls, Maury...). Cependant, en association avec des cépages plus tanniques, Syrah, Mourvèdre, il donne des vins de bonne garde.

GRENACHE BLANC

Cépage blanc qui ne diffère du Grenache que par la couleur de ses baies. On le trouve essentiellement dans le Roussillon, où il est utilisé pour l'élaboration de vins doux naturels, mais aussi, depuis peu, dans le Languedoc, pour la production de vins blancs secs, auxquels il apporte une certaine finesse aromatique.

GRIOTTE-CHAMBERTIN

Appellation d'origine contrôlée et Grand Cru de la Côte de Nuits. Ce sont des vins rouges de Bourgogne, issus du seul cépage Pinot noir et produits sur la commune de Gevrey-Chambertin. C'est, en superficie, le plus petit des neuf Grands Crus de Gevrey, puisqu'il représente seulement 2,69 hectares. Ses vins, généreux et élégants, sont hélas très rares, puisque la production moyenne est d'environ 73 hectolitres.

GROG

Boisson réconfortante qui se boit très chaude. Elle est généralement faite d'un mélange d'eau bouillante et de rhum ou de Cognac, de kirsch ou de whisky. L'ensemble est généralement sucré au miel et agrémenté d'une rondelle de citron.

GROLLEAU (OU GROSLOT)

Cépage noir du Val-de-Loire, au vin léger, peu alcoolisé, souvent vinifié en rosé.

GROS MANSENG

Cépage blanc cultivé dans le Béarn, il entre dans la composition des vins blancs : Irouléguy, Tursan, Béarn, Côtes de Saint-Mont, Pacherenc du Vic-Bilh et Jurançon moelleux. C'est aussi le cépage principal des Jurançons secs.

GROS PLANT DU PAYS NANTAIS

Appellation d'origine VDQS, qui recouvre des vins de la région du Pays Nantais. Sa zone de production est celle du Muscadet, mais elle couvre une superficie beaucoup plus restreinte, soit environ 2 800 hectares.

Le Gros Plant est issu d'un cépage unique, la Folle blanche, cépage charentais introduit dans

la région nantaise depuis le XVIe siècle. Presque incolore, ce vin très sec, avec une pointe de verdeur, est très rafraîchissant.
Production moyenne : 250 800 hectolitres.

GROSSIER

Qui manque de finesse, de faible qualité, sans agrément.

GUIGNOLET

Liqueur tirée d'une macération de cerises dans l'alcool, qui est ensuite filtrée et sucrée.

Le «guignolet au kirsch» bénéficie de cette appellation quand l'alcool utilisé est un kirsch pur; le «guignolet-kirsch» est un guignolet ordinaire qui a subi l'adjonction d'un peu de kirsch au moment de l'embouteillage.

HARMONIEUX
Qualifie un vin dont les caractères organoleptiques sont bien équilibrés.

HAUT-ARMAGNAC
Eau-de-vie à AOC produite à l'est et au sud de l'aire de production de l'Armagnac.

HAUT-MÉDOC
Appellation d'origine contrôlée, donnée aux vins rouges produits dans le Haut-Médoc, sur les croupes graveleuses qui s'étendent de Blanquefort à Saint-Seurin de Cadourne, sur la rive gauche de la Gironde. C'est dans cette région que se trouvent les six appellations communales, et de nombreux crus classés en 1855. Le terroir de graves convient particulièrement au cépage Cabernet Sauvignon, qui donne des vins tanniques et riches en couleur, au nez de poivron qui évolue vers des senteurs de sous-bois, après quelques années. Souvent élevés en fûts de chêne neufs, ce sont de grands vins de garde.
Production moyenne : 154 000 hectolitres.

HAUT-MONTRAVEL
Appellation d'origine contrôlée, qui s'applique aux vins blancs moelleux, produits dans la région

de Bergerac, sur cinq communes situées à l'ouest de la Dordogne. Produits à partir des cépages Sauvignon, Sémillon et Muscadelle, ce sont des vins moelleux contenant entre 8 et 54 grammes de sucres résiduels par litre. Ils sont agréables et très aromatiques.
Production moyenne : 700 hectolitres.

HAUT-POITOU (VIN DU)

Appellation d'origine VDQS, qui comprend des vins rouges, rosés et blancs. Couvrant environ 500 hectares, le vignoble est situé sur la rive droite de la Vienne, sur des sols calcaires. Les vins blancs sont issus des cépages Sauvignon, Chardonnay, Pinot blanc et Chenin, ce dernier pour 20 % au plus. Les vins rouges et rosés proviennent des cépages Pinot noir, Gamay, Merlot, Côt, Cabernet Franc et Cabernet Sauvignon, et pour mémoire Gamay Chaudenay et Grolleau, ces derniers limités chacun à 20 % de l'encépagement.
Les vins, vinifiés pour plus de 90 % par la Cave coopérative de Neuville en Poitou, sont souvent issus d'un cépage unique, mentionné sur l'étiquette; par exemple, le Sauvignon, avec son nez de buis et sa fraîcheur en bouche; le Chardonnay, au nez floral, plus souple et plus fin; le Gamay au nez de fruits rouges, etc.
Production moyenne : 25 700 hectolitres de vins rouges et rosés, et 14 400 hectolitres de blancs.

HERBACÉ

Ce terme est utilisé dans un sens péjoratif, pour qualifier des odeurs végétales désagréables, transmises au vin par les rafles ou les feuilles lors de la cuvaison.

HERMITAGE OU ERMITAGE

Appellation d'origine contrôlée, réservée aux vins rouges et blancs, produits sur la commune de Tain, et en partie sur celles de Crozes et de Larnage dans la Drôme. Situé sur la rive gauche

du Rhône, en face de Tournon, le vignoble s'étage en terrasses sur les pentes granitiques escarpées de la colline de Tain. Il doit son nom à un ermitage bâti au sommet du piton, sous le règne de Blanche de Castille, au XIIIe siècle. Les vins rouges, issus du cépage Syrah, ont un bouquet intense (violette, cassis, framboise, épices, poivre), une charpente qui leur permet une garde de dix à quinze ans.
Production moyenne : 3 600 hectolitres.
Les vins blancs, issus des cépages Roussanne et Marsanne sont secs mais amples et ronds. Ils ont un nez complexe, épicé (curry) avec des notes de noix, de résine...
Production moyenne : 1 280 hectolitres.
Il existe aussi une infime production de vins de paille, obtenus à partir de raisins desséchés naturellement durant au moins deux mois, soit sur un lit de paille, soit en suspension.

HONGRIE

La production hongroise est de l'ordre de quatre millions d'hectolitres, dont 75 % de vins blancs, alors que la France produit 70 millions d'hectolitres. Les cépages utilisés en Hongrie sont presque tous autochtones.

Le vin hongrois le plus célèbre est le Tokay, originaire du nord-est du pays, aux confins de la Tchécoslovaquie et de l'URSS. C'est un vin tout à fait exceptionnel, issu du cépage Furmint, associé, à peu près à part égale, au Harslevelü et à un peu (5 %) de Muscat blanc à petits grains. Le Furmint, qui tient le rôle essentiel, est vendangé tardivement : les baies atteintes de pourriture noble donnent l'Aszú, sorte de pâte qui est l'essence du Tokay. Mélangée au moût, l'Aszú engendre selon les proportions et après vieillissement en fûts de quatre à six ans, des Tokays exceptionnels : l'Aszù quasi introuvable et l'Eszencia.
Dans le Tokay Szamorodni, plus commun, les raisins parvenus à surmaturation ne sont pas

isolés mais vinifiés en même temps que le reste de la vendange, et le vin sera doux ou sec selon la composition de cette dernière, après un vieillissement de deux à quatre ans.

Entre Tokay et Budapest dans la région d'Eger, de Gyöngyös et sur les contreforts des monts Matra, on produit des vins de dessert de grande qualité avec les raisins du cépage Mezesfeher. Sur ces mêmes coteaux, on cultive le cépage Léanika qui donne des vins blancs demi-secs ou secs très parfumés. Le cépage Hárslevelü planté sur les flancs des monts Matra produit un vin moelleux à la saveur épicée : le Debroi Hárslevelü.
La région d'Eger s'est fait une spécialité d'un vin rouge de marque largement exporté, l'Egri Bikaver ou «sang de taureau», qui assemble les cépages Merlot (appelé abusivement Médoc noir), Kadarka ou Kékfrankos (le Blaufränkisch autrichien) et l'Oporto.

En poursuivant vers l'ouest, entre Budapest et le lac Balaton, au nord-ouest de Mor, on élabore à partir du cépage Ezerjó un vin blanc sec et léger qui rappelle le Muscadet.

Parmi les autres régions viticoles, il faut citer les trois districts voisins du lac Balaton, Balatonfüred, Badacsony et Csopak qui produisent d'excellents vins blancs à base de Szürkebarat, variété de Pinot gris vendangé à surmaturation. C'est un vin aux nuances cuivrées, riche en saveurs. Dans cette même région, on trouve un autre vin blanc à base d'Olaszriesling, cépage très répandu en Hongrie, qui trouve là sa meilleure expression. Enfin, originaire des environs de Badacsony, le Badacsony Kéknyelü (nom du cépage), est un excellent vin blanc épicé, d'une bonne acidité.

A l'extrême ouest, à la frontière autrichienne du Burgenland, autour de Sopron, on produit un bon vin rouge avec le cépage Kékfrankos. Dans cette même zone, le Furmint, le principal cépage du Tokay, donne un vin blanc capiteux.

Au sud, près de la frontière yougoslave, dans la région de Pecs, autour de Szekzard et de Villany, on produit d'excellents vins rouges, certains de type Bourgogne utilisant le cépage Nagyburgundi, qui n'est autre que le Pinot noir, d'autres à base de Merlot et d'autres encore secs, tanniques et épicés issus du cépage Kadarka. Le raisin passerillé de ce dernier cépage donne un vin naturellement doux exceptionnel.

Toujours au sud, mais un peu plus à l'est, autour de Baja sur le Danube et dans la région de Kunbaja, on trouve de bons vins blancs de Hárslevelü. Plus à l'est encore, dans la vallée de la Tisza près de Csongrad, on produit un bon vin rouge de Kadarka.

Pour ses alcools, la Hongrie est surtout connue à travers le Kecskemet, qui est une savoureuse liqueur d'abricot.

HONNÊTE

Qualificatif employé en général quand le vin présente les qualités essentielles qu'on en attend, mais qui sous-entend généralement qu'il ne dépasse pas ce niveau (honnête, mais sans plus).

HUILES

Dans la distillation des alcools sont recondensées différentes huiles, que l'on classe parmi les «éléments non-alcool».

Parmi ceux-ci, les huiles essentielles donnent à l'alcool sa saveur et son caractère. A l'inverse, les huiles de fusel, qui arrivent en fin de distillation, sont soigneusement écartées; ce sont elles qui donnent aux distillations artisanales médiocres leur goût caractéristique.

HYBRIDE

Un pied de vigne hybride est obtenu par le croisement de vignes de deux variétés différentes. Si ces deux variétés sont d'une même espèce (par exemple deux cépages de vitis vinifera),

on obtient un hybride intraspécifique. Par contre, si elles appartiennent chacune à une espèce différente, on obtient un hybride interspécifique.
Après l'invasion du phylloxéra et la découverte d'espèces américaines capables de résister à ce puceron, on pratiqua des hybridations interspécifiques, c'est-à-dire des croisements entre nos vignes françaises (de l'espèce vinifera) et des vignes américaines (appartenant aux espèces berlandieri, rupestris, riparia, labrusca, etc.). Les hybrides obtenus présentaient l'avantage de résister au phylloxéra, mais l'inconvénient d'être trop prolifiques et de produire des vins médiocres.
Aussi, a-t-on eu recours aux techniques du greffage, qui consiste à greffer un greffon de vitis vinifera sur un porte-greffe hybride.
Aujourd'hui, les vignes greffées constituent la quasi-totalité du vignoble. Les hybrides interspécifiques sont interdits, sauf en tant que porte-greffe. Un seul est autorisé pour la production de vins : c'est le Bacco 22 A, dont les vins une fois distillés, entrent dans la composition de l'Armagnac.

HYDROMEL

Boisson fermentée à base de miel et d'eau ou élaborée à partir d'alcool, d'eau et de miel. La fabrication d'hydromel n'est pas réglementée, et elle donne des résultats divers, plus ou moins sucrés, et, pour tout dire, plus ou moins bons.

Impériale

Grosse bouteille utilisée dans le Bordelais, d'une contenance de 8 bouteilles.

I.N.A.O.

Institut national des appellations d'origine des vins et eaux-de-vie. Cet organisme officiel, créé par le décret-loi de 1935, sous le nom de Comité national des appellations d'origine des vins et eaux-de-vie, est devenu l'actuel INAO en 1947. Aujourd'hui, aucune appellation d'origine ne peut voir le jour sans que l'INAO n'approuve le texte précis qui la définit. Ce texte fait l'objet d'un décret, pris sur l'initiative du ministre de l'Agriculture.

Depuis sa création, l'INAO est composé de professionnels de la viticulture et du commerce des vins. Les syndicats viticoles constituent l'ossature du Comité national (organisme décisionnaire de l'INAO) et collaborent avec l'INAO pour la définition et la reconnaissance des appellations. La définition énumère les conditions de production imposées aux producteurs : rendement, densité de plantation, modes de vinification et d'élevage, mais aussi et surtout, délimitation parcellaire des terroirs aptes à produire l'appellation.

Dans le domaine des appellations d'origine, le rôle des syndicats reste donc prépondérant. En effet, la notion d'appellation est l'aboutissement des efforts des producteurs d'une région, pour définir et produire un vin original, authentique et surtout, spécifique du terroir.

Les appellations d'origine agréées par la Communauté économique européenne comme vins de qualité produits dans des régions déterminées (VQPRD) regroupent pour la France les appellations d'origine contrôlées (AOC), créées en 1935 et les vins délimités de qualité supérieure (VDQS), créés en 1949.

INFUSION

Principe selon lequel on extrait des substances aromatiques par décoction dans un liquide bouillant. Proche de la macération, l'infusion est quelquefois utilisée dans la fabrication de liqueurs.

IRISH COFFEE

Boisson alcoolisée populaire en Irlande, faite à partir d'une mesure de whiskey, de quelques mesures de café noir très chaud et sur lequel on verse doucement une mesure de crème de lait.

IRLANDE

Boisson nationale, le whiskey irlandais est tiré d'une triple distillation de grains fermentés, ce qui donne un alcool très neutre autour de 86° à 90°. Il est ensuite mis à vieillir au moins trois ans en fûts de chêne d'Amérique, dont certains ont déjà servi pour des rhums et des bourbons. Le whiskey est ensuite ajusté à 40° avec de l'eau naturelle, dont la pureté est un élément déterminant pour la finesse de l'arôme.

Quelques liqueurs sont élaborées avec du whiskey, du miel et des plantes aromatiques, tels l'irish mist, ou le gallweys qui rappelle le café noir par son goût.

Autre préparation, l'irish velvet est fait de whiskey, de sucre et de café, et il suffit de lui ajouter de l'eau bouillante pour obtenir un irish coffee tout prêt.

IROULÉGUY

Appellation d'origine contrôlée, que portent les vins rouges, rosés et blancs, produits dans le sud-ouest du département des Pyrénées-Atlantiques. Le vignoble couvre environ 90 hectares, situés dans la «montagne» basque. Autrefois, les vins étaient élaborés à partir de nombreux cépages locaux. Aujourd'hui on utilise, pour les rouges et rosés le Cabernet Franc, le Cabernet Sauvignon et le Tannat et, pour les blancs, le Courbu, le Petit Manseng et le Gros Manseng. L'Irouléguy recouvre essentiellement des vins rouges, souples et charnus, à boire jeunes, et des vins rosés de saignée, vifs et aromatiques.
Production moyenne : 2 800 hectolitres.

ISRAËL

Israël produit de l'ordre de 200 000 hectolitres de vin par an, soit 0,2 % de la production française.

Les deux principaux vignobles sont situés, l'un au sud-est de Tel-Aviv, l'autre au sud-est de Haïfa. Le premier, celui de Rishon-le-Zion, produit de bons vins rouges, le second, celui de Zichron-Jacov sur les pentes du mont Carmel, des vins blancs et rosés. C'est d'ailleurs sous le nom de Carmel qu'Israël exporte ses vins, principalement aux États-Unis, au Canada et en Grande-Bretagne. On trouve également des vignes dans les environs de Jérusalem et en Galilée.

Les cépages utilisés sont des cépages méditerranéens courants, tels que le Grenache, le Carignan, l'Alicante Bouschet, cépage teinturier, pour les rouges et pour les blancs la Clairette, le Sémillon et le Muscat d'Alexandrie, mais aussi plus récemment, le Cabernet Sauvignon (rouge) et le Sauvignon blanc.

Israël produit également une liqueur du nom de sabra, au goût particulier d'orange amère et de chocolat.

ITALIE

L'Italie est le premier producteur mondial de vin, avec une production de l'ordre de 75 millions d'hectolitres contre 70 pour la France. Chacune des vingt régions de l'Italie produit du vin, cependant plus de la moitié de cette production provient de cinq régions : la Sicile, les Pouilles, la Vénétie, la Toscane et l'Émilie-Romagne.

La législation actuelle, qui date de 1964, divise la production en trois catégories :
– les Vino da Tavola ou vins de table, sans aucune notion d'origine,
– les Denominazione di origine controllata (DOC) ou dénominations d'origine contrôlée, correspondent au système des appellations d'origine. Sont spécifiés et contrôlés l'aire de production, l'encépagement, le degré minimal d'alcool, les méthodes de vinification, l'élevage en fûts ou la conservation en bouteilles, la dégustation etc... Il en existe plus de 220, dont une vingtaine regroupe plus de 60 % de la production, parmi lesquelles le Moscato d'Asti, le Soave, le Grave du Frioul et le Valpolicella.
– les Denominazione di origine controllata et garantita (DOCG) ou dénominations d'origine contrôlée et garantie, répondent à des normes plus strictes. La contenance de la bouteille est réglementée et chaque bouteille porte un cachet de garantie. Il y en a actuellement cinq : le Vino Nobile di Montepulciano, le Brunello di Montalcino et le Chianti en Toscane, le Barolo et le Barbaresco dans le Piémont.

Il existe des mentions spécifiques aux vins à DOC ou à DOCG, que l'on trouve souvent sur les étiquettes.
La mention Classico désigne les vins issus de l'aire de production d'origine, c'est-à-dire avant que des extensions n'aient été autorisées; elle correspond donc aux meilleurs terroirs de l'appellation.
La mention Riserva désigne les vins qui ont mûri en fûts pendant un certain nombre d'années, généralement trois ans, spécifié dans la réglementation.

Les principales régions vinicoles d'Italie sont :

Le Piémont, littéralement «au pied des montagnes». C'est la province la plus riche au point de vue de la qualité et de la variété des vins. On y trouve deux des cinq DOCG, le Barolo et le Barbaresco.
– Le Barolo, issu du cépage Nebbiolo, est le plus réputé des crus du Piémont. De couleur rubis aux reflets tuilés, il développe un nez fleuri, de violette et de rose fanée, une bouche ample et charnue.
– Le Barbaresco est également issu du cépage Nebbiolo. C'est un vin grenat aux reflets tuilés, plein, riche et velouté, qui est conservé au moins deux ans en fûts et quatre pour les Riserva.
Les meilleurs de ces deux grands vins proviennent des collines autour d'Alba, au sud-est de Turin. Ils sont traditionnellement élevés en fûts de vieux bois et sont puissants et très bouquetés.

A côté du Nebbiolo, d'autres cépages rouges sont très répandus : le Barbera, aux vins robustes et corsés (DOC Barbera d'Asti, d'Alba ou de Monteferrato, ce dernier plus léger) et le Dolcetto, aux vins souples et ronds (DOC Dolcetto di Diano d'Alba, d'Alba, delle Langhe Monregalesi etc.).
Le Piémont est aussi la région de l'Asti Spumante, un vin blanc mousseux à DOC, produit à partir du cépage Moscato bianco, le Muscat

blanc à petits grains. Obtenu par une fermentation en cuve close, il est plus ou moins doux et très aromatique.

Trentin - Haut Adige : Dans cette région aux confins de l'Autriche, on trouve, près de Bolzano, le Santa Maddalena, vin rouge léger et fruité issu du cépage Schiava, le Lagrein rosato, issu du cépage Lagrein, vin rosé vif et frais, enfin le Lago di Caldaro, autre vin rouge léger produit à la limite des provinces de Bolzano et de Trente. Dans la vallée de l'Adige entre Bolzano et Merano, on produit un excellent vin blanc, le Terlano, à base de Pinot blanc.

Frioul-Vénétie Julienne : Cette région, au nord-est de l'Italie, produit de bons vins blancs à base de Pinot blanc dans les DOC Breganze et Colli Orientali del Friuli, à base de Riesling italico dans la DOC Collio. On trouve enfin d'excellents vins rouges à base de Merlot, particulièrement dans ces deux dernières DOC.

La Vénétie, au nord de l'Italie, possède 92 000 hectares de vignobles. Cette région, et plus particulièrement celle de Vérone, produit les vins italiens les plus exportés dans le monde.
– Le Soave est un vin blanc à DOC. Issu des cépages Garganega (80 %) et Trebbiano di Soave (20 %), c'est un vin de couleur jaune paille aux reflets verts, au nez qui rappelle l'amande, sec et délicat en bouche.
Production moyenne : 427 000 hectolitres.
– Le Bardolino est un vin rouge à DOC. Bordant la rive du lac de Garde, le vignoble est planté en Corvina (à plus de 50 %), Rondinella, Molinara et Negrara. C'est un vin à la couleur cerise, au nez de fruits rouges, léger et frais en bouche. Il peut également être vinifié en rosé et prend alors le nom de Chiaretto.
– Le Valpolicella, produit dans la région de Vérone, est un vin rouge à DOC. Issu principalement des cépages Corvina, Rondinella et Molinara, c'est un vin frais et léger, à boire jeune. Le

Valpolicella Superior, plus riche en alcool, est conservé un an avant d'être commercialisé. Production moyenne : 338 000 hectolitres.
– L'Amarone, orgueil de la région de Vérone, est un Valpolicella produit en partie à partir de raisins surmûris; c'est un vin rouge, sec mais riche et très concentré.

La Toscane, l'une des plus anciennes régions viticoles du monde, est constituée de douces collines. Le vignoble, qui couvre 87 000 hectares, produit d'excellents vins, parmi lesquels trois DOCG : le Brunello di Montalcino, le Chianti et le Vino Nobile di Montepulciano.
– Le Brunello di Montalcino : le village de Montalcino est réputé pour sa variété du cépage Brunello, qui donne ici un vin rouge ample et tannique, élevé en fûts durant plus de trois ans.
– Le vignoble du Chianti s'étend sur près de la moitié de la Toscane et c'est la plus importante en volume des cinq DOCG puisqu'elle représente près de 900 000 hectolitres. Le pire y côtoie le meilleur. Quelquefois le meilleur résulte d'une adjonction de Cabernet Sauvignon, dans la limite de 10 %. Le Chianti est produit principalement à partir du Sangiovese (75 à 90 %). C'est un vin robuste et charpenté, qui s'affine en vieillissant. La zone de production du Chianti Classico se situe entre Florence et Sienne et concerne moins de 7 000 hectares.
– Le petit vignoble de Vino Nobile di Montepulciano couvre 700 hectares, sur la commune de Montepulciano, dans le département de la Siena. Constitué des cépages Prugnolo, proche du Sangiovese (à plus de 50 %), Canaiolo nero et Trebbiano, c'est un vin charpenté, ample et charnu, au nez de fruits rouges et d'épices.

L'Émilie-Romagne est une région de plaines, aux sols très fertiles, qui possède 77 000 hectares de vignobles. Dans la partie nord, autour de Modène, on cultive surtout le Lambrusco, cépage rouge vinifié en mousseux, par la méthode traditionnelle ou en cuve close. Il donne son nom à trois DOC issues du même cépage Lambrusco : le Lambrusco di Sorbara, le Lambrusco Graparossa di Castelvetro et le Lambrusco Salamino di Santa Croce, provenant de zones bien déterminées autour de Modène. On trouve également dans cette région des vins rouges tranquilles et charnus, comme le Colli Piacentini ou le Sangiovese di Romagna.

L'Ombrie et le Latium sont célèbres pour leurs vins blancs, frais et délicats, issus principalement des cépages Trebbiano et Malvasia.
– L'Orvieto est un vin blanc à DOC produit en Ombrie. Issu des cépages Trebbiano toscan, Verdello et Malvasia, c'est un vin sec, demi-sec ou doux, à la robe jaune paille, au nez floral et délicat.
Le Frascati, le Velletri – qui existe aussi en rouge – ou le Colli Albani sont produits sur des collines d'origine volcanique dans la province de Rome.
On trouve au sud de Rome des vins rouges tels le Merlot ou le Sangiovese d'Aprilia.

La Campanie est une région volcanique, au terroir riche en éléments minéraux. C'est sur les pentes du plus célèbre volcan, le Vésuve, qu'est né le Lacryma Christi. Issu principalement du Piedirosso pour les rouges et du Verdecca et du Coda di Volpe pour les blancs, c'est un vin généreux et puissant en alcool. On trouve également le Taurasi, vin de garde issu du cépage Aglianico et, sur l'île d'Ischia, l'Ischia bianco ou rosso.

La Sicile, avec plus de 164 000 hectares de vignes, est le plus vaste des vignobles italiens. On y produit des vins puissants en alcool et riches en couleur, très utilisés pour les coupages, mais également des vins à DOC réputés, comme le Marsala. Il est obtenu à partir d'un vin blanc aromatique, le Passito, auquel on adjoint du moût concentré (cotto) ou du vin muté (sifone). On trouve également le Marsala Vergine, obtenu sans addition ni de moût, ni d'alcool, mais par un système de vieillissement semblable au procédé en «solera» du Xérès espagnol. Le Marsala peut être sec ou doux, mais il est toujours caractérisé par une couleur foncée et un nez de caramel ou de pruneau. Il en existe deux variétés aromatisées dites «spéciales» : le Marsala à l'œuf et le Marsala à l'amande.

Les Pouilles constituent une région très productrice avec 132 000 hectares de vignoble, mais l'on y produit essentiellement des vins de table ou destinés au coupage.

Dans l'éventail des alcools, l'Italie est également un pays de tradition, avec une production très diversifiée.

L'eau-de-vie de vin est généralement appelée brandy, et elle est vieillie en fûts de chêne. Eau-de-vie de marc, la grappa est produite dans tout le nord de la péninsule; elle est le fruit d'assemblages et son goût de tannin est souvent édulcoré au sucre. Autre eau-de-vie, le maraschino est un alcool de cerises et de noyaux, vieilli et légèrement sucré. Le maraschino se boit en digestif et sert à la préparation de cocktails.

Mais avant tout, l'Italie est le pays des vermouths, des bitters et des américanos.

Les vermouths sont de type rouge (rosso), blanc sec (secco) ou blanc moelleux (bianco); ils sont faits de vins blancs secs, de mistelles, d'aromates et de caramel et titrent entre 15° et 18°.

Les bitters sont généralement à base d'alcool pur et d'extraits de plantes amères; parmi ceux-ci, le campari se distingue par son goût particulier, dû à la quinine, et le cynar par ses extraits d'artichaut.

L'américano était à l'origine un cocktail; c'est aujourd'hui un apéritif tiré d'un vin de liqueur et d'une macération d'écorces d'orange amère.

Parmi les nombreuses liqueurs italiennes, distinguons l'amaro, tiré de décoctions de racines et d'écorces diverses; l'amaretto, au parfum d'amande, élaboré à partir de noyaux d'abricot; le fior d'alpi, aux fleurs sauvages des Alpes italiennes; la strega, à la saveur forte et épicée; l'aurum, aromatisé aux essences de fruits, d'herbes, d'écorces d'orange, caractérisé par sa belle couleur d'or. Le galliano, tiré d'herbes, de fleurs de baies et de racines, n'est jamais bu nature mais entre dans la composition de nombreux cocktails. Enfin, la sambuca est une liqueur célèbre à l'anis, forte et sucrée qui se boit en fin de repas.

IZARRA

Liqueur d'herbes élaborée à Bayonne à partir de préparations distillées et de macérations dans de l'Armagnac. L'Izarra jaune (40°) fait intervenir 32 plantes, et l'Izarra verte (48°), 48 plantes.

JACQUÈRE

Cépage blanc de Savoie et du Bugey. Productif, il donne des vins blancs secs, légers et peu alcooliques.

JAMBES

Voir Larmes.

JAPON

L'alcool traditionnel du Japon est le saké, tiré de la fermentation du riz, qui se boit nature ou chaud dans de petits verres ou des coupes.

Cependant, le Japon connaît un fort développement de son whisky, imité du whisky écossais et qui se vend dans toute l'Asie. Notons également la création de nouvelles liqueurs comme le midori, liqueur verte au melon.

JASNIÈRES

Appellation d'origine contrôlée, qui désigne des vins blancs secs et demi-secs, produits dans deux communes du département de la Sarthe. Le vignoble s'étend sur la rive droite du Loir, à

environ 50 kilomètres au nord de Tours et couvre environ dix hectares. Les vins sont issus du seul cépage Chenin. Secs ou demi-secs selon les conditions climatiques de l'automne, ce sont des vins assez frais, légers et tendres.
Production moyenne : 700 hectolitres.

JEREZ

Voir Xérès.

JÉROBOAM

Grosse bouteille de Champagne, d'une contenance de 4 bouteilles.

JEUNE

Adjectif utilisé pour qualifier soit des vins élaborés depuis peu, soit des vins qui ont gardé leur caractère de jeunesse.

JULIÉNAS

Appellation d'origine contrôlée, donnée à des vins rouges, produits dans le Beaujolais, à partir du Gamay noir à jus blanc, et vinifiés en macération carbonique. C'est l'un des dix crus du Beaujolais, couvrant environ 660 hectares, sur des sols soit granitiques, soit schisteux. Ferme et solide au palais, il peut se garder trois à cinq ans.
Production moyenne : 32 600 hectolitres.

JURA (VIGNOBLE DU)

Situé au sud-est de Dôle, le vignoble s'étend sur environ 1 500 hectares en suivant l'axe Arbois - Poligny - Lons-le-Saulnier - Saint-Amour, à une altitude variant de 220 à 400 mètres. Les sols sont constitués de marnes aux couleurs variées, allant du rouge-lie de vin au noir, en passant par le jaune, le vert et le bleu. Le climat est semi-continental, aux hivers rigoureux et aux automnes chauds et secs, ce qui permet une bonne maturation des raisins.
Les vins blancs sont élaborés à partir des cépages Savagnin, typique du Jura, qui donne des vins

vifs et corsés, au goût de noix et Chardonnay, qui apporte la rondeur. Quant aux vins rouges, ils sont produits à partir des cépages Poulsard (ou Ploussard) pour la finesse et le fruité, Trousseau, pour le corps et les tannins, et Pinot noir pour la souplesse.
Enfin, le Jura a deux spécialités : les vins jaunes et les vins de paille.
Les appellations sont au nombre de quatre : Arbois, Côtes du Jura, Château-Chalon et L'Étoile.

JURANÇON

Appellation d'origine contrôlée, attribuée aux vins blancs moelleux, produits dans les Pyrénées-Atlantiques. Le vignoble est établi sur les collines du Piémont pyrénéen, au sud-ouest de Pau. Le climat, influencé par la proximité des Pyrénées et leur rigueur, est adouci par l'océan. Cependant, la fréquence des gelées printanières a conduit à cultiver la vigne en hautains : les rameaux sont maintenus sur des palissages élevés d'un mètre soixante environ afin de leur éviter le contact avec l'air froid qui stagne au ras du sol.

Le Jurançon est obtenu essentiellement à partir du Petit Manseng : en effet, grâce à leur peau épaisse, les raisins de ce cépage supportent bien le passerillage. Mais d'autres cépages interviennent : le Gros Manseng, le Courbu, et, dans la limite de 15 %, le Camaralet et le Lauzet. Les vendanges se font par tries successives, et se prolongent parfois jusqu'aux premières neiges. On obtient ainsi des vins vifs et moelleux (riches en sucres), avec un excellent équilibre acidité-rondeur. Jeunes, ils développent des arômes de fruits exotiques, qui évoluent après quelques années de vieillissement, vers un bouquet épicé.

Le Jurançon est le vin d'Henri IV, qui, à son baptême, se vit frotter les lèvres avec une gousse d'ail et but du Jurançon.
Production moyenne : 24 100 hectolitres (y compris le Jurançon sec).

JURANÇON SEC

Appellation d'origine contrôlée, que portent les vins blanc secs, produits sur la même aire que le Jurançon. Élaboré à partir du seul cépage Gros Manseng, le Jurançon sec est un vin contenant moins de 3 grammes de sucres par litre, vif et aromatique, qui développe des arômes de miel et de genêt quand il est jeune, et des odeurs de fruits secs, après quelques années.

KALUA

Savoureuse liqueur de café originaire du Mexique, aujourd'hui réalisée par une maison de liqueur danoise. Le kalua se boit en digestif et parfume certains cocktails.

KÉFIR (KEPHIR)

Lait de vache fermenté, qui donne une boisson quelquefois aromatisée avec des herbes. Par extension, alcool obtenu par distillation de lait fermenté.

KIR

Boisson que l'on confectionne en versant un Bourgogne blanc sur un trait de cassis, aussi appelée «blanc cassis». Dans le kir royal, le blanc est remplacé par un Champagne.

KIRSCH

Eau-de-vie de cerise originaire le plus souvent d'Alsace, de Franche-Comté ou de Forêt-Noire. Le fruit utilisé est une grosse cerise noire et le vieillissement d'un an minimum en fût.

Le kirsch de commerce est un mélange de kirsch et d'alcool neutre; le kirsch fantaisie est un alcool aromatisé au kirsch et à l'essence d'amande.

KLEVNER

Nom alsacien du Pinot blanc.

La Clape

Appellation d'origine contrôlée. C'est l'un des douze terroirs des Coteaux du Languedoc, dont les vins, blancs rosés ou rouges, bénéficient des AOC Coteaux du Languedoc La Clape ou Coteaux du Languedoc. Le vignoble, au sol caractéristique de terres rouges, est implanté sur le massif calcaire de La Clape, qui domine la mer, près de Narbonne. Les vins blanc sont issus principalement du cépage Bourboulenc. Ils sont frais et aromatiques, à boire dans l'année. Les rouges et rosés sont élaborés à partir des cépages Carignan, Grenache, Cinsault, Syrah et Mourvèdre. Ils sont souples, aux senteurs de garrigue et de résine, et peuvent se garder trois ans et plus. Certains producteurs les élèvent en fûts de chêne, et produisent des vins de très grande classe. Production moyenne : 45 000 hectolitres, rouges et rosés pour l'essentiel.

Lactique

Odeur particulière rappelant celle des produits laitiers (beurre frais...), et que l'on trouve dans certains vins pendant ou immédiatement après la fermentation malo-lactique. Cette odeur peut revêtir un caractère accidentel, lorsqu'il y a attaque des sucres par les bactéries lactiques.

LADOIX

Appellation d'origine contrôlée, dite communale, qui s'applique aux vins rouges et blancs, produits sur le territoire de la commune de Ladoix-Serrigny, au nord de la Côte de Beaune (Côte-d'Or). Ladoix possède sept climats classés en Premiers Crus.

Les vins rouges, issus du Pinot noir, ont aussi droit à l'appellation Côte de Beaune - Villages, ou Ladoix - Côte de Beaune. Les vins blancs, issus du Chardonnay, ne représentent qu'une faible part de la production.

Production moyenne : 2 800 hectolitres dont 180 hectolitres de vins blancs.

LALANDE-DE-POMEROL

Appellation d'origine contrôlée, donnée aux vins rouges, produits dans la région de Bordeaux, à quelques kilomètres de Libourne, sur les communes de Néac et de Lalande-de-Pomerol. L'aire d'appellation représente environ 1 000 hectares. Ce vignoble est séparé de celui de Saint-Émilion et de celui de Pomerol par un cours d'eau, la Barbane, qui marqua autrefois la limite entre la langue d'oc et la langue d'oil. Le sol est argileux et argilo-graveleux à l'est, graveleux au nord et au nord-ouest et de plus en plus sableux vers l'ouest. L'encépagement est constitué principalement de Merlot (près de 80 %), mais aussi de Cabernet Franc appelé localement Bouchet, de Malbec dit aussi Pressac et d'un peu de Cabernet Sauvignon.

Les vins de Lalande-de-Pomerol sont souvent élevés en fûts de chêne, pendant douze à vingt-quatre mois. Corsés et veloutés, ces vins sont prêts à boire rapidement, mais gagnent à vieillir de cinq à dix ans, selon les millésimes.

Production moyenne : 35 900 hectolitres.

LA MÉJANELLE

C'est l'un des douze terroirs des Coteaux du Languedoc, dont les vins, rosés ou rouges, bénéficient des AOC Coteaux du Languedoc La Méjanelle ou Coteaux du Languedoc. Situé aux portes de Montpellier, le vignoble s'étend sur quatre communes de l'Hérault. Le terroir, constitué d'une terrasse de galets roulés, au sol rougeâtre, produit des vins souples et veloutés. Production moyenne : 14 000 hectolitres.

LARMES

Les larmes (ou jambes, ou pleurs) du vin sont ces traces transparentes, qui se manifestent sur la paroi du verre, après l'écoulement du vin. Ces larmes, dues à une différence de tension capillaire et de vitesse d'évaporation entre l'eau et l'alcool, sont d'autant plus abondantes que la concentration en alcool est élevée.

LATRICIÈRES-CHAMBERTIN

Appellation d'origine contrôlée et Grand Cru rouge de la Bourgogne. Ce sont des vins rouges produits sur certaines parcelles de la commune de Gevrey-Chambertin, sur la Côte de Nuits.

Contigu au Chambertin, qu'il prolonge au sud, il est implanté sur un sol dur et peu profond, constitué de marnes blanches, sur 7,35 hectares. Ses vins, plus légers que ceux de Chambertin, ont cependant beaucoup de finesse.
Production moyenne : 301 hectolitres.

LAVILLEDIEU (VIN DE)

Appellation d'origine VDQS, que portent les vins rouges et rosés, produits à l'ouest de Montauban, sur treize communes du département du Tarn-et-Garonne. Le vignoble est voisin de celui des Côtes du Frontonnais. Les vins sont issus des cépages suivants : Négrette, Mauzac, Bordelais, Morterille et Chalosse. Ils sont souples et ronds. Production moyenne : 940 hectolitres.

LÉGER

Peu alcoolisé et peu corsé.

LEN DE L'EL

Cépage blanc typique de la région de Gaillac. Il donne des vins alcoolisés et vifs, qui, pour l'élaboration des Gaillacs blancs, complètent très bien, par assemblage, les qualités du Mauzac. Len de l'El signifie loin de l'œil en patois, sans doute parce que ce cépage produit ses fruits à l'extrémité des rameaux.

L'ÉTOILE

Appellation d'origine contrôlée, donnée aux vins blancs, vins jaunes et vins de paille, produits sur le territoire délimité des communes de L'Étoile, Planoiseau et Saint-Didier, au cœur du vignoble du Jura. Les marnes bleues du sol, riches en fossiles en forme d'étoile, seraient à l'origine du nom de la commune, donc de cette appellation, qui couvre 55 hectares.

Les vins blancs, issus des cépages Chardonnay (appelé localement Gamay blanc), Poulsard et Savagnin, représentent l'essentiel de la production. Ils ont un nez de fruits secs (noisette, amande) et beaucoup de rondeur en bouche. Il existe aussi une faible production de vins jaunes provenant du seul cépage Savagnin, et de vins de paille produits par l'assemblage des trois cépages, assemblage qui produit aussi des vins mousseux. La prise de mousse est obtenue par une deuxième fermentation en bouteille.
Production moyenne : 2 800 hectolitres.

LEVURAGE

Le levurage consiste à ensemencer les moûts avec des souches de levures sélectionnées.
Les progrès de l'œnologie ont permis de sélectionner les souches de levures, qui permettent de mieux maîtriser les vinifications : levures adaptées à des températures basses pour les vinifica-

tions en blanc, levures résistantes à de forts taux d'alcool pour assurer les fins de fermentation difficiles, ou encore levures pour garantir un bon départ de la fermentation.

LEVURES

Micro-organismes unicellulaires, très répandus dans la nature. On les trouve en particulier sur les fruits, et bien sûr, sur la peau des raisins. Les principales levures responsables de la fermentation alcoolique sont les saccharomyces cerevisiae. Ce sont elles qui transforment le sucre du raisin en alcool : il leur faut 17 grammes de sucre par litre pour produire un degré d'alcool.

Mais les levures forment aussi beaucoup d'autres composants, appelés à tort «produits secondaires», car ils déterminent la qualité et le caractère typique du vin : le glycérol, les esters aromatiques, les acides aminés, etc. La composition du moût initial est évidemment primordiale, et la levure y puise, outre les sucres, quantité d'autres éléments, pour aboutir au produit complexe qu'est le vin.

LIE

La lie est le dépôt qui apparaît dans les récipients – cuve, fût ou bouteille – après la fermentation ou le stockage du vin. Lors de l'élevage du vin, celui-ci se dépouille naturellement ou à la suite de traitements (collage) qui précipitent ses composants instables : levures, matières colorantes, protéines, tartre... Le passage d'un contenant à l'autre permet d'éliminer ces dépôts : c'est le soutirage.

LIE (MISE EN BOUTEILLE SUR)

Technique traditionnelle du Pays Nantais pour l'élaboration du Muscadet. Elle fait l'objet d'une réglementation précise. Pour bénéficier de cette mention les vins ne doivent pas avoir passé plus d'un hiver en cuve ou en fût, et doivent se trouver encore sur leurs lies de vinification (constituées presque uniquement des levures mortes) au moment de la mise en bouteille. Celle-ci s'effectue de façon précoce, en tout cas avant le 30 juin, afin de préserver la fraîcheur et les arômes du vin. Cette technique permet au vin de conserver un léger perlant, dû à un reste de gaz carbonique provenant de la fermentation. D'autre part, les levures qui constituent les lies de vinification, ont, durant la fermentation, accumulé des substances aromatiques, qu'elles rétrocèdent au vin jusqu'à la mise en bouteille.

LIMOUX

Appellation d'origine contrôlée, attribuée aux vins blancs secs, non mousseux, produits dans la région de Limoux. Les vins mousseux de ce terroir portent le nom de Blanquette de Limoux. Production infime, de l'ordre de 50 hectolitres.

LIMPIDITÉ

C'est une des qualités exigées par le consommateur. Le moindre trouble gâte la dégustation d'un vin, même si celui-ci n'a rien perdu de ses qualités gustatives. La limpidité s'observe en regardant à travers le vin un objet quelconque. Si ses contours sont nets, le vin est limpide. S'ils sont diffus, il est trouble.

LIQUEUR

Boisson alcoolisée obtenue par un mélange d'alcool, de sucre, d'essences, d'extraits ou d'aromates.

La gamme des liqueurs est très variée, mais on peut cependant distinguer les liqueurs de fruits, des liqueurs aromatisées à partir d'extraits, d'essences ou d'esprits, ou encore de celles qui résultent d'assemblages et de mélanges.

Les liqueurs de fruits sont élaborées immédiatement après la récolte; les fruits sont laissés à macérer quelques mois dans de l'alcool et le jus est soutiré. L'opération est renouvelée jusqu'à ce que les fruits aient donné le meilleur de leurs arômes. Le mélange des différents jus, plus ou moins concentrés, donne des liqueurs de cassis, de cherry, de fraise, de framboise, etc.

Les liqueurs de fruits titrent en général entre 16° et 30° ; elles se gardent un an environ et perdent ensuite une grande partie de leurs qualités.

La plupart des liqueurs d'herbes, de certains fruits (noisette, cacao, prunelle, fleurs, orange...), d'écorces ou de noyaux passe par l'élaboration d'une « liqueur base » constituée d'esprits, d'essences et d'extraits. La « liqueur base » est ensuite mélangée à de l'alcool et à du sucre dans des proportions qui mettent le mieux en valeur la saveur de la composition ainsi obtenue.

C'est ainsi que l'on confectionne les liqueurs de menthe, d'anis, de mandarine, de curaçao, de café ainsi que le Clacquesin, le Cointreau, le malibu, l'apricot, le parfait amour, etc.

Les différents éléments qui constituent une liqueur sont quelquefois des mistelles, des distillats ou des macérations, et le mariage de tous ces ingrédients se révèle alors assez complexe. Les liqueurs obtenues – Grande Chartreuse, Izarra, gentiane – se rapprochent alors beaucoup de ce qu'étaient les anciens élixirs de moines.

LIQUEUR DE DOSAGE

Solution de vin et de sucre, également appelée liqueur d'expédition, que l'on ajoute aux vins mousseux après le dégorgement, et qui détermine le type de vin selon sa richesse en sucre : extra-brut (moins de 6 grammes par litre), brut (inférieur à 15 grammes par litre), extra-dry (de 12 à 20 grammes par litre), sec (de 17 à 35 grammes par litre, demi-sec (de 33 à 50 grammes par litre) et doux (plus de 50 grammes par litre).

LIQUEUR DE TIRAGE

Solution de sucres, que l'on ajoute aux vins destinés à la prise de mousse, comme le Champagne ou certains vins mousseux. Simultanément, on ajoute au vin des levures qui, en transformant ce sucre en alcool et en gaz carbonique, produisent la pression qui est à l'origine de la mousse. Sachant que l'addition de 4 grammes de sucre par litre produit une pression de 1 atmosphère, il faut 24 grammes de sucre par litre pour la production de 6 atmosphères, pression habituelle des vins mousseux.

LIQUOREUX

Qualifie un vin très riche en sucre.

LIRAC

Appellation d'origine contrôlée, que portent les vins rouges, rosés et blancs, produits sur la rive droite du Rhône, dans le département du Gard. Le vignoble, qui couvre près de 500 hectares, est planté dans un sol caillouteux et sablonneux. L'encépagement en rouge est constitué essentiellement de Grenache, de Cinsault et de Mourvèdre. Les vins rouges ont un nez intense, (fruits rouges, noyau) et s'épanouissent rapidement. Les vins rosés sont amples et aromatiques, proches de ceux de Tavel. Quant aux vins blancs, issus principalement du cépage Clairette, ils sont secs et frais, très agréables.
Production moyenne : 18 350 hectolitres, dont 600 hectolitres de blancs.

LISTRAC-MÉDOC

Appellation d'origine contrôlée, qui désigne les vins rouges du Médoc, produits sur la commune de Listrac. Cette appellation communale couvre environ 550 hectares. Le terroir du plateau de Listrac, le plus élevé du Haut-Médoc (43 mètres), est fait de croupes graveleuses, avec à l'est, des sols argilo-calcaires et argilo-marneux, particulièrement favorables au cépage Merlot. Les vins de Listrac sont charnus, assez charpentés et de bonne garde.
Production moyenne : 25 800 hectolitres.

LONG

Qualifie un vin qui a une longue persistance aromatique intense, c'est-à-dire dont on ressent les sensations gustatives et olfactives, longtemps après l'avoir avalé (ou recraché).

LOUCHE

Qui présente un trouble.

LOUCHISSEMENT

On appelle louchissement le phénomène qui se produit quand on verse de l'eau dans des alcools riches en certaines essences. L'essence d'anis, par exemple, est insoluble dans l'eau et provoque ce blanchissement opaque caractéristique.

LOUPIAC

Appellation d'origine contrôlée, donnée à des vins blancs moelleux de la région de Bordeaux. Son vignoble, qui couvre environ 550 hectares, est situé sur la seule commune de Loupiac, à près de 40 kilomètres au sud de Bordeaux, sur la rive droite de la Garonne. Exposé au midi, face à Barsac et Sauternes, le vignoble est installé sur des coteaux argilo-calcaires ou argilo-sableux, au sous-sol calcaire, et surplombe le fleuve de près d'une centaine de mètres.

Issus des cépages Sémillon, Sauvignon et Muscadelle, récoltés à surmaturation, par tries successives, les vins de Loupiac sont moelleux et très fruités.

Production moyenne : 9 650 hectolitres.

LOURD

Déséquilibré par un manque d'acidité, d'où une sensation de lourdeur, de pesanteur en bouche.

LUMIÈRE (GOÛT DE)

Terme utilisé en Champagne, pour qualifier l'odeur particulière que prend un vin en bouteille après une exposition prolongée à la lumière.

Cette odeur est due à un phénomène de réduction.

LUNEL (MUSCAT DE)

Appellation d'origine contrôlée, qui s'applique aux vins doux naturels blancs produits sur quatre communes du département de l'Hérault, entre Montpellier et Nîmes. Le terroir est siliceux, riche en galets roulés. Produit à partir du seul cépage Muscat à petits grains, le Muscat de Lunel a un nez de fruits mûrs particulièrement intense.
Production moyenne : 7 150 hectolitres.

LUSSAC SAINT-ÉMILION

Appellation d'origine contrôlée, qui recouvre les vins rouges, produits sur la commune de Lussac, une des communes satellites de Saint-Émilion. Le vignoble, situé au nord de Saint-Émilion, couvre environ 1 000 hectares, sur des sols variés : coteaux argilo-calcaires sur bancs calcaires à l'est, plateau graveleux sur sables ferrugineux à l'est.
L'encépagement se compose de Cabernet Franc ou Bouchet, de Cabernet Sauvignon, de Merlot et de Malbec.

Le Lussac Saint-Émilion est un vin rouge corsé, assez tannique, pouvant se garder cinq à huit ans selon les millésimes.
Production moyenne : 55 000 hectolitres.

LUXEMBOURG

Le vignoble luxembourgeois s'étage sur les coteaux de la Moselle et produit en moyenne 160 000 hectolitres de vins blancs, dont les deux tiers sont consommés dans le Grand-Duché et le reste exporté en Belgique.

Comme en Alsace, les vins portent le nom du cépage utilisé. Les vins qui portent la «marque nationale» sur la collerette ont fait l'objet d'un contrôle sévère.

L'Elbling est un cépage propre à la vallée de la Moselle : il donne un vin de table sec et aigrelet. Le Rivaner, nom luxembourgeois du cépage allemand Müller-Thurgau, produit un vin léger avec un petit goût de Muscat. Le Rülander, synonyme de Pinot gris, est un vin un peu plus corsé. L'Auxerrois, souple, n'a pas beaucoup de nez, pas plus que le Pinot blanc qui par contre a du corps. Le Riesling est un bon vin aux caractéristiques proches de celles de son voisin allemand. Enfin le Traminer, version allemande du Gewurztraminer, est nettement inférieur à son cousin alsacien. Parmi les communes viticoles, citons Schengen, Remerschen, Grevenmacher et Wormeldange.

Maccabeu

Cépage méridional, d'origine espagnole. On le trouve essentiellement dans le Roussillon, pour l'élaboration de vins doux naturels et de Côtes du Roussillon blancs, mais aussi dans l'Aude, pour la production de Corbières blancs. Il donne un vin puissant et aromatique, généralement peu acide.

Macération

Phase de contact entre le jus et les parties solides de la vendange. Cette macération caractérise la vinification en rouge et rosé, puisque c'est au cours de ce contact, que la couleur passe des peaux des raisins rouges dans le jus, et que les tannins sont extraits. La macération est plus ou moins longue selon que l'on veut obtenir des vins plus ou moins colorés et tanniques : de quelques heures pour les vins rosés de saignée, à plusieurs semaines pour les vins de grande garde.

Aujourd'hui, on tend à faire également une phase de macération pour les vins blancs issus de raisins blancs, et cela afin d'augmenter l'extraction des arômes, qui sont situés sur la phase interne de la pellicule.

En liquoristerie, procédé qui consiste à mettre ensemble de l'alcool et des fruits, des racines, des herbes ou des aromates; quand l'essentiel des principes aromatiques ont été dissous, le liquide est alors soutiré et filtré, ou bien l'ensemble est redistillé.

MACÉRATION CARBONIQUE

Mode de vinification en rouge, utilisé principalement en Beaujolais et dans le sud de la France, généralement pour l'élaboration des vins dits primeurs.

Il consiste à mettre en cuve des grappes de raisins entières (ni foulées, ni égrappées), sous une atmosphère de gaz carbonique. Les grains de raisin, intacts, subissent alors une fermentation intracellulaire, c'est-à-dire des modifications biochimiques internes, sans l'intervention des levures mais par l'action d'enzymes. Il se forme ainsi 2 à 3° d'alcool, la couleur passe dans la pulpe et certains composés aromatiques caractéristiques (bonbon anglais, cerise, épices...) apparaissent. Après quelques jours, on presse les raisins. Le jus est alors mis en cuve et est le siège d'une fermentation alcoolique normale, jusqu'à épuisement des sucres par les levures.

Les vins obtenus de cette manière sont aromatiques et souples, pauvres en tannins. Ils sont à boire jeunes, et sont souvent commercialisés en primeur, c'est-à-dire dès le troisième jeudi de novembre.

Il est cependant possible d'obtenir, par macération carbonique, des vins de semi-garde, en faisant varier les différents paramètres de l'élaboration, notamment la température et la durée de macération. C'est le cas de certains vins du Languedoc-Roussillon et des Côtes du Rhône méridionales.

MÂCHE

Un vin qui a de la mâche est un vin qui a du corps, de la chair, qui donne en bouche une telle sensation de plénitude, qu'on croirait pouvoir le mâcher.

MACHINE A VENDANGER

Les vendanges peuvent être aujourd'hui mécanisées dans certains vignobles, lorsque les vignes sont alignées et en palissage. La machine est un tracteur qui enjambe la vigne, et qui comporte deux rangées de batteurs qui frappent les pieds de vigne au fur et à mesure que la machine avance. Les secousses provoquent la chute des grains de raisin (en laissant les rafles sur le pied).

Les grains sont recueillis par un tapis roulant constitué de gobelets en matière plastique et aboutissent à un bac, intégré à la machine. On déverse ensuite la récolte dans des bennes situées en bout de rang.

La mécanisation des vendanges permet de réduire le coût de la main-d'œuvre. Elle a un autre avantage important : rapide, elle permet de vendanger à un stade proche de la maturité optimale, en courant moins de risques climatiques.

Bien conduite, avec une vitesse modérée et un bon réglage des batteurs, la machine à vendanger récolte les raisins dans un état comparable à celui des raisins cueillis à la main. Mal conduite, elle risque de ramasser des feuilles, de casser des bois, d'écraser les grains, ce qui peut provoquer une oxydation de la vendange.

La première machine à vendanger française a fait son apparition en 1971. On compte aujourd'hui en France plus de 8 000 engins, et ce nombre augmente régulièrement.

Notons cependant que certaines régions viticoles n'admettent pas l'utilisation de la machine à vendanger, comme par exemple, le Sauternais, où les raisins doivent être vendangés par tries successives, le Beaujolais, où les raisins doivent arriver intacts et avec leurs rafles au cuvier, pour être vinifiés en macération carbonique, et la Champagne, où les raisins doivent aussi arriver intacts, pour que le jus blanc ne soit pas altéré par le contact avec les peaux.

MÂCON

Le vignoble du Mâconnais est situé dans le département de la Saône-et-Loire. Il couvre environ 6 000 hectares, sur une longueur nord-sud de 35 kilomètres, et une largeur de 10 à 15 kilomètres. Appuyé sur le massif du Morvan, il est constitué de collines parallèles au nord, dont le relief s'accentue au sud (roche de Solutré). Les sols, essentiellement calcaires et argilo-calcaires, sont particulièrement adaptés au cépage Chardonnay.

Les vins blancs, produits sur les parcelles délimitées de l'arrondissement de Mâcon, avec les cépages Pinot blanc et Chardonnay, peuvent avoir plusieurs appellations : Mâcon ou Pinot-Chardonnay-Mâcon, ou encore Mâcon Supérieur, qui doit titrer au moins 11° au lieu de 10° pour le Mâcon simple, enfin Mâcon-Villages, produit sur une aire plus restreinte (43 communes) que les appellations précédentes. Les vins blancs de Mâcon ont un nez agréable, floral et fruité, une bouche à la fois fraîche et ronde. Ils sont à boire jeunes, dans les deux ou trois ans. Production moyenne : 131 000 hectolitres.

Les vins rouges et rosés sont issus des cépages Gamay noir à jus blanc, Pinot noir et Pinot gris. L'aire de production, un peu plus large que celle des vins blancs, couvre 12 communes de plus. Il existe trois appellations, Mâcon, Mâcon Supérieur et Mâcon suivi du nom de la commune d'origine. Par contre il n'y a pas d'appellation Mâcon-Villages. Les Mâcons rouges sont souples et fruités, à boire jeunes.
Production moyenne : 65 000 hectolitres.
Les Mâcons blancs et rosés peuvent être commercialisés en primeur, dès le troisième jeudi de novembre.

MACVIN

Vin de liqueur que l'on fait dans le Jura avec des moûts concentrés et du marc de Bourgogne. Le macvin est vieilli en fûts et titre de 16° à 20°.

MADÈRE

D'origine volcanique, l'île de Madère est située à plus de 600 kilomètres, au large de la côte marocaine. Bénéficiant d'un climat doux et humide, elle est couverte d'une végétation luxuriante. Lorsqu'elle fut découverte en 1418 par les Portugais, auxquels elle appartient depuis, elle était recouverte d'une immense forêt, à laquelle elle doit son nom : «ilha da madeira» signifie en portugais «l'île du bois». On brûla la forêt, pour cultiver la canne à sucre importée de Sicile, et des ceps de Malvoisie en provenance de la Crète.

Les cépages autorisés sont la Malvoisie, le Boal, le Sercial et le Verdelho, auxquels s'ajoute aujourd'hui le Tinta Negra Mole (apparenté au Pinot noir).

La vigne, plantée en pergolas, est cultivée en «poios», étroites terrasses aménagées à flanc de montagne : le Boal et la Malvoisie vers 200 mètres, le Verdelho vers 500 et le Sercial jusqu'à 800 mètres d'altitude. Les meilleurs crus proviennent de vignes exposées au sud, surtout dans les régions de Campanario, Ponta de Pargo, Camara de Lobos, et Estreito.

Le vin de Madère est muté à l'alcool, puis conservé dans des «estufas», celliers chauffés durant trois mois à 50°, où il acquiert son bouquet légèrement caramélisé. Il existe de nombreux types de Madères, du plus sec au plus doux : la Malvoisie, originaire de la Crète, produit un vin liquoreux, épais et parfumé, appelé le Malmsey; le Sercial donne un vin sec, ferme et très bouqueté, au goût de jaune; quant au Verdelho et au Boal, leurs vins sont intermédiaires entre les deux précédents, le Verdelho se rapprochant davantage du Sercial et le Boal de la Malvoisie.

Les vins de Madère ont une étonnante longévité. Il faut au moins les attendre 15 ou 20 ans. Malheureusement, les vins vieux sont souvent très riches en acidité volatile.

MADÉRISÉ

Qualifie les vins qui, en raison d'une forte oxydation, ont une odeur et un goût qui rappellent un peu ceux du Madère. Ce qualificatif est le plus souvent péjoratif.

MADIRAN

Appellation d'origine contrôlée qui s'applique aux vins rouges, produits sur environ 1 000 hectares, à 40 kilomètres de Pau et Tarbes. Le vignoble est à cheval sur trois départements : les Pyrénées-Atlantiques, le Gers et les Hautes-Pyrénées. Le Madiran est produit essentiellement à partir de Tannat (entre 40 et 60 % de l'encépagement) mais aussi de Cabernet Franc appelé localement Bouchy, de Fer ou Pinenc, enfin de Cabernet Sauvignon. Les raisins sont toujours totalement égrappés, et les vins ne peuvent être commercialisés qu'après un délai de douze mois après la vinification.

Les vins de Madiran doivent au cépage Tannat leur grande richesse en tannins. S'ils sont âpres dans leur jeunesse, ils gagnent à vieillir entre cinq et dix ans. On trouve aussi des Madirans plus légers et moins tanniques, élaborés pour une part importante à partir de Cabernet Sauvignon et de Bouchy, qui peuvent être bus plus tôt, après deux ou trois ans de garde.

Production moyenne : 44 700 hectolitres.

MAGNUM

Grosse bouteille contenant l'équivalent de 2 bouteilles ordinaires. On trouve également des double-magnums.

MAIGRE

Qui manque de moelleux et de corps, qui donne une impression de sécheresse.

MALADIES DE LA VIGNE OU DU VIN

Voir Acescence, Amertume, Black-rot, Graisse, Mildiou, Oïdium, Phylloxéra, Pourriture grise, Tourne.

MALBEC

Nom que porte le Côt dans le Bordelais.

MALT

Le whisky de malt, c'est-à-dire d'orge malté exclusivement, est le seul qui peut bénéficier de l'appellation «malt whisky». Le «single malt» provient d'une seule distillerie; le «pure malt» est un mélange de plusieurs whiskies de malt.

MALVOISIE DE CORSE

Nom utilisé localement pour le Vermentino.

MALVOISIE DU LANGUEDOC

Appelé aussi Bourboulenc.

MALVOISIE DU ROUSSILLON

Appelé aussi Tourbat.

MANDARINE

Fruit du mandarinier, dont on tire une liqueur en laissant les écorces macérer dans de l'alcool. La liqueur de mandarine est généralement odorante et forte en degré.

MANZANILLA

Voir Xérès.

MARC

Ensemble des parties solides d'une vendange : peaux, pépins et éventuellement rafles. Pour la vinification en rouge, on met en cuve des raisins rouges foulés. Toutes les parties solides remontent rapidement à la surface, sous l'action du gaz carbonique qui se dégage lors de la fermentation et forme ce que l'on appelle le chapeau de marc. Pressé après la fermentation, il donne le vin de presse. Dans la vinification en blanc, les parties solides sont séparées du jus par pressurage, dès l'arrivée de la vendange à la cave. Dans les deux cas, le marc asséché par pressurage est distillé pour produire l'eau-de-vie de marc.

MARC (EAU-DE-VIE DE)

Cet alcool est produit un peu partout en distillant le marc du raisin (voir ci-dessus). Celui-ci peut provenir soit d'une vinification en rouge et il est donc imprégné d'alcool et de vin, soit d'une vinification en blanc et c'est le sucre du marc dit «sec» qui est transformé en alcool.

Certains marcs bénéficient d'une appellation d'origine. Il en est ainsi des Marcs de Bourgogne, les plus prisés, dont certains peuvent porter le nom de l'appellation dont ils sont issus, comme Marc de Chambertin. Il en est de même des Marcs d'Alsace Gewurztraminer, de Lorraine, de Champagne, d'Aquitaine, d'Auvergne, des Coteaux de la Loire, du Centre-Est, de Franche-Comté, du Bugey, de Savoie, du Languedoc, des Côtes du Rhône et de Provence.

MARCILLAC (VIN DE)

Appellation d'origine VDQS donnée aux vins rouges et rosés, produits autour de Marcillac-Vallon, dans l'Aveyron. Les vins rouges, issus à 80 % au moins de Fer Servadou, sont assez charpentés, avec des parfums végétaux et fruités (framboise) typiques du cépage. Les vins de Marcillac devraient devenir prochainement AOC.
Production moyenne : 3 930 hectolitres de vins rouges et 210 hectolitres de vins rosés.

MARCOTTAGE

Système de multiplication de la vigne, qui consiste à enterrer en partie un sarment sans le détacher de sa souche, et à laisser ressortir l'extrémité à l'air libre avec au moins deux bourgeons. La partie enterrée forme des racines, et après un à deux ans, on peut couper la partie reliant la souche mère au jeune cep ainsi obtenu.

Cette technique, autrefois très répandue, était utilisée pour remplacer les pieds manquants dans de vieilles vignes, que l'on hésitait à arracher.

MARGAUX

Appellation d'origine contrôlée donnée aux vins rouges produits sur les communes de Margaux, Cantenac, Soussans, Arsac et Labarde, dans le département de la Gironde. Margaux est la plus méridionale des six appellations communales du Médoc. Le vignoble couvre environ 1 100 hectares. Produits sur des croupes graveleuses, les vins de Margaux ont beaucoup renommée mondiale et comptent 21 crus, classés en 1855, parmi lesquels un Premier Cru Classé, Château Margaux.

Production moyenne : 52 800 hectolitres.

MAROC

Le Maroc produit 400 000 hectolitres de vin, soit 0,6 % de la production française. Ce sont pour l'essentiel des vins rouges et rosés, quelques vins blancs et vins de dessert. Les rouges sont capiteux et proviennent des cépages Cinsault, Carignan, Grenache et Alicante Bouschet. Les deux premiers sont aussi à l'origine de quelques rosés ou gris agréables.

Parmi les vins les plus intéressants, il faut citer, du nord-est au sud-ouest : le Muscat de Berkane et dans cette même région autour de Berkane et d'Oujda de bons vins rosés. C'est autour de Meknès qu'on produit les meilleurs vins rouges et près de Sidi Slimane que l'on trouve un autre vin rouge de qualité : le Dar Bel Hamri.

C'est de Boulaoune et d'El Jadida que proviennent des vins gris secs et fruités mais aussi de Demnate à l'est de Marrakech, au pied du Haut-Atlas.

MARSANNAY

Appellation d'origine contrôlée qui désigne les vins rouges et blancs, issus de vendanges récoltées sur l'aire délimitée des communes de Chenôve, Marsannay-la-Côte et Couchey, dans la partie septentrionale de la Côte de Nuits (Côte-d'Or). C'est en Bourgogne l'appellation communale la plus jeune. Née en 1987, sa superficie

compte environ 312 hectares. L'encépagement est constitué de Pinot noir et de Pinot gris, pour les vins rouges, de Chardonnay et de Pinot blanc, pour les vins blancs.
Il existe aussi une appellation Marsannay rosé, dont l'aire de production, plus étendue, soit environ 700 hectares, englobe celle de l'appellation Marsannay. Les vins rosés sont fruités, souples et très agréables, alors que les vins rouges sont assez charpentés, et de bonne garde.
Production moyenne : 3 000 hectolitres.

MARSANNE
Cépage blanc cultivé essentiellement dans les Côtes du Rhône septentrionales, mais aussi dans les Côtes du Rhône méridionales, en Provence (Cassis) et dans les Coteaux du Languedoc. Il donne des vins blancs secs mais amples, au nez souvent épicé, de grande classe.

MATHUSALEM
Grosse bouteille de Champagne, d'une contenance de 8 bouteilles.

MATURATION
Phase de développement du raisin, qui débute à la véraison (courant août, selon les cépages) et finit à la maturité (de la fin septembre à la fin octobre). Au cours de la maturation, le raisin perd son acidité et accumule des sucres, des arômes et de la couleur. La maturation dure environ 45 jours.

MATURITÉ
La maturité correspond au moment où le volume des baies, la teneur en sucre et en acide se stabilise. Afin de suivre la maturation et de déterminer le début des vendanges, les œnologues font des tests, appelés contrôles de maturité, qui consistent à prélever des raisins selon un échantillonnage représentatif, et à suivre l'évolution du poids des baies et de leur teneur en sucre et en acide.

MAURY

Appellation d'origine contrôlée qui s'applique aux vins doux naturels, produits dans la vallée de l'Agly dans le Roussillon, sur des collines schisteuses accidentées.

A base principalement de Grenache (à plus de 50 %), mais aussi de Maccabeu, de Tourbat ou de Malvoisie du Roussillon, de Muscat à petits grains et de Muscat d'Alexandrie, il est élaboré traditionnellement par macération. Il est donc très riche en couleur et en arômes. Puissant et velouté, il acquiert avec le temps des odeurs de pruneau, de cacao, de torréfaction.
Production moyenne : 44 700 hectolitres.

MAUZAC

Cépage blanc, que l'on cultive dans les régions de Gaillac et de Limoux, pour l'élaboration de vins blancs tranquilles ou mousseux. Il est aussi autorisé, mais peu utilisé dans les vins blancs d'appellation Côtes de Duras, Bordeaux, Côtes de Bordeaux Saint-Macaire, Entre-deux-Mers, Sainte-Foy Bordeaux et dans les vins distillés pour l'Armagnac.

Ses feuilles, recouvertes d'un duvet blanc, lui valent le surnom de «blanquette», dans la région de Limoux.

MAZIS-CHAMBERTIN

Appellation d'origine contrôlée et Grand Cru rouge de la Côte de Nuits. Ce sont des vins rouges produits sur certaines parcelles de la commune de Gevrey-Chambertin (Côte-d'Or).

Le vignoble, d'une superficie de 9,10 hectares, est situé au sud de celui du Chambertin Clos de Bèze, et bénéficie de la même exposition. Trente propriétaires produisent ce Grand Cru, au nez de fruits rouges et de réglisse, qui a beaucoup de corps et de longueur en bouche. C'est un vin de bonne garde, dix ans et plus selon les millésimes.
Production moyenne : 270 hectolitres.

MAZOYÈRES-CHAMBERTIN

Appellation d'origine contrôlée et Grand Cru rouge de la Côte de Nuits, situé sur une parcelle délimitée de la commune de Gevrey-Chambertin. Voisin de Charmes-Chambertin, il peut être commercialisé sous cette appellation.

MÉCHAGE

Opération qui consiste à brûler une mèche de soufre dans les fûts vides, afin de les aseptiser, et d'empêcher une altération bactérienne et une oxydation du vin qu'ils vont recevoir.

MÉDOC

«Pays du milieu», le Médoc est une presqu'île bordée à l'ouest par l'océan Atlantique et à l'est par l'estuaire de la Gironde. Traversé par le 45e parallèle, et situé entre ces deux masses d'eau, il bénéficie d'un microclimat tempéré, relativement chaud et humide, protégé des vents d'ouest par la forêt des Landes.

Le vignoble est situé essentiellement sur des croupes graveleuses (sables, graviers et galets), pauvres et acides, qui obligent la vigne à déployer ses racines en profondeur, parfois jusqu'à 4 à 5 mètres, mais aussi sur des terres argilo-calcaires.

Le Cabernet Sauvignon est le cépage dominant, mais on trouve aussi du Merlot, du Cabernet Franc, du Malbec, du Petit Verdot et de la Carmenère (ces deux derniers cépages n'existent plus qu'à l'état de traces). Les vins du Médoc sont des vins rouges généreux et charpentés, de bonne garde, au nez souvent marqué par le Cabernet Sauvignon, qui confère aux vins une odeur de sous-bois et de résine.

Il existe huit AOC, deux appellations régionales, le Médoc et le Haut-Médoc, et six appellations communales, Saint-Estèphe, Pauillac, Saint-Julien, Margaux, Listrac-Médoc et Moulis.

L'appellation Médoc s'étend de Saint-Seurin de

Cadourne au sud, jusqu'à Saint-Vivien au nord, soit une superficie de 2 850 hectares.
Production moyenne : 172 700 hectolitres.

Les vins du Médoc ont fait l'objet de plusieurs classements.
– Les Crus Classés :
C'est au XVIIe siècle qu'apparaît la notion de crus. Bien identifiés en 1750, ils sont consacrés en 1855 par un classement resté célèbre. Soixante châteaux du Médoc et un de la région des Graves, le Château Haut-Brion, font partie de ce classement, établi à la demande de Napoléon III, qui n'a fait qu'officialiser une hiérarchie admise depuis plus d'un siècle. Le classement a été révisé en 1973, pour intégrer le Château Mouton-Rothschild parmi les premiers.
Cinq châteaux sont classés Premiers Crus, quatorze sont classés Seconds, quatorze Troisièmes, dix Quatrièmes et dix-huit Cinquièmes. Les Crus Classés représentent aujourd'hui environ 25 % de la production du Médoc, mais 40 % du chiffre d'affaires.
– Les Crus Bourgeois : Leur classification a été réalisée pour la première fois en 1932. Près de 250 Crus Bourgeois assurent plus de 40 % de la production.

Les Crus Classés du Médoc en 1855 et 1973

Premiers Crus Classés
Château Lafite-Rothschild : Pauillac
Château Margaux : Margaux
Château Haut-Brion : Pessac (Graves)
Château Latour : Pauillac
Château Mouton-Rothschild : Pauillac

Seconds Crus
Château Rauzan-Ségla : Margaux
Château Rauzan-Gassies : Margaux
Château Léoville-Las Cases : Saint-Julien
Château Léoville-Poyferré : Saint-Julien
Château Léoville-Barton : Saint-Julien
Château Durfort-Vivens : Margaux

Château Gruaud-Larose : Saint-Julien
Château Lascombes : Margaux
Château Ducru-Beaucaillou : Saint-Julien
Château Cos d'Estournel : Saint-Estèphe
Château Montrose : Saint-Estèphe
Château Pichon-Longueville
(Comtesse de Lalande) : Pauillac
Château Pichon-Longueville (Baron) : Pauillac
Château Brane-Cantenac : Cantenac
(AOC Margaux)

Troisièmes Crus

Château Kirwan : Cantenac (AOC Margaux)
Château d'Issan : Cantenac (AOC Margaux)
Château Cantenac-Brown : Cantenac
(AOC Margaux)
Château Palmer : Cantenac (AOC Margaux)
Château Lagrange : Saint-Julien
Château Langoa : Saint-Julien
Château Giscours : Labarde (AOC Margaux)
Château Malescot-Saint-Exupéry : Margaux
Château Boyd-Cantenac : Margaux
Château La Lagune : Ludon
(AOC Haut-Médoc)
Château Desmirail : Margaux
Château Marquis d'Alesme-Becker : Margaux
Château Calon-Ségur : Saint-Estèphe
Château Ferrière : Margaux
Château Dubignon-Talbot : Margaux
(n'existe plus)

Quatrièmes Crus

Château Saint-Pierre : Saint-Julien
Château Talbot : Saint-Julien
Château Branaire-Ducru : Saint-Julien
Château Duhart-Milon-Rothschild : Pauillac
Château Pouget : Cantenac (AOC Margaux)
Château La Tour-Carnet : Saint-Laurent
(AOC Haut-Médoc)
Château Lafon-Rochet : Saint-Estèphe
Château Beychevelle : Saint-Julien
Château Prieuré-Lichine : Cantenac
(AOC Margaux)
Château Marquis-de-Termes : Margaux

Cinquièmes crus
Château Pontet-Canet : Pauillac
Château Batailley : Pauillac
Château Haut-Batailley :Pauillac
Château Grand-Puy-Ducasse : Pauillac
Château Grand-Puy-Lacoste : Pauillac
Château Lynch-Bages : Pauillac
Château Lynch-Moussas : Pauillac
Château Dauzac : Labarde (AOC Margaux)
Château du Tertre : Arsac (AOC Margaux)
Château Haut-Bages-Libéral : Pauillac
Château Pédesclaux : Pauillac
Château Mouton-Baronne-Philippe : Pauillac
Château Belgrave : Saint-Laurent (AOC Haut-Médoc)
Château Camensac : Saint-Laurent (AOC Haut-Médoc)
Château Cos-Labory : Saint-Estèphe
Château Clerc-Milon : Pauillac
Château Croizet-Bages : Pauillac
Château Cantemerle : Macau (Haut-Médoc)

MELON DE BOURGOGNE

Cépage unique du Muscadet (vin blanc sec), implanté dans le Pays Nantais au début du XVIIIe siècle, après qu'une gelée catastrophique eut détruit tout le vignoble. Précoce, il mûrit vers le 15 septembre, c'est-à-dire avant les périodes humides d'octobre. On le trouve aussi, à l'état de traces, en Bourgogne, où il figure parmi les cépages de l'AOC Bourgogne Grand Ordinaire.

MÉNETOU-SALON

Appellation d'origine contrôlée que portent les vins rouges, rosés et blancs secs, produits dans le Berry. Le vignoble, d'une superficie d'environ 140 hectares, est situé sur une dizaine de communes, au sud-ouest de Sancerre. Les sols y sont argilo-calcaires.

Les vins blancs proviennent du cépage Sauvignon. Frais et très aromatiques, ils développent des senteurs typiques du Sauvignon (bourgeon de cassis, buis, genêt...), avec des notes de pierre à fusil. En bouche, ils sont frais sans agressivité.

Les vins rouges et rosés sont élaborés à partir du cépage Pinot noir. Obtenus souvent par pressurage direct, les rosés ont une teinte pâle, légèrement saumonée, et sont très parfumés. Les vins rouges sont aromatiques et rappellent des senteurs de fruits mûrs. Légers, ils sont à boire jeunes, dans les trois ans.
Production moyenne : 7 000 hectolitres, soit 4 150 hectolitres de vins blancs et 2 850 hectolitres de rouges et rosés.

MERCAPTAN
Composé sulfuré de l'éthanol, à l'odeur très désagréable rappelant la crotte de poule, que l'on peut trouver parfois dans des vins restés trop longtemps sur leur lies.

MERCUREY
Appellation d'origine contrôlée qui s'applique aux vins rouges et blancs, produits sur l'aire délimitée des communes de Mercurey, Saint-Martin-sous-Montaigu et Bourgneuf-Val-d'Or, dans la Côte Chalonnaise (Saône-et-Loire). Le vignoble de Mercurey est le plus étendu de la Côte Chalonnaise, avec près de 650 hectares. Les vins rouges, issus des cépages Pinot noir, Pinot gris et Pinot Liébault, sont fermes et corsés, avec un nez de fruits (cerise, cassis et framboise) qui évolue avec le temps vers des notes de sous-bois. C'est un vin de bonne garde, cinq à huit ans.
Production moyenne : 25 300 hectolitres.
Quant aux vins blancs, issus du cépage Chardonnay, ils ont un nez floral délicat, mais sont malheureusement assez rares.
Production moyenne : 1 400 hectolitres.

MERLOT
Cépage noir de la région de Bordeaux, cultivé aussi dans tout le Sud-Ouest, et de plus en plus,

dans le Languedoc. Il se plaît dans les sols argilo-calcaires et donne un vin assez corsé, souple et d'évolution rapide, au nez souvent animal. Il entre pour une part importante dans les vins de Saint-Émilion, et surtout de Pomerol.

MÉTHODE CHAMPENOISE

Méthode utilisée pour l'élaboration du Champagne, et de quelques vins mousseux à appellation d'origine. Elle implique une deuxième fermentation en bouteille, provoquée par l'addition dans le vin d'une liqueur de tirage, composée de sucre et de levures. Voir Champagne.

MÉTHODE RURALE

Cette méthode utilisée pour la production de vins mousseux consiste à mettre en bouteille un vin qui contient encore des sucres et dont la fermentation est inachevée. La fermentation se termine en bouteille, produisant ainsi du gaz carbonique sous pression. Il n'y a donc pas d'addition de liqueur de tirage.

MEURSAULT

Appellation d'origine contrôlée, donnée aux vins blancs et rouges, produits sur la commune de Meursault, sur la Côte de Beaune (Côte-d'Or). Ce village typique aux rues étroites a une réputation mondiale : c'est la capitale des grands vins blancs de Bourgogne. Le vignoble couvre près de 500 hectares, et possède plus de vingt climats classés en Premiers Crus, parmi lesquels Charmes, Genevrières et Perrières.

Les vins blancs, élaborés à partir des cépages Chardonnay et Pinot blanc, ont beaucoup de classe, avec un nez de fruits secs (noisettes, amandes grillées), mêlé à des arômes floraux. Ils ont beaucoup d'ampleur et de rondeur en bouche, et peuvent se garder plusieurs années. La production est d'environ 16 300 hectolitres.

Les vins rouges, provenant du cépage Pinot noir, récoltés surtout aux extrémités sud et nord de la commune, ont droit à l'appellation Côte de Beaune-Villages. La production est d'environ 1 000 hectolitres. Sur certaines parcelles de la commune de Meursault, on produit des vins rouges d' appellations Volnay-Santenots et Blagny.

MEXIQUE

Au Mexique, on buvait traditionnellement le pulque, obtenu par la fermentation de la sève de l'agave. La distillation du pulque donne la célèbre tequila, du nom d'une ville du centre du Mexique.

On appelle mescal le résultat d'une première distillation, qui est également commercialisé. Le mescal redistillé donne la tequila, généralement vieillie en fût. La qualité la plus ancienne, légèrement ambrée, s'appelle anejo.

MILDIOU

Maladie de la vigne, apparue en France en 1878, provoquée par le développement d'un champignon (plasmopara viticola) sur les parties vertes de la vigne.

Les germes de ce champignon ne se développent que dans les flaques d'eau lorsqu'il pleut. Projetés par éclaboussures sur les parties vertes de la vigne, ils pénètrent à l'intérieur des feuilles, en émettant des suçoirs qui détruisent les cellules du tissu végétal. Les organes atteints par le mildiou brunissent, se dessèchent et tombent.

C'est sur les feuilles qu'apparaissent le plus manifestement les symptomes du mildiou. Sur la face supérieure apparaissent des taches jaunâtres rappellant des taches d'huile, auxquelles correspond sur la face inférieure un duvet blanc, résultat des fructifications du mycelium du champignon.

Pendant longtemps, on a lutté contre le mildiou de façon préventive, en déposant sur les feuilles un produit toxique à base de cuivre, la bouillie bordelaise, qui détruit les germes, avant qu'ils ne pénètrent dans le végétal. Aujourd'hui on utilise des fongicides de synthèse, comme le folpel, le mancozèbe, le zinèbe, etc. qui pénètrent par la sève, à l'intérieur du végétal et permettent ainsi un traitement curatif.

MILLERANDAGE

Présence dans la grappe de petites baies, souvent sans pépins, à côté de baies normales, plus grosses. Le millerandage est dû à un trouble de la fécondation. Les grains millerandés mûrissent, mais demeurent très petits et diminuent ainsi la récolte.

MILLÉSIME

C'est l'année de naissance d'un vin. Elle peut être mentionnée sur l'étiquette pour les VQPRD (AOC et VDQS) et les Vins de Pays.

Chaque millésime est marqué par les conditions climatiques, qui ont influencé le cycle végétatif de la vigne. Selon la quantité des pluies, le nombre d'heures d'ensoleillement et de jours de grande chaleur, et surtout, selon la période à laquelle ces facteurs sont intervenus, le vin sera plus ou moins riche et le millésime plus ou moins estimé.

Mais il faut se méfier des conclusions hâtives : on a vu trop souvent des millésimes décriés, avant même que les vins aient été goûtés. Il faut aussi savoir que dans les «petits» millésimes, on peut trouver des vins superbes, parce que le vigneron a su vendanger au moment propice, et vinifier dans les règles de l'art. A l'inverse, on encense parfois des millésimes, qui se révèlent ensuite plus modestes.

Il ne faut donc pas se laisser obnubiler par le millésime : la qualité d'un vin dépend des conditions climatiques, mais aussi du sol, de l'encépagement et du travail de l'homme.

Il existe des cartes de cotation des millésimes, qui ont trop souvent l'inconvénient de ne donner aucune information sur leur évolution. Pour avoir une indication sur la vie d'un vin, mieux vaut consulter sa courbe de vie qui, pour être significative, doit être revue périodiquement. Ce document, mis au point par l'auteur, indique pour un vin donné la qualité du millésime et le situe sur une courbe, en phase ascendante lorsqu'il n'a pas encore tenu toutes ses promesses, au sommet de la courbe quand le vin est au meilleur de sa forme, avant d'entamer son inexorable déclin. L'intérêt de ces courbes? Il est évident : boire le vin quand il est le meilleur.

MINCE

Qualifie un vin léger, dont les différents caractères ont peu d'intensité.

MINERVOIS

Appellation d'origine contrôlée qui recouvre des vins rouges, rosés et blancs du Languedoc. Le vignoble, situé à l'extrême sud du Massif Central, entre Béziers et Carcassonne, représente 18 000 hectares de terrasses anciennes et de coteaux exposés plein sud.

L'encépagement en blanc est constitué pour moitié au moins de Maccabeu et de Bourboulenc et pour le reste de Picpoul blanc, de Clairette, de Terret blanc et de Grenache blanc. En rouge, les cépages de base sont le Grenache, la Syrah et le Mourvèdre, au total pour au moins 30 % de l'encépagement, et pour le reste le Lladoner Pelut, le Carignan, le Cinsault, le Picpoul noir, le Terret noir et l'Aspiran.

On distingue plusieurs types de vins, selon les grandes zones de l'aire d'appellation. A l'ouest, dans la zone de collines sous influence océanique, les vins rouges sont nerveux et aromatiques, souvent marqués par la Syrah. Au centre, dans la zone de terrasses arides au climat très sec, ils sont souples, avec des odeurs de fruits sauvages et de garrigue. A l'est, où règne un climat méditerranéen, ils ont beaucoup d'ampleur.

Quant aux vins blancs, ils sont généralement frais, aux arômes floraux.
Production moyenne : 231 300 hectolitres de rouges et rosés, 3 590 hectolitres de vins blancs.

MIREVAL (MUSCAT DE)
Appellation d'origine contrôlée, que portent les vins doux naturels blancs produits à partir du seul cépage Muscat à petits grains. Situé juste au nord de Frontignan, le vignoble couvre les coteaux calcaires du massif de la Gardiole, sur les communes de Mireval et Vic-la-Gardiole. Les Muscats de Mireval sont très fruités, et proches de ceux produits dans le vignoble voisin de Frontignan. Il faut les boire jeunes, pour apprécier toute leur fraîcheur.
Production moyenne : 5 950 hectolitres.

MISE EN BOUTEILLE SUR LIE
Voir Lie (mise en bouteille sur).

MISTELLE
Produit obtenu par addition d'alcool dans un moût de raisin avant toute fermentation. Cette addition d'alcool, appelée mutage, inhibe le développement des levures et empêche donc toute fermentation. Une mistelle est donc un produit sucré (le sucre provient du raisin) et alcoolisé (l'alcool du mutage). Quelques exemples de mistelles : le Pineau des Charentes, qui bénéficie de l'AOC, est obtenu par addition de Cognac. Il en existe d'autres, qui ne bénéficient pas de l'appellation : le Floc de Gascogne (mutage à l'Armagnac), la Carthagène (Languedoc), le Macvin (Jura) et le Ratafia (Champagne).

MOELLEUX
Le moelleux est l'un des éléments de l'équilibre du vin, qui s'oppose à l'acidité et, pour les vins rouges, à l'astringence. Le moelleux résulte de l'onctueux et/ou du sucré, caractères dus à la

teneur en alcool et en sucre. Moelleux désigne aussi une catégorie de vins.

MOELLEUX (VIN)

Qualifie un vin contenant une quantité de sucre généralement supérieure à vingt grammes par litre. La présence de sucre est obtenue par une inhibition des levures provoquant un arrêt de la fermentation. Il peut être naturel, les levures finissent par s'étouffer, dans un milieu trop riche en sucres et en alcool, ou provoqué, par filtration, refroidissement, pasteurisation, ou encore par addition d'anhydride sulfureux.

MOISI

Goût désagréable, dû à des moisissures qui se développent dans les récipients – fûts, cuves – mal entretenus.

MOLETTE

Cépage blanc, associé à l'Altesse, pour la production de vins de Savoie.

MONBAZILLAC

Appellation d'origine contrôlée attribuée aux vins blancs moelleux, produits sur cinq communes au sud de Bergerac : Monbazillac, Rouffignac-de-Sigoules, Colombier, Pomport et Saint-Laurent-des-Vignes. Le vignoble, qui couvre 2 500 hectares, est situé entre la Dordogne et la Gardenette : ces deux cours d'eau créent un microclimat particulier, notamment des brouillards matinaux qui permettent le développement de la pourriture noble (botrytis cinerea) sur les grains de raisin. La pellicule de la baie devient perméable, ce qui facilite l'évaporation de l'eau, donc la concentration des sucres. Outre une grande richesse en sucres, la pourriture noble confère au vin beaucoup d'onctuosité et des arômes spécifiques de miel et de fleurs sauvages. Le Monbazillac peut être consommé jeune, après deux ou trois ans, mais il gagne à

vieillir. Il peut se conserver dix ans et plus, pour les grands millésimes.
Production moyenne : 40 300 hectolitres.

MONDEUSE

Cépage noir, cultivé exclusivement en Savoie. C'est l'un des trois principaux cépages noirs cultivés dans cette région, avec le Pinot noir et le Gamay noir à jus blanc. Les vins de Savoie issus du seul cépage Mondeuse sont colorés, puissants, fruités et épicés, et peuvent se garder plusieurs années.

MONTAGNE SAINT-ÉMILION

Appellation d'origine contrôlée que portent les vins rouges produits sur les communes de Montagne, Parsac et Saint-Georges, communes satellites de Saint-Émilion. Ces trois communes ont été fusionnées en 1973. Auparavant, chacune avait son appellation propre; mais aujourd'hui, les appellations Parsac Saint-Émilion et Saint-Georges Saint-Émilion ont presque disparu au profit de l'appellation Montagne Saint-Émilion.

Le vignoble, séparé de celui de Saint-Émilion par un cours d'eau, la Barbane, couvre environ 1 250 hectares, sur un sol argileux et argilo-calcaire, avec un sous-sol de rochers, dans les coteaux, mais aussi des terrains argilo-graveleux avec un sous-sol parfois ferrugineux, sur les plateaux.
Produit à partir des cépages bordelais, Cabernet Franc ou Bouchet, Cabernet Sauvignon, Merlot et Malbec, le Montagne Saint-Émilion est un vin rouge corsé, aux tannins veloutés.
Production moyenne : 66 000 hectolitres.

MONTAGNY

Appellation d'origine contrôlée qui regroupe les vins blancs, produits sur les communes de Montagny, Buxy et Jully-les-Buxy, en Saône-et-Loire. C'est la seule appellation communale de la Côte Chalonnaise, qui produit uniquement des vins blancs. Montagny est niché au creux d'un amphithéâtre naturel, sur des terrains argilo-calcaires.

Ses vins, issus du Chardonnay, sont dorés, au nez agréable de fleurs et de fruits secs (noisette). C'étaient les vins préférés de l'abbaye de Cluny.

Il existe une appellation Montagny Premier Cru, qui, contrairement aux règles de la Bourgogne viticole, n'est pas liée au climat d'origine, mais à la richesse en sucre des raisins récoltés.
Production moyenne : 5 600 hectolitres.

MONTHÉLIE

Appellation d'origine contrôlée, qui désigne les vins rouges et blancs, de Bourgogne, produits sur la commune de Monthélie, en Côte-d'Or. Situé en plein cœur de la Côte de Beaune, et limitrophe des appellations Meursault, Volnay et Auxey-Duresses, le vignoble de Monthélie possède onze climats classés en Premiers Crus (par exemple, les Champs Fulliot, les vignes rondes, les Riottes).

Les vins rouges de Monthélie sont assez semblables à ceux de Volnay, fins et délicats, mais de bonne garde. Ils ont aussi droit à l'appellation Côte de Beaune-Villages. La production est d'environ 4 000 hectolitres. Il existe aussi une faible production de vins blancs, 82 hectolitres, proches de ceux de Meursault.

MONTLOUIS

Appellation d'origine contrôlée que portent les vins blancs, issus du seul cépage Chenin planté sur environ 300 hectares, situés sur l'éperon qui sépare les vallées de la Loire et du Cher, principalement sur des sols sableux et sur les pentes douces exposées au sud-sud-ouest.

Les vins de Montlouis peuvent être tranquilles (secs, demi-secs ou moelleux) ou effervescents. Les vins demi-secs à moelleux, qui contiennent de 15 à 30 grammes de sucres résiduels par litre, sont obtenus à partir de raisins surmûris, cueillis par tries successives. D'une grande richesse, ces vins développent après quelques années de garde un bouquet où l'on retrouve des senteurs de pain grillé, de coing bien mûr, de cire d'abeille.

Les vins effervescents (mousseux ou pétillants), sont élaborés par une deuxième fermentation en bouteille dans des caves de tuffeau. Ils sont prêts à boire dès leur commercialisation.
Production moyenne : 9 400 hectolitres de vins tranquilles et 5 400 hectolitres de mousseux.

MONTPEYROUX

C'est l'un des douze terroirs des Coteaux du Languedoc, dont les vins, rosés ou rouges, bénéficient des AOC Coteaux du Languedoc Montpeyroux ou Coteaux du Languedoc. Le vignoble, situé aux pieds des premiers contreforts du Larzac, couvre deux communes, Montpeyroux et Arboras. Les vins sont corsés, assez charpentés, au nez de fruits mûrs et d'épices.
Production moyenne : 15 000 hectolitres.

MONTRACHET

Appellation d'origine contrôlée et Grand Cru blanc de la Côte de Beaune. Ce sont des vins blancs produits sur des parcelles délimitées des communes de Chassagne-Montrachet et Puligny-Montrachet (Côte-d'Or). Le vignoble couvre moins de huit hectares. Le sous-sol est constitué d'un calcaire très dur, sur lequel repose un sol pauvre de terres brunes. Fin, élégant, ample et équilibré, le Montrachet est considéré comme l'un des meilleurs vins blancs secs du monde. Alexandre Dumas prétendait que «le Montrachet devait être bu à genoux et tête découverte». Les grands millésimes peuvent se garder plus de dix ans.
Production moyenne : 321 hectolitres.

MONTRAVEL

Appellation d'origine contrôlée, qui s'applique aux vins blancs secs, produits à l'extrême ouest du département de la Dordogne. Issus des

cépages Sauvignon, Sémillon, Muscadelle, Ondenc, Chenin et accessoirement Ugni blanc, ce sont des vins frais et fruités.
Production moyenne : 23 800 hectolitres.

MORDANT

Qualifie un vin très acerbe, c'est-à-dire à la fois très vif et très astringent.

MOREY-SAINT-DENIS

Appellation d'origine contrôlée, dite communale, donnée aux vins rouges et blancs, produits sur la commune de Morey-Saint-Denis, dans la Côte de Nuits (Côte-d'Or). Le vignoble, situé au sud de Gevrey-Chambertin, est implanté sur des sols plus calcaires.

Les vins rouges, issus du seul cépage Pinot noir, ont une couleur soutenue, un bouquet d'une grande complexité, où se retrouvent des notes de prune, de truffe, de violette... et une bouche ample et soyeuse. Ils sont souples, à boire avant huit à dix ans.
Production moyenne : 3 230 hectolitres.

Quant aux vins blancs, issus du cépage Chardonnay, ils sont corsés et peuvent se garder jusqu'à cinq ans, mais leur production est très faible : 50 hectolitres.

MORGON

Appellation d'origine contrôlée, attribuée aux vins rouges, produits dans la région du Beaujolais, à partir du cépage Gamay noir à jus blanc, vinifié en macération carbonique. C'est l'un des dix crus du Beaujolais, qui couvre 1 100 hectares d'un terroir constitué de roches «pourries», résultat de l'altération des schistes.

C'est un vin généreux, robuste et charnu, qui prend, après trois à cinq ans de garde, un bouquet particulier où dominent des nuances de sherry; on dit qu'il «morgonne».
Production moyenne : 60 000 hectolitres.

MOSELLE (VIN DE)

Appellation d'origine VDQS, qui recouvre les vins rouges, rosés et blancs, produits sur trois zones du département de la Moselle : Sierck, au nord, qui produit surtout des vins blancs, Metz et, au sud-est, Vic-sur-Seille. L'encépagement est constitué de Gamay (30 % au moins), Auxerrois blanc, Meunier, Pinot noir, gris et blanc, Riesling et Gewurztraminer. Ces vins, souples et fruités, sont essentiellement consommés sur place. La production est infime : 200 hectolitres de blancs, 200 hectolitres de rosés et de rouges.

MOU

Qui manque nettement d'acidité.

MOULIN-A-VENT

Appellation d'origine contrôlée, qui s'applique aux vins rouges, produits dans la région du Beaujolais, à partir du cépage Gamay noir à jus blanc, vinifié en macération carbonique. C'est l'un des dix crus du Beaujolais. Son vignoble couvre environ 660 hectares, sur des sols peu profonds d'arènes granitiques, friables et roses, appelées «gore», très riches en manganèse. Très corsé, élégant et racé, il peut se garder trois à cinq ans et s'apparente alors aux Bourgognes. Production moyenne : 36 200 hectolitres.

MOULIS

Appellation d'origine contrôlée, donnée aux vins rouges de Bordeaux, produits sur la commune de Moulis, ainsi que sur certaines parcelles des communes de Listrac, Lamarque, Arcins, Avensan, Castelnau et Cussac. C'est l'une des six appellations communales du Médoc, située au nord-ouest de Margaux. Le vignoble couvre environ 350 hectares. Les vins sont légers et fins sur les sols de graves pures, plus corsés sur les sols marneux ou calcaires. Ils sont de bonne garde, dix ans et plus selon les millésimes. Production moyenne : 21 100 hectolitres.

MOURVÈDRE

Cépage noir d'origine espagnole, implanté dans le sud de la France depuis plusieurs siècles. Il donne un vin corsé, coloré et riche en tannins, qui acquiert après quelques années de garde un excellent bouquet, souvent à dominante animale, et beaucoup de longueur en bouche. On le trouve dans les AOC de Provence, et notamment à Bandol, mais aussi dans la vallée du Rhône, et encore, mais peu répandu, dans le Languedoc.

MOUSSEUX

Selon la réglementation européenne : «Vin obtenu par première ou deuxième fermentation soit de raisins frais, soit de moût de raisins ou de vin, en vase clos, ce qui permet de garder tout le gaz carbonique qui est produit pendant la fermentation».

Qu'il soit classé en Vin de Table, en AOC ou en VDQS, le vin mousseux doit, dans un récipient fermé à la température de 20°, accuser une surpression minimale de trois bars, due au gaz carbonique. Ainsi, le Champagne est un vin à AOC, qui accuse une pression dans la bouteille de six bars. Le vin mousseux, au débouchage, dégage du gaz carbonique, qui forme une «mousse».

MOUSSEUX GAZÉIFIÉ

C'est un Vin de Table, dont le gaz carbonique a été rajouté, partiellement ou en totalité. La mousse n'est donc pas le résultat de la fermentation du vin lui-même.

MOÛT CONCENTRÉ

C'est un moût qui a subi une déshydratation partielle, effectuée par évaporation à chaud sous vide. Cette élimination partielle de l'eau entraîne une concentration des sucres, qui doit être au minimum de 865 grammes par litre. Les moûts concentrés sont utilisés pour enrichir la vendange en début de fermentation afin d'augmenter le degré alcoolique du vin, ou pour édulcorer les vins blancs.

MOÛT DE RAISIN

Produit liquide obtenu par des procédés physiques – pressurage ou foulage – à partir de raisins frais. Dans le cadre de la législation européenne, le moût doit avoir un degré alcoolique inférieur à 1°. C'est donc du jus de raisin, avec ou sans parties solides – rafles, pépins, peaux – et non fermenté.

MUSCADELLE

Cépage blanc cultivé principalement en Dordogne et en Gironde. Même si son vin, très doux, a un parfum fruité qui rappelle un peu celui du Muscat, la Muscadelle ne fait pas du tout partie de la famille des Muscats. Toujours utilisée en association avec d'autres cépages, la Muscadelle ne représente qu'une faible partie de l'encépagement et sa culture est en régression du fait de sa grande sensibilité aux maladies.

MUSCADET

Appellation d'origine contrôlée, que portent les vins blancs du Pays Nantais, produits à partir d'un cépage unique, le Melon de Bourgogne. Le vignoble s'étend sur environ 10 000 hectares, essentiellement situés dans le département de la Loire-Atlantique. Soumis à une forte influence maritime, le vignoble est planté sur le massif schisteux armoricain, au sol généralement constitué de schistes cristallins.

Il est constitué de trois aires d'appellations distinctes :

Le Muscadet de Sèvre-et-Maine représente 85 % de la production. Situé au sud-est de Nantes, le vignoble est traversé par deux rivières, la Sèvre nantaise et la Maine, qui lui ont donné son nom. Plantée sur des coteaux argilo-siliceux, la vigne produit un vin rond, fin et très parfumé.

Le Muscadet des Coteaux de la Loire s'étend sur des coteaux pierreux, sur les deux rives de la Loire, en amont de Nantes. Représentant 5 % de la production, il donne des vins légèrement plus vifs, plus secs que ceux de Sèvre-et-Maine.

Le Muscadet est localisé essentiellement dans les régions d'Herbauges et « Logne et Boulogne », au sud et au sud-ouest de Nantes. Représentant environ 10 % de la production totale, c'est un vin fin et très aromatique.

Le Muscadet est souvent mis en bouteille sur lie, ce qui lui confère un léger perlant.
Production moyenne : 647 300 hectolitres, dont 530 000 hectolitres de Sèvre-et-Maine.

MUSCAT
Famille de cépages qui est à l'origine de nombreux vins moelleux ou doux, élaborés dans le monde entier ou presque. Ils sont plus rarement vinifiés en sec comme en Alsace.

MUSCAT À PETITS GRAINS
Cépage blanc du Midi, aussi appelé Muscat de Frontignan. C'est un cépage très aromatique, souvent utilisé pour l'élaboration de vins doux naturels. Il est aussi cultivé dans la Drôme, pour produire, en association avec la Clairette, un vin mousseux à AOC, la Clairette de Die.

MUSCAT D'ALEXANDRIE
Cépage blanc, aussi appelé Muscat à gros grains. Originaire d'Égypte dit-on, il est cultivé dans tout le Bassin méditerranéen. Il est essentiellement utilisé pour l'élaboration du vin doux naturel Muscat de Rivesaltes, en association avec le Muscat à petits grains. Son profil aromatique est différent de celui du Muscat à petits grains, son nez évolue souvent vers des notes de fruits passerillés, comme la figue sèche.

MUSCAT D'ALSACE
Voir Alsace (Muscat d').

MUSCAT DE BEAUMES-DE-VENISE
Voir Beaumes-de-Venise.

MUSCAT DE FRONTIGNAN
Voir Frontignan.

MUSCAT DE LUNEL
Voir Lunel.

MUSCAT DE MIREVAL
Voir Mireval.

MUSCAT DE RIVESALTES
Voir Rivesaltes.

MUSCAT DE SAINT-JEAN DE MINERVOIS
Voir Saint-Jean de Minervois.

MUSCATÉ
Qualifie les arômes rappelant l'odeur bien particulière des raisins de Muscat, et que l'on trouve uniquement dans certains vins jeunes et qu'il ne faut pas confondre avec l'odeur musquée, rappelant le musc, odeur animale que l'on retrouve dans le bouquet de certains vins rouges épanouis.

MUSIGNY
Appellation d'origine contrôlée et Grand Cru de la Côte de Nuits. Ce sont des vins rouges et blancs produits sur des parcelles délimitées de la commune de Chambolle-Musigny (Côte-d'Or).

Le vignoble, situé à la limite sud de la commune, est planté sur un sol essentiellement calcaire et représente près de 11 hectares.

Les vins rouges, issus du cépage Pinot noir, ont un nez délicat, une bouche élégante, toute en finesse.
Production moyenne : 323 hectolitres. Quant aux vins blancs, ils sont sûrement superbes, mais si rares : entre 7 et 15 hectolitres par an!

MUSQUÉ

Odeur animale, rappelant le musc, et que l'on retrouve dans le bouquet de certains vins rouges épanouis. A ne pas confondre avec l'odeur muscatée.

MUSTIMÈTRE

Appareil qui, en mesurant la densité du moût, sert à évaluer la teneur en sucre approximative d'une vendange.

MUTAGE

Opération qui consiste à arrêter la fermentation d'un moût en inhibant les levures, soit par addition d'alcool pour les vins doux naturels ou les vins de liqueur, soit par addition d'anhydride sulfureux pour les vins moelleux et liquoreux. Étymologiquement, ce mot signifie que l'on rend le moût «muet». En effet, le dégagement de gaz carbonique s'arrête en même temps que la fermentation.

Nabuchodonosor

Grosse bouteille de Champagne, d'une contenance de 20 bouteilles.

Napoléon

Qualifie les Cognacs et les Armagnacs les plus âgés.
Synonymes : Vieille Réserve ou X.O. (extra old), ou encore Extra pour l'Armagnac.

Pour les autres alcools, la mention « Napoléon » est purement décorative.

Néac

Appellation d'origine contrôlée, qui recouvre les vins rouges de la région de Libourne, produits sur la commune de Néac. Cette commune, qui compte environ 350 hectares de vignes, a aussi droit à l'appellation Lalande-de-Pomerol, si bien que l'appellation Néac n'est presque plus utilisée.

Négrette

Cépage noir de qualité, typique de l'appellation Côtes du Frontonnais, pour laquelle il représente 50 à 70 % de l'encépagement. Il donne des vins colorés, solides, au nez animal.

NERVEUX

Qualifie un vin, dont la saveur acide est bien marquée.

NET

Voir Franc.

NEZ

Synonyme d'odeur. Un vin a beaucoup de nez, il est très prometteur au nez, il a un nez épicé (des odeurs d'épices) etc.

NIELLUCCIO

Cépage de Corse, qui a fait la renommée des vins de Patrimonio. On le trouve principalement en Corse orientale. Vinifié en rouge, il est charnu, avec un nez intense de fruits à noyau et de garrigue. Vinifié en rosé, il est très fruité.

NOUAISON

Étape du cycle végétatif de la vigne, qui intervient juste après la floraison. Après la fécondation, soit le fruit avorte et tombe et c'est la coulure, soit il est noué : le raisin formé est alors fortement attaché au pédicelle et peut commencer sa croissance. C'est à la nouaison que l'on peut évaluer si la floraison s'est bien passée.

NOUVEAU (VIN)

Le vin nouveau est généralement un vin de l'année, tout juste fait. Le terme n'a aucune connotation juridique mais on l'emploie parfois comme synonyme de primeur, qu'utilise la législation.

NOUVELLE-ZÉLANDE

Ce pays, avec 400 000 hectolitres de vin, n'atteint que 0,6 % de la production française. Le vignoble, dont on trouve la première trace dans un texte de 1819, donnait, entre autres vins sans doute, « un léger vin blanc très mousseux et d'un goût exquis », selon l'appréciation de l'explorateur Dumont d'Urville qui y fit escale en 1840.

Le vin blanc représente aujourd'hui encore près de 90 % de la production, dominée par le cépage allemand Müller-Thurgau, dont le vin demi-sec est le plus souvent étiqueté Riesling-Sylvaner.

Les meilleurs vins sont issus du Chenin blanc et proviennent de Poverty Bay et Hawke's Bay, au sud-est de North Island, régions qui totalisent les deux tiers des vignes néo-zélandaises. La première de ces deux régions produit également un très bon Gewurztraminer, parfois associé au Riesling. Les quelques vins rouges proviennent des cépages Cabernet Sauvignon et Pinot noir.

NUITS OU NUITS-SAINT-GEORGES

Appellation d'origine contrôlée, que portent les vins rouges de la Côte de Nuits, produits sur les communes de Nuits-Saint-Georges et Prémeaux (Côte-d'Or). Le vignoble, qui s'étend sur plus de 300 hectares, possède près d'une quarantaine de climats classés en Premiers Crus. Issus du cépage Pinot noir, les vins de Nuits ont une couleur soutenue. Ils sont bouquetés, corsés et assez tanniques. De loin les plus charpentés de la Côte-d'Or, ils sont longs à se faire et méritent qu'on les attende une dizaine d'années.

Il existe une infime production de vins blancs, 20 hectolitres en moyenne, qui bénéficie aussi de l'appellation communale.

Production moyenne : 12 000 hectolitres

Obscuration

Processus de coloration des eaux-de-vie, généralement à partir de mélasse caramélisée ou de concentrés sucrés. L'obscuration est réglementée et ne peut être supérieure à 2° de la pesée alcoolique.

Odeur

Sensation perçue par l'odorat, dont les organes réceptifs sont situés, dans la partie supérieure du nez, au fond des fosses nasales. Les odeurs sont donc des substances volatiles, qui ont deux voies d'accès jusqu'à la muqueuse olfactive : la voie nasale directe, par inspiration et la voie rétronasale, qui permet d'atteindre les fosses nasales par la bouche. Il ne faut donc pas confondre les goûts, constitués de quatre saveurs : sucré, salé, acide et amer, et les odeurs que l'on peut ressentir, lorsque le vin est en bouche.

Il existe plusieurs milliers de substances ayant une odeur, et plus de cinq cents ont été dénombrées dans les vins. On les classe en plusieurs séries.

– La série éthérée évoque les odeurs de fermentation que l'on retrouve surtout dans les vins jeunes. La banane mûre, le bonbon anglais, le vernis à ongles sont dûs à la présence d'acétate d'isoamyl, formé lors des fermentations à basse température ou des macérations carboniques, et caractérisent les vins primeurs. Les esters d'acides gras supérieurs (caproate, caprylate et caprate d'éthyle) évoquent des odeurs de cire, de bougie, de savon. On trouve aussi des odeurs de levures, de ferments, de froment, ou encore de beurre frais...

– La série florale caractérise surtout les arômes des vins jeunes : fleur d'acacia, d'oranger, de pêcher, de troène, citronnelle, genêt, pivoine, violette, rose, tilleul...

– La série fruitée évoque des arômes de fruits frais ou secs. La framboise se retrouve souvent dans les vins issus du cépage Cabernet Franc. La groseille, le cassis, la cerise noire sont souvent présents dans les vins élaborés à partir de Pinot noir. La noisette, l'amande grillée caractérisent plutôt les vins blancs, surtout ceux qui proviennent du cépage Chardonnay. Le lychee est typique du Gewurztraminer, et le poivron vert du Cabernet Sauvignon jeune, etc.

– La série végétale comporte des odeurs désagréables, herbe verte fraîchement coupée, souvent dues à une mauvaise vinification, mais aussi des odeurs fines et originales, la fougère, la menthe fraîche ou poivrée, ou encore l'humus et le sous-bois, notes délicates que l'on retrouve par exemple dans le bouquet des grands vins du Médoc...

– La série empyreumatique regroupe des odeurs de torréfaction, pain grillé, café torréfié, cacao, fumée, mais aussi des odeurs minérales, pierre à fusil, silex...

– La série épicée : laurier, thym, basilic, romarin sont souvent présents dans les vins de la côte méditerranéenne. Le poivre est fréquent dans les vins issus du cépage Syrah. Le clou de girofle est typique de certains crus de Canon-Fronsac et de l'élevage en fûts de chêne. La truffe se retrouve parfois dans les grands Pomerols, etc.

– La série animale évoque des odeurs diverses : ambre, gibier, venaison, fourrure, musc, civette... On les retrouve souvent dans les vins où le cépage Merlot prédomine comme dans les vins de Saint-Émilion, ou dans le Bandol où le cépage Mourvèdre l'emporte.

– La série balsamique, aux odeurs de pin ou de résine, souvent présentes dans certains vins rouges des Graves, odeurs d'encens, mais aussi de vanille que l'on retrouve dans les vins élevés en fûts de chêne.

– La série boisée rappelle des odeurs de bois vert, d'écorce, de bois d'acacia, de chêne, de santal...

Toutes ces odeurs, qui représentent quelques centaines de milligrammes par litre, sont l'essence même du vin et méritent qu'on s'y attarde et que l'on plonge le nez dans le verre, avant de le vider!

ŒNOLOGIE

C'est la science du vin. Elle permet de connaître sa nature, sa composition et les phénomènes impliqués dans son élaboration et sa conservation. Son rôle essentiel : connaître mieux le vin pour mieux le faire, mieux le conserver, mieux le présenter et mieux le défendre.

ŒNOLOGUE

En France, le titre d'œnologue est réservé aux personnes ayant acquis le diplôme national d'œnologue, qui correspond à quatre années d'études après le Baccalauréat. Les études d'œnologie concernent tout ce qui touche au vin, depuis l'étude des sols (pédologie) jusqu'à l'analyse sensorielle (dégustation), en passant par l'étude des cépages (ampélologie), la biologie végétale, la microbiologie, la biochimie, la chimie organique et analytique, etc. Les connaissances scientifiques et techniques acquises permettent aux œnologues d'assurer l'élaboration et la conservation des vins, mais aussi d'intervenir dans tous les domaines liés au vin, qu'il s'agisse de la recherche scientifique, de la conduite des vignobles (choix des cépages, des porte-greffe, etc.), de la conception du matériel ou même de la commercialisation.

OÏDIUM

Importée d'Amérique, cette maladie de la vigne est provoquée par un champignon parasite, qui vit à la surface des organes verts de la vigne et se nourrit à l'aide de suçoirs, qu'il envoie dans les cellules de l'épiderme, pour y puiser les éléments nécessaires à son développement. La végétation se recouvre ainsi d'une poussière grise, le mycelium et les grains atteints d'oïdium se fendent et se dessèchent. La récolte peut être totalement anéantie par ce parasite. La lutte contre l'oïdium est facile : il suffit d'effectuer des poudrages réguliers avec du soufre, dont les vapeurs détruisent le champignon.

ONCTUEUX

Qualifie les vins dans lesquels domine le moelleux.

ONDENC

Cépage blanc du Sud-Ouest. Il entre, comme cépage secondaire, dans la composition des vins blancs d'appellation Bordeaux, Bergerac sec, Côtes de Duras, Gaillac et Gaillac mousseux.

ORGANOLEPTIQUES (CARACTÈRES)

Ce sont les différentes propriétés du vin perçues par les sens : vue, odorat, goût et même toucher.

Les caractères visuels sont la couleur, la nuance, la limpidité, la brillance, la transparence.

Les caractères olfactifs sont les odeurs du vin, qui composent les arômes ou les bouquets, et que l'on ressent, soit directement par le nez, soit en bouche, par la voie rétro-nasale.

Les goûts sont au nombre de quatre : le salé, le sucré, l'acide et l'amer. On les perçoit en bouche, grâce aux papilles gustatives situées sur la langue.

Le toucher permet de percevoir les caractères chimiques (astringeant, pétillant...), mais aussi l'onctuosité, la consistance et la température (chaleur, fraîcheur...).

ORLÉANNAIS (VIN DE L')

Appellation d'origine VDQS, qui recouvre les vins rouges, rosés et blancs, produits sur 25 communes autour d'Orléans (Loiret). Le vignoble couvre environ 100 hectares, caractérisés par un terroir calcaire, sur les deux rives de la Loire. Il est constitué des cépages blancs Chardonnay appelé localement Auvernat blanc et Auvernat gris, et des cépages rouges Pinot noir, Pinot Meunier ou Gris Meunier et Cabernet ou Noir dur. Ce sont des vins légers, à boire jeunes et frais.

Production moyenne : 8 200 hectolitres de vins rouges et rosés, 620 hectolitres de vins blancs.

OUILLAGE

Opération qui consiste à maintenir toujours pleins les récipients – cuves ou fûts –, en les remplissant régulièrement, au fur et à mesure de l'évaporation, afin de réduire au maximum la surface du vin en contact avec l'air.

Pacherenc du Vic-Bilh

Appellation d'origine contrôlée, qui s'applique aux vins blancs produits sur l'aire d'appellation Madiran. Ils sont issus des cépages Arrufiac, Courbu, Gros et Petit Manseng, Sémillon et Sauvignon. Le Pacherenc du Vic-Bilh peut être sec ou moelleux, selon les conditions climatiques de l'automne. Quant il y a surmaturation, les raisins sont très concentrés en sucres, ce qui donne des vins puissants et gras, d'une grande complexité aromatique.
Production moyenne : 2 460 hectolitres.

Paille (vin de)

Voir Vin de paille.

Pale

L'adjectif «pale» correspond à une eau-de-vie d'un brun-jaune limpide, peu chargée en goût de bois.

Palette

Appellation d'origine contrôlée, donnée aux vins rouges, rosés et blancs, produits à l'est d'Aix-en-

Provence. Ce vignoble occupe un cirque bien abrité, dont il recouvre les coteaux exposés au nord. Il est implanté sur un sol d'éboulis calcaires, sur environ 15 hectares, que se partagent deux propriétaires.
Les vins blancs sont produits à partir de Clairette, mais associée à huit cépages locaux. L'exposition nord du vignoble explique l'extrême finesse de ces vins qui peuvent se conserver plusieurs années, tout en gardant leur teinte claire et leur nez de tilleul.
Les vins rouges et rosés proviennent des cépages Grenache, Cinsault et Mourvèdre, auxquels peuvent se joindre onze cépages locaux.
Production moyenne : 600 hectolitres, dont 160 hectolitres de vins blancs.

PALISSAGE
Opération qui consiste à soutenir les rameaux de la vigne par des fils de fer, tendus entre des piquets (ou échalas). Cette conduite de la vigne se fait dans la plupart des vignobles où l'on a un système de taille longue; elle permet non seulement de soutenir, mais également d'arranger la végétation, afin de bénéficier de la meilleure exposition au soleil.

PARSAC SAINT-ÉMILION
Ancienne appellation absorbée par Montagne Saint-Émilion.

PASSÉ
Trop vieux, qui a perdu la plupart de ses qualités.

PASSERILLAGE
Surmaturation obtenue par le dessèchement des grains de raisin dû à l'évaporation de l'eau à travers la pellicule. Ce phénomène entraîne une concentration du sucre dans les baies. Le passerillage s'obtient soit en laissant les grappes sur pied, au-delà de la maturité, lorsque le temps est sec et ensoleillé, soit en déposant les grappes sur

un lit de paille, ou en les suspendant dans un local sec et bien aéré.
Les raisins, ainsi concentrés, donnent des vins très riches en sucres : c'est le cas des fameux vins de paille du Jura ou d'Hermitage.

PASTEURISATION

Procédé de stabilisation microbiologique des vins, mis au point par Pasteur. En portant la température du vin à 60°, durant environ 10 minutes, on élimine les micro-organismes, et prévient ainsi toute altération bactérienne ultérieure. Ce procédé n'est que rarement utilisé (il est aujourd'hui remplacé par des filtrations stérilisantes), et uniquement pour les Vins de Table.

PASTIS

Alcool obtenu en mélangeant de l'alcool pur et de l'anéthole (essence d'anis) à raison de 2 g par litre. La préparation est laissée quelques dizaines d'heures en présence de poudre de réglisse pour en adoucir le goût. Elle est ensuite filtrée, sucrée, réglée avec de l'eau à 40° ou 45°.

Le pastis reste un apéritif très populaire ; il se boit avec de l'eau, qui provoque l'amusant phénomène du louchissement.

PÂTEUX

Qualifie un vin lourd et épais, trop riche en sucres.

PATRIMONIO

Appellation d'origine contrôlée, que portent les vins rouges, rosés et blancs produits dans le nord de la Corse, à Patrimonio. Cette région est le berceau du Nielluccio, cépage noir, qui représente près de 75 % de l'encépagement en rouge, associé au Grenache, au Sciacarello et au Vermentino. Le sous-sol calcaire lui donne une puissance et une onctuosité bien typiques.
Les vins blancs sont issus du seul cépage Ver-

mentino (auquel on peut adjoindre, jusqu'en l'an 2000, un peu d'Ugni blanc).
Production moyenne : 9 000 hectolitres de rouges et rosés et 1 510 hectolitres de vins blancs.

PAUILLAC

Appellation d'origine contrôlée, qui désigne les vins rouges produits sur la commune de Pauillac, et des parcelles des communes de Cissac, Saint-Julien, Saint-Estèphe et Saint-Sauveur, sur la rive gauche de la Gironde. C'est l'une des six appellations communales du Médoc. Le vignoble, situé en bordure de l'estuaire, couvre environ 950 hectares, entre Saint-Estèphe au nord et Saint-Julien au sud. Ses vins, corsés et très charpentés, sont de très longue garde. C'est dans cette appellation que l'on trouve le plus grand nombre de crus classés en 1855 soit 18, parmi lesquels deux Premiers Crus : Château Latour et Château Lafite-Rothschild, auxquels a été ajouté en 1973 Château Mouton-Rothschild.
Production moyenne : 50 800 hectolitres.

PAYS-BAS

Les Pays-Bas sont riches d'une vieille tradition d'alcool, et ses plus anciennes maisons de négoce datent du XVIe siècle. Ils continuent de produire une gamme étendue d'eaux-de-vie et de liqueurs, confectionnées le plus souvent à partir d'alcools neutres.

Sous le nom de gin ou de genever, les alcools aromatisés au genièvre sont généralement commercialisés en cruchons de terre, avec les indications «jonge» pour jeune, «oulde» pour vieux, et «zeer oulde» pour très vieux.

Le brandewijn est d'un goût très neutre, ou légèrement aromatisé aux essences de fruits. Il se boit sec ou avec un sucre.

Le berenburg est un bitter très populaire aux Pays-Bas, tiré d'une macération d'herbes et titrant 30°. Il entre également dans la composition de cocktails.

Le kummel est une liqueur au goût anisé à base de carvi, aussi appelé «cumin des prés». Très sucré, il se boit sur des glaçons.

Les Pays-Bas produisent encore des curaçaos, différentes liqueurs de fruits, et le curieux advocaat qui est une onctueuse préparation à base de jaunes d'œufs et d'aromates divers.

PÉCHARMANT

Appellation d'origine contrôlée, attribuée aux vins rouges produits au nord-est de Bergerac, sur la rive droite de la Dordogne. La vigne, qui couvre des coteaux exposés plein sud, pousse sur un sol sableux riche en graviers. Issu des cépages Cabernet Franc, Cabernet Sauvignon, Merlot et Malbec, c'est un vin charpenté, corsé et plein de caractère. Il gagne à s'épanouir au moins cinq ans en bouteille.

Production moyenne : 9 500 hectolitres.

PELLICULE

Peau du raisin.

PÉPIN

Voir Raisin.

PERCOLATION

Extraction des arômes par le passage forcé d'un liquide à travers des éléments compressés. La percolation, qui est le principe bien connu des machines à café, est également utilisée en liquoristerie.

PERLANT/PERLÉ

Qualifie un vin légèrement effervescent. Ce caractère, recherché dans certains vins, est obtenu en gardant une partie (1 à 2 grammes par litre) du gaz carbonique naturel, issu de la fermentation alcoolique ou de la fermentation malo-lactique. On le conserve en évitant de remuer le vin et de le soutirer, avant la mise en bouteille.

PERNAND-VERGELESSES

Appellation d'origine contrôlée, attribuée aux vins rouges et blancs, produits sur la commune de Pernand-Vergelesses, au nord de la Côte de Beaune (Côte-d'Or). Le village, typiquement bourguignon, est enfoui dans la verdure, et a beaucoup de charme. Le vignoble, qui commence au pied de la colline de Corton, s'étend sur environ 190 hectares et possède cinq Premiers Crus. Certaines parcelles de la commune produisent des Grands Crus : Corton, Corton-Charlemagne et Charlemagne. Les vins rouges de Pernand-Vergelesses, issus du Pinot noir, sont produits sur les terres rouges. Ils ont également droit à l'appellation Côte de Beaune-Villages. Les blancs, issus du Chardonnay, proviennent des terres blanches calcaires.

Production moyenne : 3 310 hectolitres de vins rouges et 870 hectolitres de vins blancs.

PERSISTANCE AROMATIQUE INTENSE

La dégustation d'un vin ne se termine pas avec la déglutition. Un certain nombre de sensations, olfactives et gustatives, se poursuivent, avec une certaine intensité, puis diminuent rapidement. Cette période de forte sensation est appelée persistance aromatique intense, et peut se mesurer en secondes. Sa durée, en relation directe avec la qualité des vins, s'exprime en caudalies : une caudalie correspond à une seconde de persistance.

Pour évaluer cette persistance, il suffit de compter le temps écoulé entre la déglutition du vin et le moment où disparaissent les dernières sensations que l'on éprouve et après lesquelles on se remet à saliver. Au-delà de douze caudalies, on est en présence d'un très grand vin!

PESSAC-LÉOGNAN

Appellation d'origine contrôlée, attribuée aux vins rouges et blancs produits sur dix communes de la Gironde, situées dans la partie septentrionale de l'AOC Graves. Le territoire de cette appellation récente, qui commence juste à la limite de la zone urbaine de Bordeaux, a toujours été réputé pour sa production et possède de nombreux Crus Classés parmi lesquels le célèbre Château Haut-Brion.

Autrefois, elle bénéficiait de l'AOC Graves, à laquelle on pouvait adjoindre le nom de la commune Pessac ou Léognan.
Production moyenne : 37 200 hectolitres de vins rouges et 9 240 hectolitres de vins blancs.

PÉTILLANT

C'est un vin qui a une pression comprise entre 1 et 2,5 bars : il est donc moins gazeux que les vins mousseux. Il est obtenu à partir de Vins de Table, d'AOC ou de VDQS, ou de raisins ou moûts aptes à produire ces vins, qui ont un titre alcoométrique volumique total d'au moins 9 %.

Son effervescence provient de la fermentation du sucre résiduel en récipient fermé (cuve close ou bouteille). Il doit avoir un titre alcoométrique volumique acquis supérieur à 7 % (degré alcoolique de 7°).

PÉTILLANT GAZÉIFIÉ

C'est un vin pétillant, dont le gaz carbonique a été rajouté, partiellement ou en totalité.

PETIT CHABLIS

Voir Chablis.

PETITE CHAMPAGNE

Zone de production de la région de Cognac, qui couvre plus de 16 000 hectares, sur des sols calcaires. Elle produit des eaux-de-vie d'une grande finesse, qui demandent un long vieillissement en fûts de chêne, moins long cependant que celui qu'exige le Cognac de la Grande Champagne.

PETITES EAUX

A la fin d'une distillation, le liquide qui s'écoule est de moins en moins alcoolisé et de plus en plus chargé d'huiles et de substances nocives. On appelle «petites eaux» ou «queues» ces éléments indésirables, qui sont écartés du «cœur» de la distillation

PETIT MANSENG

Cépage blanc du Béarn. La peau épaisse de ses grains lui confère une bonne aptitude au passerillage, phénomène qui est à l'origine des vins moelleux de Jurançon. Il entre aussi dans la composition des vins blancs secs d'appellation Jurançon, Irouléguy, Béarn, Tursan et Côtes de Saint-Mont.

PETIT MESLIER

Cépage blanc de la région champenoise, autorisé pour l'élaboration des vins de Champagne, mais aujourd'hui très peu utilisé.

PETIT VERDOT

Cépage noir du Bordelais en voie de disparition. On le trouve encore à l'état de traces dans le Médoc.

PHYLLOXÉRA

Puceron originaire d'Amérique du Nord. Ce parasite de la vigne a été introduit accidentellement en Europe à la fin du siècle dernier. Ce puceron a un cycle biologique compliqué : il existe d'abord sous forme gallicicole (galles) et vit sur les feuilles de vigne, puis, prenant une forme radicicole et souterraine, il s'en prend aux racines et provoque la mort des souches en quelques années.

Son apparition en Europe, où les vignes ont des racines particulièrement sensibles, provoqua à partir de 1864 une destruction massive du vignoble, puisqu'il a fallu arracher plus de deux millions et demi d'hectares.

Pour combattre ce fléau, on a d'abord utilisé des insecticides, qui se sont révélés inefficaces, puis on a pratiqué l'immersion des vignes pendant l'hiver. Enfin, on a eu recours à l'utilisation de variétés résistantes, des hybrides, mais dont la qualité était insuffisante.

La seule solution a été de greffer les parties aériennes des vignes européennes sur des racines de vignes américaines, résistantes aux piqûres du puceron. En effet, chez les végétaux, la partie souterraine n'a qu'un rôle de «tuyau», qui apporte à la partie aérienne les éléments nutritifs et minéraux. C'est la partie aérienne qui détermine la qualité, en l'occurence, celle du raisin.

Le greffage a donc permis de reconstituer le vignoble français, avec les cépages de qualité, qui en avaient fait la renommée.

PICOTANT

Qualifie un vin riche en gaz carbonique, dont les bulles provoquent une sensation de picotement sur les muqueuses.

PICPOUL (OU PIQUEPOUL)

Cépage originaire du Midi. Il existe sous trois formes : Picpoul noir, Picpoul blanc et Picpoul gris, mais le plus répandu est le Picpoul blanc. Surtout cultivé dans le département de l'Hérault, le Picpoul blanc a donné son nom à une AOC, Coteaux du Languedoc-Picpoul de Pinet, produite sur les bords de l'étang de Thau.

PICPOUL DE PINET

C'est l'un des douze terroirs des Coteaux du Languedoc, le seul qui produise uniquement des vins blancs. Le vignoble, qui domine l'étang de Thau, entre Sète et Pézenas, couvre près de 2 000 hectares. Il produit un vin blanc très sec, fruité et frais à partir du cépage Picpoul exclusivement. Production moyenne : 13 000 hectolitres.

PIC-SAINT-LOUP

C'est l'un des douze terroirs des Coteaux du Languedoc, dont les vins, rosés ou rouges, bénéficient des AOC Coteaux du Languedoc Pic-Saint-Loup ou Coteaux du Languedoc. Le vignoble, situé à une vingtaine de kilomètres au nord de Montpellier, couvre treize communes du département de l'Hérault, sur les coteaux et combes du Pic-Saint-Loup. Les vins sont gouleyants, au nez de fruits rouges, de réglisse et de café.

Production moyenne : 37 000 hectolitres.

PIÈCE

Unité de mesure utilisée en Bourgogne et qui correspond à peu près au volume d'une barrique, c'est-à-dire à 228 litres.

PIED DE CUVE

Pour ensemencer en levures une cuve qui n'arrive pas à fermenter, on prélève dans une cuve en pleine fermentation un certain volume de moût dit «pied de cuve», que l'on rajoute dans la cuve récalcitrante.

PIERRE À FUSIL (ODEUR DE)

Expression couramment utilisée pour qualifier une odeur minérale, rappelant le silex.

PIGEAGE DU MARC

Action d'enfoncer le chapeau de marc dans le moût en fermentation, afin d'augmenter la diffusion des éléments nobles du marc, tannins et matières colorantes, dans ce qui deviendra le vin. Cette opération se pratique surtout en Bourgogne. Ailleurs, on utilise plutôt des remontages.

PINÇANT

D'une acerbité élevée et irritante, où domine l'acidité.

PINEAU D'AUNIS

Cépage noir du Val-de-Loire, souvent utilisé pour l'élaboration des vins rosés. Il donne un vin sec, vif et fruité.

PINEAU DE LOIRE

Nom que porte aussi le cépage Chenin.

PINEAU DES CHARENTES

Vin de liqueur blanc ou rosé résultant d'un mélange de jus de raisin frais et de Cognac. Les moûts et l'eau-de-vie doivent provenir de la région d'appellation, avec des raisins riches en sucre. La mistelle est ensuite vieillie en fût pour que l'assemblage se bonifie et que les saveurs différenciées de jus de raisin et d'alcool ne soient plus perceptibles.

Comme le Floc de Gascogne, le Pineau des Charentes fait un excellent apéritif, qui se boit rafraîchi.

PINENC

Autre nom donné au cépage Fer Servadou.

PINOT BLANC

Cépage cultivé principalement en Alsace et un peu en Bourgogne et dans le Val-de-Loire. Il donne un vin souple, au nez agréable mais peu marqué. En Alsace, il est commercialisé seul, sous le nom de Pinot Blanc ou Klevner (production moyenne : 228 000 hectolitres), ou en association avec d'autres cépages, sous le nom d'Edelzwicker.

PINOT GRIS

Autrefois appelé Tokay d'Alsace, ce cépage aux raisins gris-bleutés donne un vin puissant, parfois moelleux, au nez très intense. Il représente en Alsace 5 % de la production. Le vin qu'il produit est obligatoirement commercialisé sous le nom de Tokay-Pinot gris pour éviter toute confusion avec le Tokay de Hongrie. On le trouve aussi en

Bourgogne, sous le nom de Pinot Beurot, en Savoie et dans le Val-de-Loire, sous le nom de Malvoisie.

PINOT MEUNIER

Cépage noir cultivé essentiellement dans la Marne et dans l'Aube, pour l'élaboration du Champagne. On le trouve aussi dans l'Est (Vin de Moselle, Côtes de Toul) et dans le Val-de-Loire. Il doit son nom à l'aspect cotonneux blanchâtre de ses feuilles, recouvertes de poils, ce qui permet de bien le distinguer des autres cépages.

PINOT NOIR

Cépage noir de qualité, au faible rendement. C'est le cépage unique des grands vins rouges de Bourgogne. Il est aussi cultivé en Champagne, où il représente le tiers de l'encépagement, en association avec le Pinot Meunier et le Chardonnay, ainsi qu'en Alsace, où, seul cépage noir, il produit des vins rouges et rosés, enfin dans le Jura. Cépage précoce, qui débourre tôt, il est sensible aux gelées de printemps. Les vins rouges de Pinot noir ont un nez typique de petits fruits rouges (griotte, noyau de cerise) qui évolue avec le temps vers un bouquet de venaison. Ils ont une bonne structure tannique, qui permet un élevage en fûts de chêne et une garde de plusieurs années.

PIQUÉ

Qualifie un vin qui présente un goût aigre (vinaigre), dû à une piqûre acétique ou lactique.

PIQUEPOUL

Voir Picpoul.

PIQÛRE

C'est l'altération du vin, provoquée par des micro-organismes :
La piqûre acétique caractérise la transformation par les bactéries acétiques, de l'alcool en acide

acétique et en acétate d'éthyle. C'est donc une oxydation, qui se produit dans les vins qui ne sont pas conservés à l'abri de l'air. Le vin devient aigre (vinaigre).
Par la piqûre lactique, les bactéries lactiques transforment le sucre en acides lactique et acétique, mais aussi en substances volatiles désagréables. Cette piqûre se produit lorsque, accidentellement, la fermentation alcoolique s'arrête avant que tous les sucres n'aient été transformés en alcool. Les bactéries, dont le développement était inhibé par la forte croissance des levures, se multiplient alors, et attaquent les sucres résiduels. Elles provoquent alors une augmentation de l'acidité volatile et l'apparition d'odeurs de vinaigre et de beurre rance.

PLAT
Qualifie un vin, qui manque d'acidité et de caractère.

PLEIN
Charnu, aux caractères intenses et bien équilibrés.

PLOUSSARD
Voir Poulsard.

POIRÉ
Boisson fermentée de jus de poire. L'eau-de-vie de poiré, produite en Normandie, en Bretagne et dans le Maine, est le résultat d'une distillation et d'un vieillissement similaires à ceux du cidre.

POLOGNE
La Pologne est le pays d'origine de la vodka et elle en produit encore de nombreuses variétés. Citons la traditionnelle gorzalka, la starka aromatisée par un peu de Malaga espagnol, la wyborowa au goût léger, la krupnik qui est fortement épicée et sucrée au miel, la zubrowka aromatisée à l'« herbe de bison ».

De Pologne, est également exportée une excellente liqueur de mûre, la jerzynowka.

POLYPHÉNOLS

Corps organiques, dont le nom traduit la structure chimique composée de plusieurs phénols. Localisés dans les parties solides de la grappe de raisin, on les retrouve dans les vins blancs, rosés ou rouges, selon les cas. Il existe plusieurs familles de polyphénols, dans la vigne et le vin :
– les flavones, pigments jaunes situés dans la pellicule des grains de raisins blancs,
– les anthocyanes, pigments rouges, situés dans la peau des raisins gris, roses ou rouges,
– les tannins, localisés essentiellement dans les rafles et les pépins, et plus faiblement dans les peaux des raisins.

Les polyphénols sont donc à l'origine de la couleur des vins rouges et de leur évolution. Les vins rouges jeunes contiennent surtout des anthocyanes libres : leur couleur rouge a donc des reflets violines. Par contre, les vins rouges vieux contiennent des polyphénols sous la forme d'une combinaison tannins-anthocyanes ou tannins condensés, de couleur jaune, qui donnent au vin une nuance tuilée, cuivrée. Quant aux vins très vieux, leur couleur finit par disparaître avec le temps.

POMEROL

Appellation d'origine contrôlée, donnée aux vins rouges de la région de Bordeaux, produits sur la rive droite de la Dordogne. Le vignoble couvre près de 780 hectares, et comprend la commune de Pomerol et une petite partie de Libourne. Le sol y est siliceux, argilo-siliceux ou argilo-graveleux, sur un sous-sol riche en alios ferrugineux, appelé crasse de fer.

Élaboré essentiellement à partir du cépage Merlot, auquel on peut adjoindre le Cabernet Franc ou Bouchet, et le Cabernet Sauvignon, c'est un vin velouté et charnu, à la robe profonde et soutenue, au nez puissant et complexe (fruits mûrs, truffes, notes animales...). Il est de bonne garde, huit ans et plus, selon les millésimes. Production moyenne : 31 500 hectolitres.

POMMARD

Appellation d'origine contrôlée, attribuée aux vins rouges de la Côte de Beaune, produits sur la commune de Pommard (Côte-d'Or). Le Pommard est issu du cépage Pinot noir, auquel on peut adjoindre du Pinot blanc, du Pinot gris et du Chardonnay, ces trois derniers cépages ne devant pas excéder, ensemble, 15 %.
Clos Sainte-Anne, les Rugiens, Clos des Épenots sont quelques-uns des vingt-huit climats classés en Premiers Crus.
Les Pommards sont des vins d'un rouge soutenu, au nez intense de gibier, de cuir. Ils ont une bouche ferme et puissante, qui permet de les garder une dizaine d'années.
Production moyenne : 10 750 hectolitres.

PORTE-GREFFE

Les porte-greffe ou sujets des vignes européennes sont d'origine américaine. Depuis le phylloxéra, les cépages utilisés font tous l'objet d'un greffage.

PORTO

Le vignoble de Porto est situé dans la vallée du Douro, au nord du Portugal. Il s'étend le long du fleuve et de ses affluents, depuis la frontière espagnole jusqu'à 150 kilomètres de Porto. Il couvre 250 000 hectares, dont 10 % seulement sont plantés, sur les terrasses escarpées qui dominent le fleuve.

Le vignoble est morcelé en une multitude de parcelles, environ 85 000, dont chacune est répertoriée et fichée en fonction de différents critères : exposition, encépagement et âge des vignes, pluviosité, nature du terrain...

Les hivers sont humides et froids, les été torrides et secs. La vigne plonge donc ses racines très profondément dans le sol de schistes, jusqu'à dix mètres et plus.

Il existe une vingtaine de cépages rouges, parmi lesquels le Malvasia Preta, le Mourisco Tinto, le Tinta Amarela, le Tinta Barroca, le Tinta Cao, le Tinta Roriz, le Touriga Francesa.
Quant aux cépages blancs, on peut citer le Codega, le Gouveio, le Malvasia Fina, le Malvasia Rei, le Rabigato.

Les vendanges ont lieu fin septembre-début octobre. Une fois arrivés au cellier, les raisins sont triés, le plus souvent égrappés, puis mis dans d'immenses cuves ouvertes en granite, appelées «lagar». D'environ 60 centimètres de haut, elles peuvent contenir 100 à 175 hectolitres de moût. Le raisin est ensuite foulé, traditionnellement au pied, mais aujourd'hui on utilise de plus en plus les fouloirs.

La fermentation se déroule dans les lagar. Elle est interrompue par mutage, c'est-à-dire addition d'alcool, après deux ou trois jours, selon le taux de sucre que l'on veut conserver, pour obtenir un vin sec, demi-sec ou doux. Le vin est ensuite transvasé dans des foudres, en attendant d'être acheminé dans les chais (loges) des négociants. Ceux-ci sont tous concentrés à Villa Nova de Gaia, en face de Porto.

Une fois dégusté et analysé par l'Institut du Vin de Porto, le vin, selon sa qualité et son aptitude au vieillissement, est assemblé avec d'autres crus de qualité et d'âge différents.
– Les vins légers donnent le Porto Ruby, qui vieillit dans le bois et garde sa couleur rubis.
– Les vins plus puissants et plus concentrés donnent le Porto Tawny (fauve), avec un vieillissement plus long.
Certains Portos peuvent mentionner une indication d'âge : 10, 20, 30 ou plus de 40 ans d'âge, pour les Tawny concernés, après approbation de l'Institut du Vin de Porto. Cette indication d'âge correspond à une moyenne, puisque les Tawny

sont des assemblages.
– Les Vintages sont des vins de Porto d'une seule récolte, toujours d'une année exceptionnelle. On peut citer les années 1950, 1955, 1960, 1963, 1970 et 1974. Ils sont mis en bouteille après deux ans de vieillissement et mentionnent toujours le millésime et le terme Vintage. Très tanniques, ils nécessitent une longue maturation en bouteille, durant plusieurs décennies.
– Les LBV (late-bottled Vintages) sont également des Portos millésimés, mais différents des Vintages, car ils séjournent plus longtemps en fût, de quatre à six ans.
– Enfin, il existe des Portos blancs, issus exclusivement de raisins blancs. Ceux-ci sont généralement fermentés plus longtemps, et sont donc plus secs.

Les Portos rouges livrent mieux leur arôme à température ambiante, ou légèrement frais pour les Ruby et les Tawny. Les Portos blancs se servent frais, entre 8 et 10°.

PORTUGAL

Le Portugal produit environ 10 millions d'hectolitres de vin, soit près de 15 % de la production française. On parcourra le pays du nord au sud, mais en conservant au Porto et au Madère des entrées distinctes.

Vinho Verde :
Les Vinho Verde – ou vins verts, c'est-à-dire jeunes – sont, hormis le Porto et le Madère, les vins portugais les mieux connus à l'étranger. Produits dans le nord-ouest du pays entre Douro et Minho, ce sont pour la plus grande partie des vins rouges, mais aussi des blancs. La vigne est encore cultivée en pergolas le long des chemins, en bordure des champs, mais grimpe de plus en plus souvent le long d'étais en forme de croix – «cruzetas» – qui remplacent les «ramadas» des pergolas.
Les principaux cépages utilisés sont, pour les rouges : Espadeiro, Azal Tinto, Borraçal, Bran-

celho, Rabo de Ovelha, Vinhao... et pour les blancs : Bairrada, Azal blanco, Trajadura, Avesso, Loureiro...
Vendangé de façon précoce, le Vinho Verde est un vin léger en alcool et vif en bouche. Il est caractérisé par un picotement dû au gaz carbonique, formé lors de la fermentation malolactique, qui se déroule en bouteille. Les blancs, d'une acidité élevée, sont vifs, légers et désaltérants; les rouges, riches en tannins, souvent aigrelets, sont moins séduisants.
Il existe, dans la région de Monçao, un Vinho Verde issu d'un seul cépage, l'Alvarinho, moins pétillant mais avec plus de fruit et d'arôme.

Douro :
Dans cette région productrice du Porto, qui suffit à sa gloire, on trouve également des vins rouges très colorés et robustes, utilisant les cépages Tinta Barroca et Tinta Amarella, des vins rouges bien équilibrés, tanniques et de bonne garde à base du cépage Mourisco Tinto, enfin de bons rosés issus du seul cépage Touriga Francesa.

Dans le vignoble de Lafoes, entre Dao et Douro, on produit un vin blanc proche du Vinho Verde en utilisant les cépages Arinto et Jampal.

Dao :
Au nord-est de Lisbonne, autour de Viseu et dans la vallée du Mondego, la région viticole de Dao produit pour l'essentiel des vins rouges issus du cépage Touriga Nacional, dont la part a hélas beaucoup décru depuis cinquante ans, du cépage Baga pour une part importante, mais aussi des cépages Bastardo Sousao, Jaen, etc. et même de raisins blancs.
Les vins rouges sont, pour ces latitudes, relativement peu alcoolisés, étonnamment souples et de bonne garde
Les vins blancs sont par contre souvent secs et lourds. L'un des cépages constitutifs, l'Encruzado, peut produire, s'il est bien vinifié, des vins mieux équilibrés, au nez de noisette.

Bairrada :
Cette région viticole située autour d'Anadia, entre le littoral et les montagnes de Caramulo, est vouée au vin rouge issu du cépage Baga, qui produit un vin de table très coloré, un peu astringeant. Cette zone produit aussi des vins rosés pétillants pour le marché anglais et des vins blancs mousseux.

Autour de Lisbonne, les vignes cèdent la place aux banlieues et au tourisme.
Colarès : Les vignes, plantées dans le sable, sont protégées par des coupe-vents et produisent l'un des meilleurs vins rouges du Portugal, issu du cépage Ramisco. C'est un vin de très grande garde, qui met longtemps à s'épanouir.
Carcavelos : Coincé entre la banlieue de Lisbonne et la plage d'Estoril, ce vignoble produit un vin blanc doux, issu du cépage Galego Dourado auquel on ajoute en cours de fermentation un peu de vin du cépage Arinto, pour obtenir un vin doux à l'arôme de noisette qui gagne à vieillir quatre à cinq ans.
Bucelas : Ce petit vignoble situé au nord de Lisbonne produit un vin blanc sec, de couleur jaune paille, plutôt léger, acide et nerveux qui, l'âge aidant, dégage un arôme citronné. Ce vin blanc, tiré pour l'essentiel du cépage Arinto, est un des meilleurs du Portugal.
Setubal : Au sud de Lisbonne, dans l'arrière-pays du port de Setubal, s'inscrit l'aire de production du Moscatel de Setubal, issu du cépage Muscat d'Alexandrie.
On y trouve également un excellent vin blanc sec, le Jao Pirès et le Moscatel Roxo, un Muscat rouge.

Dans le sud, on trouve des vins rouges issus du cépage Periquita, cultivé surtout sur les sols sablonneux de la côte. Ce cépage donne un vin très plein, âpre, mais qui s'assouplit avec l'âge. Il est souvent associé au Negra Mole, cépage de Madère, pour produire des vins plus légers qui se font moins attendre.

Dans l'Alentejo et dans l'Algarve, le cépage Mureto do Alentejo donne un vin rouge intéressant, au goût de noisette. Un cépage cultivé dans le sud, mais qui a émigré un peu partout, particulièrement dans le vignoble de Dao – il s'agit du Fernao Pirès – produit des vins poivrés dignes d'intérêt.

Voir aussi Madère et Porto.

POUILLY FUISSÉ

Appellation d'origine contrôlée – à ne pas confondre avec les appellations Pouilly Fumé et Pouilly-sur-Loire – que portent les vins blancs secs, issus du cépage Chardonnay et produits sur les communes de Solutré, Pouilly, Vergisson, Fuissé et Chaintré, dans le sud du Mâconnais (Saône-et-Loire). Le vignoble est implanté entre 250 et 400 mètres d'altitude, dans un cirque, dominé par le magnifique piton rocheux de Solutré. Les sols, argilo-calcaires et marneux, donnent naissance à des vins blancs secs, à la robe d'or pâle aux reflets verts, d'une grande finesse aromatique, dont l'acidité s'atténue après deux ou trois années de garde. Le Pouilly Fuissé est considéré comme le roi des vins blancs du Mâconnais.
Production moyenne : 42 300 hectolitres.

POUILLY FUMÉ

Appellation d'origine contrôlée, qui désigne des vins blancs secs issus du seul cépage Sauvignon, appelé localement Blanc Fumé. Le vignoble est situé au nord-ouest du département de la Nièvre, sur la rive droite de la Loire. Les sols y sont variés, mais les marnes et calcaires compacts du Kimmeridgien dominent. Le Pouilly Fumé est un vin sec, mais rond, qui se conserve bien trois ou quatre ans.
Production moyenne : 38 600 hectolitres.

POUILLY LOCHÉ

Appellation d'origine contrôlée, qui recouvre les vins blancs secs, issus du cépage Chardonnay, et produits sur la commune de Loché, dans le sud du Mâconnais (Saône-et-Loire). Appellation satellite de Pouilly Fuissé, le Pouilly Loché a une très faible production (1 380 hectolitres), qui peut être commercialisée sous l'appellation Pouilly Vinzelles.

POUILLY-SUR-LOIRE

Appellation d'origine contrôlée, attribuée aux vins blancs, produits sur la zone d'appellation Pouilly Fumé. Le Pouilly-sur-Loire est produit essentiellement à partir du cépage Chasselas, mais le Sauvignon y est autorisé. C'est un vin léger et vif, à boire jeune.
Production moyenne : 4 930 hectolitres.

POUILLY VINZELLES

Appellation d'origine contrôlée, qui concerne les vins blancs secs, issus du cépage Chardonnay et produits sur la commune de Vinzelles, au sud de Loché. Les vins de Pouilly Vinzelles s'apparentent à ceux de leur voisin Pouilly Fuissé, avec un peu moins d'ampleur.
Production moyenne : 2 600 hectolitres.

POULSARD

Cépage noir du Jura. Précoce, il est sensible aux gelées printanières. Il donne un vin fin et fruité, gouleyant mais peu coloré.

POURRI

Odeur que l'on retrouve dans les vins produits à partir de raisins atteints de pourriture grise.

POURRITURE GRISE

Maladie de la vigne, due à un champignon, le botrytis cinerea. À la faveur d'un temps humide, il se développe sur les feuilles et les raisins, produisant des houppes, qui ressemblent à de la poussière grise, d'où son nom. Ce champignon provoque des dégâts considérables : il réduit le volume de la récolte, en faisant éclater les peaux, et en libérant le jus, ce qui favorise le développement de bactéries et autres micro-organismes. De plus, il altère la qualité de la récolte, en produisant des enzymes oxydases, des substances qui rendent la clarification difficile, ou qui donnent des faux goûts (moisi). La lutte contre la pourriture grise est assez difficile : on utilise des fongicides organiques, qui sont chers et qui nécessitent plusieurs applications préventives.

POURRITURE NOBLE

C'est l'effet du champignon botrytis cinerea sur la qualité des raisins lorsqu'il s'y développe dans de bonnes conditions. Le développement du botrytis en pourriture noble se produit uniquement sur des raisins mûrs et intacts, et dans des conditions climatiques bien particulières : brouillards matinaux, qui permettent l'humidité nécessaire à la survie du champignon, suivis de journées ensoleillées, qui limitent son développement. Les grains de raisin contaminés portent des taches marron qui s'étendent pour recouvrir toute la baie : c'est le stade «pourri plein». Puis le grain se flétrit et se dessèche, il est alors dit «rôti». C'est au stade rôti que sont récoltés les grains, ce qui nécessite une cueillette par tries successives. Les moûts sont donc très riches en sucres, mais aussi en éléments odorants caractéristiques (goût de «rôti», écorce d'orange, fruits secs...). La pourriture noble permet d'élaborer les célèbres vins liquoreux de Bordeaux, (Sauternes, Barsac, etc.), de Loire (Coteaux du Layon), d'Alsace (sélection de grains nobles...), etc.

PREMIÈRES CÔTES DE BLAYE

Appellation d'origine contrôlée, qui désigne les vins rouges et blancs produits dans le Bordelais, sur la rive droite de l'estuaire de la Gironde. Le vignoble couvre environ 2 700 hectares, sur les cantons de Blaye, Saint-Savin et Saint-Ciers-sur-Gironde. Les sols sont argilo-calcaires et argileux à l'ouest, et de plus en plus sablonneux

vers l'est.
L'encépagement est constitué de Cabernet Sauvignon, Cabernet Franc, Merlot et Malbec pour les rouges, de Sauvignon, Sémillon et Muscadelle pour les blancs.
Cette appellation concerne presque exclusivement des vins rouges. Bien colorés, ils développent un nez souvent végétal (sous-bois) et ont des tannins bien présents, mais qui s'assouplissent assez rapidement. Autrefois vendus en vrac, ces vins sont de plus en plus souvent mis en bouteille au château, parfois même après un élevage en fûts de chêne durant quelques mois. La production des vins blancs est symbolique.
Production moyenne : 123 000 hectolitres de vins rouges et 2 700 hectolitres de vins blancs.

PREMIÈRES CÔTES DE BORDEAUX

Appellation d'origine contrôlée attribuée aux vins rouges et blancs, produits sur la rive droite de la Garonne, de Saint-Maixant au sud à Bassens au nord. Le vignoble est planté sur les coteaux bordant le fleuve sur une soixantaine de kilomètres. Sa superficie représente environ 6 300 hectares, répartis sur le territoire de 36 communes, dont 3 600 hectares de vignes rouges surtout situées dans la moitié nord et 2 700 hectares de vignes blanches.
L'encépagement est constitué pour les vins rouges de Cabernet Sauvignon, Cabernet Franc, Merlot, Malbec et pour mémoire de Carmenère et Petit Verdot et pour les vins blancs de Sauvignon, Sémillon et Muscadelle.
Les vins rouges, souvent produits sur des alluvions récentes, sont corsés, riches en couleur et en tannins. Le nom de leur commune de production peut être adjoint à l'appellation Premières Côtes de Bordeaux, lorsqu'ils ont un degré alcoolique d'au moins 11,5°.
Les vins blancs, qui doivent contenir au moins 4 grammes de sucres résiduels par litre, sont ronds, parfois même moelleux.

Production moyenne : 78 400 hectolitres de vins rouges et 26 300 hectolitres de vins blancs.

PRESSOIR

Appareil utilisé pour extraire le jus du raisin, dans la vinification en blanc, et pour extraire le vin de presse du marc, dans la vinification en rouge. Il en existe de nombreux types.

PRESSURAGE

Opération qui consiste à extraire par pression, le jus de la vendange, ou le vin du marc. Le produit obtenu dans le premier cas porte le nom de moût de raisin et dans le second de vin de presse.

Le pressurage intervient à différents moments, selon le type de vinification. Dans la vinification en blanc, le pressurage des raisins, qu'ils soient blancs ou noirs, se fait aussitôt qu'ils arrivent au cuvier, car seul le jus est mis à fermenter. Cependant, il y a parfois une phase de macération de quelques heures, dans le cas de raisins blancs, et cela afin d'extraire les arômes, situés sur la face interne de la pellicule.

Même cas de figure pour la vinification en rosé obtenue par pressurage direct de raisins rouges, pressés dès qu'ils sont au cuvier, et qui se caractériseront par une couleur très pâle.

Dans la vinification en rouge, le pressurage n'intervient qu'après la phase de macération qui met en contact les peaux, qui apportent la couleur et le jus, initialement incolore, c'est-à-dire souvent, bien après que la fermentation alcoolique soit finie. Le pressurage qui permet d'extraire le vin contenu dans le marc donne naissance au vin de presse.

PRIMEUR

Normalement, les vins ne peuvent être commercialisés qu'à partir du 1er décembre pour les VDQS et du 15 décembre pour les AOC. Il existe cependant certaines appellations, qui, par leur structure et leur caractère, sont à boire jeunes. La législation autorise leur commercialisation dès le troisième jeudi de novembre, à la condition de bien préciser sur l'étiquette des vins la mention primeur et le millésime.

Vins à AOC qui peuvent être commercialisés – ou libérés – en primeur

– Vins rouges : Beaujolais, Beaujolais Supérieur, Beaujolais suivi du nom de la commune d'origine, Beaujolais-Villages, Côtes du Rhône, Coteaux du Tricastin, Côtes du Ventoux, Coteaux du Languedoc, Coteaux du Lyonnais, Côtes du Roussillon, enfin les AOC Touraine, Anjou et Gaillac, pour les vins produits à partir du seul cépage Gamay.
– Vins rosés : Beaujolais, Beaujolais Supérieur, Beaujolais suivi du nom de la commune d'origine, Beaujolais-Villages, Mâcon, Côtes du Rhône, Tavel, Coteaux du Tricastin, Côtes du Ventoux, Coteaux du Languedoc, Touraine, Coteaux du Lyonnais, Côtes du Roussillon, Cabernet d'Anjou, Cabernet de Saumur, Rosé d'Anjou.
– Vins blancs : Bourgogne, Bourgogne Grand Ordinaire, Bourgogne Aligoté, Mâcon, Mâcon Supérieur, Mâcon suivi du nom de la commune d'origine, Mâcon-Villages, Coteaux du Tricastin, Côtes du Ventoux, Muscadet, Gaillac, Coteaux du Lyonnais, Côtes du Roussillon.

Pour les Vins de Pays, le qualificatif primeur n'obéit à aucune législation particulière : ils peuvent être commercialisés dès qu'ils sont prêts. Les instances professionnelles peuvent cependant décider de ne les mettre sur le marché qu'à partir d'une certaine date, sans que celle-ci ait un caractère officiel.

Les AOC, VDQS et Vins de Pays primeurs peuvent aussi être appelés vins nouveaux.

PRIMEUR (VENTE EN)

La vente en primeur consiste à vendre au printemps qui suit la récolte des vins qui ne seront livrés que l'année suivante, après qu'ils aient subi un élevage en fûts. Cette vente en primeur ne s'applique donc qu'aux grands vins de garde. Elle est intéressante pour le producteur qui amortit plus rapidement ses investissements. Elle peut l'être pour l'acheteur qui acquiert un vin dont les prix risquent de monter rapidement.

PRUINE

Fine couche blanchâtre cireuse qui se dépose sur la surface des baies de raisin. Sa constitution, riche en acides gras, permet le développement de micro-organismes, et notamment des levures, qui sont apportés par le vent ou les insectes.

PUISSANT

Riche en alcool, corsé, étoffé et généreux.

PUISSEGUIN SAINT-ÉMILION

Appellation d'origine contrôlée, attribuée aux vins rouges produits sur la commune de Puisseguin, une des communes satellites de Saint-Émilion. Le vignoble, situé au nord-ouest de Saint-Émilion, couvre environ 650 hectares, sur un sol argilo-calcaire, avec un sous-sol pierreux. Produit à partir des cépages typiques du Bordelais, Cabernet Franc ou Bouchet, Cabernet Sauvignon, Merlot et Malbec, le Puisseguin Saint-Émilion est un vin rouge corsé, assez tannique, pouvant se garder de cinq à huit ans selon les millésimes.
Production moyenne : 31 600 hectolitres.

PULIGNY-MONTRACHET

Appellation d'origine contrôlée, dite communale. Elle désigne les vins blancs, essentiellement, et rouges, produits sur la commune de Puligny-Montrachet, sur la Côte de Beaune (Côte-d'Or). Réputé dans le monde entier pour ses vins blancs, ce vignoble est situé entre Meursault au nord et Chassagne-Montrachet au sud. Il couvre plus de 200 hectares, et possède 17 climats classés

en Premiers Crus, parmi lesquels La Garenne, Les Folatières, les Pucelles, les Referts...
Les vins blancs, issus du cépage Chardonnay et d'un peu de Pinot blanc, sont des vins secs mais ronds, qui développent un parfum complexe de fleurs et de fruits. Ce sont de très grands vins, qui peuvent se garder de trois à douze ans, selon les millésimes et les climats.
La production est d'environ 11 000 hectolitres.
Les vins rouges, environ 350 hectolitres, issus du cépage Pinot noir, ont aussi droit à l'appellation Côte de Beaune-Villages.

PUNCH

Boisson généralement composée de rhum et de divers ingrédients, jus de fruits, sirop, bitter, aromates, etc. Le punch se prépare comme un cocktail, mais on trouve également des préparations commercialisées, comme le planteur, le daïquiri, le maracuja.

PURE MALT

Assemblage de whiskies écossais tirés de distillations d'orge malté.

Quarts de Chaume

Appellation d'origine contrôlée, que portent les vins blancs moelleux, produits dans la région des Coteaux du Layon en Anjou. Son nom vient d'une coutume médiévale : le seigneur et propriétaire se réservait alors le «quart de la récolte pendante», pour prix de son revenu. Bien évidemment, il choisissait bien son «quart», celui que produisait son tenancier sur ce coteau étroit qui va du village de Chaume jusqu'à la rivière du Layon. Issu du seul cépage Chenin, planté sur des schistes durs, c'est un très grand vin moelleux, riche et puissant, avec une pointe d'amertume bien caractéristique.
Production moyenne : 780 hectolitres.

Quatourze

C'est l'un des douze terroirs des Coteaux du Languedoc, dont les vins, rosés ou rouges, bénéficient des AOC Coteaux du Languedoc Quatourze ou Coteaux du Languedoc. Le vignoble, proche de Narbonne, est situé sur un plateau près de la mer, constitué de cailloutis, de quartz, de sables rouges et de grès durs. Les vins sont chauds, robustes et de bonne garde, au nez de champignons, d'épices, mêlés à des senteurs d'humus.
Production moyenne : 13 000 hectolitres.

QUEUES

Ce qui coule à la fin d'une distillation, et que l'on écarte, comme les «têtes», du meilleur de la coulée.

QUINCY

Appellation d'origine contrôlée, attribuée aux vins blancs secs, produits dans le Berry. Le vignoble, situé sur les bords du Cher, au sud-ouest du Sancerrois, couvre environ 115 hectares, sur des sols calcaires.
Le Sauvignon y produit des vins secs et frais, au nez intense, où se retrouvent des éléments de fumé, de pierre à fusil, de bourgeon de cassis.
Production moyenne : 4 460 hectolitres.

QUINQUINA

Apéritif à base de vin aromatisé à l'écorce de quinquina, laquelle est connue depuis longtemps pour ses propriétés fébrifuges et dont on extrait la quinine.

Les quinquinas sont également enrichis de mistelles, d'extraits de racines et d'herbes. Ils sont généralement laissés à vieillir plusieurs années en fûts.

Rafle

Partie végétale de la grappe, qui porte les grains de raisin. Elle représente environ 3 à 6 % du poids de la grappe. Ligneuse, la rafle donne au vin des tannins astringents et des goûts herbacés. Elle est souvent éliminée par éraflage avant que la vendange n'arrive au cuvier.

Raisin

La baie du raisin est portée par le pédicelle, qui la rattache à la grappe. Elle a une forme assez variable selon les cépages, depuis la forme sphérique du Chasselas à la forme ellipsoïdale du Cinsault. Elle est formée d'une pellicule, peau plus ou moins résistante, qui contient la pulpe, et de un à quatre pépins.

La pellicule est riche en matière colorante : les anthocyanes (pigments rouges) et les flavones (pigments jaunes). Sur sa face interne se trouvent les substances odoriférantes.

La pulpe, plus ou moins juteuse, a une composition complexe : de l'eau, des sucres, des acides organiques, des composés azotés, des matières minérales... Par contre, elle ne contient généralement pas d'anthocyanes. Elle n'est donc pas colorée. Ceci explique pourquoi on peut obtenir des vins blancs à partir de raisins noirs comme en Champagne. Il suffit de séparer dès l'arrivée à la cave, le jus des peaux, par pressurage. Il existe cependant certaines variétés de raisins rouges dont la pulpe est colorée. Ces cépages dits teinturiers ne sont pas utilisés pour la production de vins fins.

Les pépins sont riches en tannins et en matière grasse (huile). C'est pourquoi il faut éviter de les écraser lors du pressurage.

Enfin, la partie ligneuse qui porte les grains de raisin est appelée rafle.

RANCIO

Terme qui peut être utilisé en complément de certaines appellations de vins doux naturels. Il s'agit dans ce cas de vins, qui, «en raison de leur âge et des conditions particulières au terroir, ont pris le goût de rancio».

Cette dénomination, dont il n'existe pas de définition plus précise, s'applique en fait aux vins, qui, sous l'effet de conditions de conservation particulières, ont pris cette couleur et ce goût de rancio, qui rappelle une légère madérisation. Le rancio de ces vins, souvent issus du cépage Grenache, est obtenu par une conservation en bonbonnes de verre, les tourries, exposées au soleil plusieurs mois. Ces vins sont ensuite conservés en foudres de chêne plusieurs années avant d'être commercialisés.

RÂPEUX

Très astringent. Ce terme qualifie souvent l'impression d'astringence herbacée que l'on retrouve dans les vins qui ont macéré avec les rafles.

RASTEAU

Appellation d'origine contrôlée, que portent les vins doux naturels blancs (principalement), rosés

et rouges, produits sur les communes de Rasteau, Cairanne et Sablet, dans le Vaucluse, sur la rive gauche du Rhône. Ils sont élaborés principalement à partir des cépages Grenache noir, gris ou blanc.
Ces vins atteignent leur épanouissement après cinq à dix ans. Onctueux et généreux, ils développent un nez de fruits mûrs. Ils doivent être servis vers 13-14°.
Production moyenne : 2 530 hectolitres, dont 2 390 hectolitres de blancs.

RATAFIA
Vin de liqueur qui était traditionnellement obtenu en mélangeant des moûts de raisin avec de l'alcool. Le ratafia est encore très répandu dans le monde rural; il a donné son nom à une appellation contrôlée, le ratafia de Champagne, mais il s'applique également au Pineau des Charentes et au Floc de Gascogne.

RÊCHE
Très astringent.

RECTIFICATION
La rectification consiste à distiller une seconde fois des coulées à l'alcoolémie peu élevée, et c'est ce que l'on fait dans les alambics à repasse. Mais l'amélioration des alambics a permis d'élever directement le résultat de la distillation en ajoutant une colonne de rectification entre la chaudière et le serpentin, ce qui évite une seconde distillation. Dans cette colonne, les vapeurs sont piégées dans de multiples chicanes; les vapeurs les plus légères s'en échappent, mais les vapeurs les plus lourdes se recondensent et retombent.

RÉFRACTOMÈTRE
Appareil qui sert à mesurer la richesse en sucre de la vendange. L'indice de réfraction de la lumière varie selon la composition d'un liquide. Dans le cas du moût, cet indice révèle sa teneur

en sucre. Il existe des tables de correspondance entre la graduation du réfractomètre et la densité du moût.

RÉGNIÉ

Appellation d'origine contrôlée, attribuée aux vins rouges produits sur deux communes du Rhône, Régnié-Durettes et Lantignié, à partir du cépage Gamay. Régnié est le dixième cru, tout récent, du Beaujolais. Il avait droit autrefois à l'appellation Beaujolais-Villages.

REMONTAGE

Opération qui consiste, dans la vinification en rouge, à pomper le vin dans le bas de la cuve et à le rejeter en pluie dans le haut de la cuve. Le remontage favorise la dissolution des constituants du marc, tannins, anthocyanes dans le moût. Le remontage peut s'accompagner d'une aération du moût, qui accélère le développement des levures utiles au bon déroulement de la fermentation.

REUILLY

Appellation d'origine contrôlée, donnée aux vins rouges, rosés et blancs secs, produits dans le Berry. Le vignoble, voisin de celui de Quincy, est situé sur les bords de l'Arnon, affluent du Cher, et couvre environ 60 hectares. Le sol, constitué de marnes calcaires du Kimmeridgien, convient bien au Sauvignon, qui donne un vin blanc sec, frais et parfumé. On trouve également du Pinot noir et du Pinot gris, ce dernier produisant un vin rosé, frais et aromatique.
Production moyenne : 1 150 hectolitres de vins blancs, 690 hectolitres de vins rouges et rosés.

RHUM

Eau-de-vie tirée de la canne à sucre et qui est de deux types, selon que l'on distille directement le vesou, obtenu en broyant la canne à sucre, ou que l'on distille les mélasses résiduelles après que l'on ait extrait et recueilli les cristaux du sucre de canne.

Le premier rhum est dit «agricole»; il est distillé en deux fois et donne la «grappe blanche» directement commercialisée, et le «rhum vieux», laissé au moins trois ans en fût et qui a pris une belle couleur ambrée.

Le rhum de sucrerie se partage lui aussi en plusieurs appellations : le «rhum léger», qui est une excellente base de cocktails; le «rhum traditionnel», vieilli et généralement coloré d'un peu de caramel; le «rhum grand arôme», particulièrement parfumé; et le «rhum vieux», qui a trois années de fût mais dont le goût est différent de celui du «rhum vieux» agricole.

Les rhums permettent d'excellents cocktails, des punchs, des grogs. Les vieux rhums se boivent lentement, en digestifs.

C'est aux Antilles françaises et anglaises que l'on distille la plus grande partie du rhum, mais on en produit également à la Réunion, en Amérique centrale, en Amérique du sud, en Afrique, en Australie et en Nouvelle-Zélande.

RICHE

Chaleureux, donc riche en alcool, mais bien équilibré et harmonieux.

RICHEBOURG

Appellation d'origine contrôlée et Grand Cru rouge de la Côte de Nuits. Ce sont des vins rouges produits sur certaines parcelles de la commune de Vosne-Romanée. Le vignoble, composé de Pinot noir, s'étend sur près de 8 hectares.

D'une robe rouge grenat, il est robuste, ample et plein, au parfum de framboise et de violette. Charnu et généreux, très long en bouche, c'est l'un des plus grands vins de Bourgogne. Solide et charpenté, il est de bonne garde : dix ans et plus. Production moyenne : 215 hectolitres.

RIESLING

Certainement le plus ancien cépage d'Alsace, il représente aujourd'hui près de 20 % de la production. Tardif, il a la particularité de bien supporter la surmaturation, condition à laquelle sont soumises les mentions vendanges tardives ou sélection de grains nobles. Le Riesling donne un vin fin et racé, au nez fruité caractéristique. Production moyenne : 234 000 hectolitres.

RIVESALTES

Appellation d'origine contrôlée, qui désigne les vins doux naturels, produits sur 86 communes des Pyrénées-Roussillon et 9 communes de l'Aude, soit près de 24 000 hectares. L'encépagement est constitué de Muscat à petits grains, Muscat d'Alexandrie, Grenache noir, gris ou blanc, Maccabéo et Tourbat encore dénommé Malvoisie du Roussillon.

Les Rivesaltes sont obtenus par mutage en cours de fermentation. Ce sont essentiellement des rosés et des blancs, vinifiés sans les peaux. Mais il existe aussi une production de rouges, dont la couleur est obtenue par une macération, durant tout ou partie de la fermentation.

Ce sont des vins riches et capiteux, à la teinte ambrée ou tuilée pour les blancs et rosés, pourpre pour les rouges.

Production moyenne : 349 000 hectolitres de blancs et 76 000 hectolitres de rouges.

L'appellation Rivesaltes Rancio est réservée aux vins doux naturels qui, en raison de leur âge et des conditions particulières au terroir, mais aussi au mode de conservation, ont pris le goût de rancio.

RIVESALTES (MUSCAT DE)

Appellation d'origine contrôlée, qui désigne des vins doux naturels produits sur l'ensemble de l'appellation Rivesaltes. Il est obtenu à partir des cépages Muscat à petits grains, très parfumé et Muscat d'Alexandrie, plus frais. C'est un vin à

consommer jeune, pour ses arômes (raisin frais, acacia, agrumes...).
Production moyenne : 94 100 hectolitres.

ROBE

Synonyme de couleur, en matière de vin.

ROGNAGE

Opération qui consiste à couper des feuilles et des rameaux verts, afin de permettre une meilleure aération et un meilleur ensoleillement des grappes, et surtout d'éviter la coulure au moment de la floraison. Elle est réalisée vers la mi-juin et en juillet.

ROLLE

Cépage blanc cultivé essentiellement dans le Var. Il est aussi utilisé en Corse sous le nom de Vermentino.

ROMANÉE (LA)

Appellation d'origine contrôlée et Grand Cru rouge de la Côte de Nuits. Ce sont des vins rouges produits sur certaines parcelles de la commune de Vosne-Romanée. C'est la plus petite AOC de France, avec une superficie de 84 ares seulement qui produisent un vin superbe et rare, dont la robustesse exige au moins une dizaine d'années de garde.
Production moyenne : 30 hectolitres.

ROMANÉE-CONTI

Appellation d'origine contrôlée et Grand Cru rouge de la Côte de Nuits. Le nom de ces vins rouges produits sur certaines parcelles de la commune de Vosne-Romanée, vient du prince de Conti, qui a acquis ce clos en 1760. On raconte qu'il l'acheta juste pour empêcher son ennemie, Madame de Pompadour, de se l'attribuer. Le vignoble, contigu à celui de La Romanée, est à peine plus étendu, puisqu'il mesure moins de deux hectares. Il produit un vin somptueux, « à la robe chatoyante, au bouquet pénétrant et à la suavité unique». C'est un vin de bonne garde, que l'on peut attendre une dizaine d'années. Production moyenne : 38 hectolitres.

ROMANÉE-SAINT-VIVANT
Appellation d'origine contrôlée et Grand Cru rouge de la Côte de Nuits. Le vignoble, d'une superficie de plus de neuf hectares, est situé sur la commune de Vosne-Romanée, en contre-bas de ceux de Romanée-Conti et de La Romanée. Il est installé sur un sol argilo-calcaire plus riche, qui donne des vins rouges légèrement différents, mais de beaucoup d'ampleur et de distinction.
Production moyenne : 191 hectolitres.

ROND
Souple et charnu.

ROSÉ
Voir Vinification en rosé.

ROSÉ D' ANJOU
Voir Anjou.

ROSÉ DE LOIRE
Appellation d'origine contrôlée, qui recouvre les vins rosés produits sur les aires d'appellation Anjou, Saumur et Touraine. Ils proviennent des cépages Cabernet Franc et Cabernet Sauvignon, à raison d'au moins 30 %, associés aux cépages Gamay, Groslot, Côt et Pineau d'Aunis. C'est un vin sec, franc et léger, contenant moins de trois grammes de sucres résiduels par litre.
Production moyenne : 26 800 hectolitres.

ROSÉ DES RICEYS
Appellation d'origine contrôlée, appliquée aux vins rosés tranquilles produits en Champagne sur la commune des Riceys (Aube). Ils sont issus du cépage Pinot noir, vinifié avec une macération de deux à quatre jours. Déjà appréciés sous

Louis XIV, ils sont élégants et délicatement fruités.
Production moyenne : 232 hectolitres.

ROSETTE

Appellation d'origine contrôlée, que portent les vins blancs moelleux élaborés à partir des cépages Sauvignon, Sémillon et Muscadelle, produits au nord-est de Bergerac.
La production est extrêmement faible : 101 hectolitres.

RÔTI (GOÛT DE)

Odeur que l'on trouve dans les vins surmûris, issus de raisins atteints de pourriture noble, et qui évoque des senteurs d'écorce d'agrumes, de fruits secs, de pain grillé, etc.

ROUGE

Voir Vinification en rouge.

ROUMANIE

Ce pays, avec plus de 8 millions d'hectolitres de vin, atteint 11 % de la production française, souvent avec de très bons vins.

Les principales régions productrices sont, d'est en ouest :

La Dobroudja, entre le Danube et la mer Noire, qui donne de bons vins blancs à base de Riesling italico et dans l'arrière-pays du port de Constantza, le fameux Murfatlar, vin de dessert au bouquet qui évoque la fleur d'oranger.

En Moldavie, le vignoble de Cotnari, l'un des plus anciens de Roumanie, près de Iasi, non loin de la frontière soviétique, produit deux vins moelleux, l'un bien équilibré, dont le cépage Grasa est le composant essentiel, l'autre au curieux arôme de café que lui transmet le cépage Tamiîoasa romaneasca.

Dans le district de Vrancea, où les Carpathes rejoignent les Alpes de Transylvanie, on trouve autour d'Odobeski des vins rouges issus de deux

cépages traditionnels. Le Feteasca neagra donne des vins légers et fruités à boire jeunes et le Babeasca neagra des vins équilibrés et bouquetés.
Ce même vignoble produit un étonnant Aligoté élaboré avec des raisins cueillis à l'état de surmaturité ainsi qu'un autre vin blanc ayant une certaine aptitude au vieillissement, issus du cépage traditionnel le plus répandu, le Feteasca alba.

Au nord de Bucarest, le vignoble de Dealul-Mare produit avec le cépage Grasa des vins blancs corsés, secs et demi-secs, aptes au vieillissement, des vins mousseux de Riesling italico et des vins moelleux de Tamiîoasa romaneasca.

En Valachie, au sud des Alpes de Transylvanie, on peut déguster d'excellents Riesling dans la région d'Arges et des vins moelleux de Tamiîosa romaneasca.

En Transylvanie, dans le district d'Alba, sur les rives du Tirnave, affluent du Mures, on élabore un vin moelleux de grande réputation issu du Muscat Ottonel, des vins blancs secs et demi-secs à base de Feteasca alba, évoqué ci-dessus, enfin du Riesling et du Pinot gris.

Le Banat, aux confins de la Hongrie et de la Yougoslavie, produit des vins sans grand relief : rouges utilisant le cépage hongrois Kadarka et blancs issus de Riesling et de Feteasca alba.

ROUSSANNE

Cépage blanc cultivé essentiellement dans la partie septentrionale des Côtes du Rhône. On le trouve aussi dans les Côtes du Rhône méridionales, la Provence et la Savoie, où il est appelé Bergeron. Il donne des vins blancs d'une grande finesse, mais il est en régression en raison de sa grande vulnérabilité aux maladies.

ROUSSETTE DE SAVOIE

Appellation d'origine contrôlée, attribuée aux vins blancs secs, produits sur l'ensemble du

vignoble savoyard, à l'exception du département de l'Ain. L'encépagement est constitué d'Altesse ou Roussette, de Mondeuse blanche et de Chardonnay ou Petite Sainte-Marie, ce dernier cépage ne devant pas excéder 50 %.
Certains vins, issus exclusivement du cépage Altesse, et produits sur les aires délimitées ci-dessous, peuvent voir mentionné le nom de leur zone de production, en complément de l'appellation Roussette de Savoie. Ces crus sont : Frangy, au confluent de la rivière des Usses et du Rhône, Marestel, sur les communes de Jongieux et Lucey, Monterminod, sur la commune de Saint-Alban Leysse, Monthoux, sur la commune de Saint-Jean de Chevelu.
Ce sont des vins très fins, assez corsés. Ils se bonifient avec le temps pour exhaler, après trois à quatre ans, un nez remarquable, où se mêlent la noisette, le miel, l'amande et la violette.
Production moyenne : 4 010 hectolitres.

ROUSSETTE DU BUGEY

Appellation d'origine VDQS, qui regroupe les vins blancs secs, produits sur l'ensemble de la zone viticole du Bugey et issus des cépages Altesse et Chardonnay. Ils sont fins et légers. Il existe dans cette région plusieurs crus dont les noms peuvent compléter l'appellation Roussette du Bugey. Il s'agit de Virieu, Montagnieu, Lagnieu, Chanay, Arbigneu et Anglefort.
Production moyenne : 800 hectolitres.

RUCHOTTES-CHAMBERTIN

Appellation d'origine contrôlée et Grand Cru rouge de la Côte de Nuits. Ce sont des vins rouges produits sur certaines parcelles de la commune de Gevrey-Chambertin. Le nom de Ruchottes viendrait du mot patois roiches, qui signifie rocher. Le vignoble, de 3,30 hectares, est contigu à celui de Mazis-Chambertin, au nord-ouest. Il produit des vins fermes, peut-être un peu moins fins que ceux de Mazis.
Production moyenne : 102 hectolitres.

RUDE

Qui possède une astringence élevée.

RULLY

Appellation d'origine contrôlée, que portent les vins rouges et blancs de Bourgogne, produits sur l'aire délimitée des communes de Rully et Chagny, en Saône-et-Loire. Rully est le village le plus septentrional de la Côte Chalonnaise.

La vigne est plantée sur des coteaux calcaires exposés au sud-sud-est. Les meilleurs climats sont classés en Premiers Crus, par exemple, Gresigny, Margotey ou les Cloux.

Les vins rouges, issus du Pinot noir, sont fins, assez amples, au nez de fruits rouges. Ils sont à boire dans les cinq ans. Les vins blancs, issus des cépages Chardonnay et Pinot blanc, sont secs mais ronds, au nez subtil de noisette et de violette.
Production moyenne : 4 560 hectolitres de vins rouges et 4 700 hectolitres de vins blancs.

RYE WHISKEY

Whiskey américain de Pennsylvanie et du Maryland, tiré du seigle et de malt d'orge ou de seigle. Il est de goût plus corsé que le bourbon et se boit plus jeune.

SACCHAROMYCES

Levures qui transforment le sucre du raisin en alcool.

SACY

Cépage blanc cultivé dans l'Yonne, il entre dans la composition des vins blancs à AOC Bourgogne, Bourgogne Ordinaire et Bourgogne Grand Ordinaire. Ce cépage est aussi dénommé Tressalier.

SAIGNÉE

C'est un terme utilisé en matière de vinification des vins rosés. La vinification par saignée consiste à vinifier en rouge, mais en limitant la macération à quelques heures et par conséquent l'action des matières colorantes contenues dans les peaux. Ce procédé est également utilisé, dans les années légères et permet, en prélevant une partie du jus en cours de fermentation, de concentrer le reste et d'obtenir un vin plus coloré et plus tannique.

SAINT-AMOUR

Appellation d'origine contrôlée, qui s'applique à des vins rouges, produits dans le Beaujolais, à partir du cépage Gamay noir à jus blanc, vinifié en macération carbonique. C'est le plus septentrional des dix crus du Beaujolais, situé presque entièrement en Saône-et-Loire. Produit sur des arènes granitiques, c'est un vin solide et charnu, au nez de kirsch, qui peut se garder trois à cinq ans.

Production moyenne : 15 500 hectolitres.

SAINT-AUBIN

Appellation d'origine contrôlée, attribuée aux vins rouges et blancs de Bourgogne, produits sur la commune de Saint-Aubin, en Côte-d'Or. Celle-ci est située à l'est de Chassagne-Montrachet, légèrement en arrière de la Côte de Beaune. Elle comprend le hameau de Gamay, qui est à l'origine du nom que porte le cépage du Beaujolais. Une quinzaine de climats sont classés en Premiers Crus.

Les vins rouges, issus du Pinot noir, sont souples et légers, à boire dans les cinq ans. Ils bénéficient aussi de l'appellation Côte de Beaune-Villages. Les vins blancs, issus des cépages Chardonnay et Pinot blanc, sont ronds et fruités.

Production moyenne : 4 200 hectolitres, dont 2 630 hectolitres de vins rouges.

SAINT-CHINIAN

Appellation d'origine contrôlée, qui désigne les vins rouges et rosés, produits sur vingt communes du département de l'Hérault. Le vignoble est situé au nord-ouest de Béziers, dans la région des Coteaux du Languedoc. On y distingue deux zones : la moitié nord a des sols schisteux, produisant des vins puissants, de bonne garde et la moitié sud, argilo-calcaire, donne des vins ronds, plus souples. L'encépagement est constitué de Grenache, Carignan, Cinsault, Mourvèdre, Syrah et Lladoner Pelut.

Production moyenne : 106 900 hectolitres.

SAINT-CHRISTOL

C'est l'un des douze terroirs des Coteaux du Languedoc, dont les vins, rosés ou rouges, bénéficient des AOC Coteaux du Languedoc Saint-Christol ou Coteaux du Languedoc. Situé au nord de Lunel, sur la seule commune de Saint-Christol, le vignoble est planté sur un sol rouge parsemé de galets roulés. Les vins rouges, issus des cépages Mourvèdre, Grenache, Carignan, Cinsault et parfois Syrah, sont pourpres et

charnus. Les rosés sont fruités et souples.
Production moyenne : 7 500 hectolitres.

SAINT-DRÉZÉRY

C'est l'un des douze terroirs des Coteaux du Languedoc, dont les vins, rosés ou rouges, bénéficient des AOC Coteaux du Languedoc Saint-Drézéry ou Coteaux du Languedoc. Le vignoble, issu des mêmes cépages que ceux de son voisin Saint-Christol, est cultivé sur la seule commune de Saint-Drézéry. La terre cuivrée donne des vins fruités et légers, à boire jeunes et frais.
Production moyenne : 4 500 hectolitres.

SAINTE-CROIX-DU-MONT

Appellation d'origine contrôlée, qui désigne des vins blancs moelleux de la région de Bordeaux. Le vignoble, qui couvre environ 550 hectares, est situé sur la seule commune de Sainte-Croix-du-Mont, à 43 kilomètres au sud-ouest de Bordeaux, sur la rive droite de la Garonne. Il est exposé au midi, séparé de Barsac et Sauternes par la Garonne. Son terroir, tout-à-fait différent, est constitué essentiellement de coteaux argilo-calcaires riches en coquilles d'huîtres et autres fossiles marins, et surplombe le fleuve de près d'une centaine de mètres.
Élaborés à partir des cépages Sémillon, Sauvignon et Muscadelle, récoltés à surmaturation, par tries successives, les vins de Sainte-Croix-du-Mont sont moelleux et très fruités. Ils ont certes moins d'élégance et de concentration que les Sauternes et les Barsacs, mais ils peuvent être remarquables, dans les grandes années.
Production moyenne : 23 700 hectolitres.

SAINTE-FOY BORDEAUX

Appellation d'origine contrôlée, attribuée aux vins rouges et blancs, produits à l'est du département de la Gironde, sur la rive gauche de la Dordogne. Le vignoble est établi sur des coteaux au relief accidenté dominant la Dor-

dogne, coteaux aux sols variés, tantôt argilo-calcaires, tantôt sablo-argileux.
Cette région est connue surtout pour sa production de vins blancs, secs, moelleux et liquoreux. Ils sont obtenus à partir des cépages bordelais, Sémillon, Sauvignon et Muscadelle, et aussi, limité à 10 % de l'encépagement, de Colombard, Merlot blanc, Mauzac et Ugni blanc. Les vins moelleux, toujours obtenus à partir de raisins surmûris, sont souples. Les vins blancs secs, souvent à dominante de Sauvignon, sont frais et parfumés.
Les vins rouges, dont la production augmente, sont issus des cépages Cabernet Sauvignon, Cabernet Franc, Merlot, Malbec et Petit Verdot. Colorés et assez tanniques, ils sont de bonne garde.
Production moyenne : 5 100 hectolitres de vins blancs et 3 900 hectolitres de vins rouges.

SAINT-ÉMILION

Appellation d'origine contrôlée, qui désigne les vins rouges de la région de Bordeaux, produits sur la rive droite de la Dordogne, près de Libourne. S'étendant sur le territoire de huit communes, le vignoble couvre environ 5 000 hectares.
Les sols et sous-sols y sont très divers. On trouve en effet, au moins cinq types de terroirs : le plateau calcaire, aux sols peu épais, argilo-calcaires et argilo-sableux; les côtes, aux sols analogues à ceux du plateau, mais constituées de pentes plus ou moins abruptes; des sols établis sur les croupes formées par les alluvions gravelo-sableuses quaternaires de l'Isle, au nord-ouest; des sols sableux, sans graviers, ni cailloux, situés à l'ouest; enfin, des sols argilo-graveleux, situés vers le sud, dans la plaine.

L'encépagement est constitué de Cabernet Sauvignon, Malbec, mais surtout de Cabernet Franc ou Bouchet, qui apporte des éléments de bonne garde, et de Merlot, qui contribue au moelleux.

Les vins de Saint-Émilion sont généralement corsés, d'une belle couleur. On distingue trois grands types, selon les terroirs. Ceux du plateau et des côtes sont généreux et de longue garde; ceux des bas de pente, ou des croupes graveleuses sont moins corsés, mais ont davantage de bouquet; enfin, ceux des sables et graviers plus récents, sont plus légers.

Les vins de Saint-Émilion bénéficient, selon leur qualité et leur notoriété, des appellations suivantes : Saint-Émilion, dont la superficie est de 2 300 hectares et Saint-Émilion Grand Cru qui couvre 2 700 hectares. Les vins de cette seconde appellation sont obligatoirement mis en bouteille au château. A l'intérieur de cette appellation, un certain nombre de propriétés bénéficient d'un classement en Grands Crus Classés et Premiers Grands Crus Classés, révisé environ tous les dix ans.

Production moyenne : 100 000 hectolitres en Saint-Émilion, 130 000 hectolitres en Saint-Émilion Grand Cru.

Classement des crus de Saint-Émilion
(mai 1986)

Premiers Grands Crus Classés, catégorie subdivisée en a et b :

a) Ausone, Cheval Blanc.
b) Beauséjour (de la famille Duffau-Lagarosse), Belair, Canon, Clos Fourtet, Figeac, La Gaffelière, La Magdelaine, Pavie, Trottevieille.

Grands Crus Classés :

L'Angélus, L'Arrosée, Balestard-la-Tonnelle, Beauséjour (de la famille Bécot), Bellevue, Bergat, Berliquet, Cadet-Bon, Cadet-Piola, Canon-la-Gaffelière, Cap de Moulin, Chapelle-Madeleine, Le Chatelet, Chauvin, Clos des Jacobins, Clos la Madeleine, Clos de l'Oratoire, Clos-Saint-Martin, La Clotte, La Clusière, Corbin-Michotte, Corbin, Couvent des Jacobins,

Croque-Michotte, Curé Bon la Madeleine, Dassault, La Dominique, Faurie de Souchard, Fonplégade, Fonroque, Franc-Mayne, Grand-Barrail-Lamarzelle-Figeac, Grand-Corbin Despagne, Grand Corbin, Grand Mayne, Grand Pontet, Guadet-Saint-Julien, Haut-Corbin, Haut Sarpe, Laniote, Larcis-Ducasse, Lamarzelle, Larmande, Laroze, Matras, Mauvezin, Moulin du Cadet, Pavie-Decesse, Pavie-Macquin, Pavillon Cadet, Petit Faurie de Soutard, Le Prieuré, Ripeau, Sansonnet, Saint-Georges Côte Pavie, La Serre, Soutard, Tertre Daugay, la Tour du Pin-Figeac (de la famille Giraud-Belivier), la Tour du Pin-Figeac (de la famille Moueix), La Tour-Figeac, Trimoulet, Troplong-Mondot, Villemaurine, Yon-Figeac.

SAINT-ESTÈPHE

Appellation d'origine contrôlée, donnée aux vins rouges produits sur la seule commune de Saint-Estèphe, sur la rive gauche de la Gironde. C'est la plus septentrionale des appellations communales du Médoc. Le vignoble, qui couvre 1 100 hectares, est constitué de croupes graveleuses, sur un sous-sol d'alios. Ses vins, bouquetés et tanniques, sont de grande garde. Parmi eux, cinq crus figurent au classement des Médoc, réalisé en 1855.
Production moyenne : 59 000 hectolitres.

SAINT-GEORGES D'ORQUES

C'est l'un des douze terroirs des Coteaux du Languedoc, dont les vins, rosés ou rouges, bénéficient des AOC Coteaux du Languedoc Saint-Georges d'Orques ou Coteaux du Languedoc. Établi sur cinq communes du département de l'Hérault, le vignoble est tout proche de la ville de Montpellier. Les vins rouges, issus des cépages Grenache, Carignan, Cinsault et Syrah, sont généreux, au nez de fruits rouges.
Production moyenne : 14 000 hectolitres.

SAINT-GEORGES SAINT-ÉMILION

Voir Montagne Saint-Émilion.

SAINT-JEAN DE MINERVOIS (MUSCAT DE)

Appellation d'origine contrôlée, donnée aux vins doux naturels produits à partir du seul cépage Muscat à petits grains. Le vignoble est situé sur la commune de Saint-Jean, sur les causses du Haut-Minervois qui bordent la rivière Cesse. Ce Muscat est remarquable par son fruité et son équilibre alcool/acidité dûs à l'altitude (environ 300 mètres) et au sol calcaire particulièrement caillouteux.
Production moyenne : 1 860 hectolitres.

SAINT-JOSEPH

Appellation d'origine contrôlée, attribuée aux vins rouges et blancs des Côtes du Rhône septentrionales, produits sur trois communes du département de la Loire et vingt-trois communes de l'Ardèche. Couvrant près de 300 hectares, le vignoble est constitué de terrasses sur les coteaux granitiques très pentus de la rive droite du Rhône. Il offre un superbe panorama sur les barres du Vercors à l'est, les plateaux du Vivarais et le mont Ventoux, au sud. Les vins rouges, issus du cépage Syrah, ont des arômes de violette et de framboise sauvage, qui évoluent vers un bouquet animal et poivré. Les vins blancs, élaborés en petites quantités à partir de Marsanne et de Roussane, sont frais et légers, aux arômes de miel et d'acacia.
Production moyenne : 14 000 hectolitres de vins rouges et 1 050 hectolitres de vins blancs.

SAINT-JULIEN

Appellation d'origine contrôlée, que portent les vins rouges, produits sur les communes de Saint-Julien, Cussac et Saint-Laurent. C'est l'une des six appellations communales du Médoc. Le vignoble, qui couvre 750 hectares, sur les deux croupes graveleuses de Beychevelle et Saint-

Julien, borde l'estuaire de la Gironde. D'ailleurs, le mot Beychevelle signifie «baisse-voile», et fait allusion au salut qu'adressaient autrefois les navires en passant devant le château du duc d'Épernon, alors Grand Amiral de France.

Les vins de Saint-Julien ont beaucoup de corps et de bouquet. Parmi eux, onze crus figurent dans le classement des vins du Médoc de 1855.
Production moyenne : 39 000 hectolitres.

SAINT-NICOLAS DE BOURGUEIL

Appellation d'origine contrôlée, qui désigne les vins rouges de la Touraine, produits sur la seule commune de Saint-Nicolas-de-Bourgueil. Le vignoble, caractérisé par des sols de graviers (siliceux et graveleux), est constitué presque exclusivement du cépage Cabernet Franc; le Cabernet Sauvignon y est toléré à raison de 10 % au plus de l'encépagement. Protégés des courants d'air froid du nord, par une forêt, et exposés plein sud en terrasses successives, les coteaux bénéficient de l'influence océanique, qui leur assure un microclimat d'une douceur étonnante.

Le Saint-Nicolas de Bourgueil est très fruité dans sa jeunesse, avec des tannins fondus, mais il peut s'épanouir quelques années.
Production moyenne : 34 400 hectolitres.

SAINT-PÉRAY

Appellation d'origine contrôlée, décernée aux vins blancs, produits sur la rive droite du Rhône, sur les communes de Saint-Péray et Touloud, en face de Valence. C'est le cru le plus méridional des Côtes du Rhône septentrionales.

Issu des cépages Roussanne et Marsanne, le Saint-Péray est soit un vin tranquille, nerveux et frais, aux arômes floraux, soit un vin mousseux, obtenu par une deuxième fermentation en bouteille.
Production moyenne : 2 300 hectolitres.

SAINT-POURÇAIN

Appellation d'origine VDQS, que portent les vins rouges, rosés et blancs secs, produits dans le département de l'Allier, au sud de Moulins. Le vignoble, d'environ 500 hectares, couvre les coteaux orientés sud-est, qui bordent les rives gauches de l'Allier, de la Sioule et de la Bouble autour de Saint-Pourçain.

Les vins blancs sont à base de Sacy appelé localement Tressalier, auxquel s'ajoutent le Chardonnay, le Sauvignon, l'Aligoté et le Saint-Pierre doré, ce dernier limité à 10 %. Les rosés et les rouges sont produits à partir du Gamay, avec environ 10 % de Pinot noir. Ce sont des vins légers, à boire jeunes et frais.

Production moyenne : 4 800 hectolitres de vins blancs, 20 500 hectolitres de vins rouges et rosés.

SAINT-ROMAIN

Appellation d'origine contrôlée, qui s'applique aux vins rouges et blancs, produits sur la commune de Saint-Romain, en Côte-d'Or. Le vignoble, voisin de celui d'Auxey-Duresses, est situé au fond d'une combe. Il couvre près de 135 hectares, sur une colline aux sols variés, dominée par une falaise.

Les vins rouges, issus de Pinot noir, sont légers et parfumés (arôme dominant de cerise). Ils sont à boire jeunes : dans les cinq ans. Les vins blancs sont issus des cépages Chardonnay et Pinot blanc, plantés sur des marnes jurassiques. Ils sont vifs et aromatiques.

Production moyenne : 1 860 hectolitres de vins rouges et 1 500 hectolitres de vins blancs.

SAINT-SATURNIN

C'est l'un des douze terroirs des coteaux du Languedoc, dont les vins, rosés ou rouges, bénéficient des AOC Coteaux du Languedoc Saint-Saturnin ou Coteaux du Languedoc. Le vignoble s'étend sur quatre communes de l'Hérault, en bordure du causse du Larzac, au

pied de Saint-Bauzille. Les vins sont puissants, au nez intense de gibier, avec parfois des notes de truffe. Les «vins d'une nuit», rosés soutenus, pleins et fruités, sont une spécialité traditionnelle de Saint-Saturnin.
Production moyenne : 22 000 hectolitres.

SAINT-VÉRAN
Appellation d'origine contrôlée, donnée aux vins blancs secs, produits sur l'aire délimitée de huit communes de Saône-et-Loire, dans le sud du Mâconnais. Le vignoble est planté sur des pentes argilo-calcaires, qui permettent au cépage Chardonnay de s'épanouir. Les vins sont parfumés, frais et très agréables, à boire jeunes.
Production moyenne : 64 600 hectolitres.

SALMANAZAR
Grosse bouteille de Champagne, d'une contenance de 12 bouteilles.

SAMPIGNY-LES-MARANGES
Appellation d'origine contrôlée, que portent des vins rouges et blancs, produits au sud de la Côte de Beaune, sur la commune de Sampigny-les-Maranges (Saône-et-Loire). Le vignoble couvre moins de 40 hectares et possède deux climats classés en Premiers Crus : les Maranges et le Clos du Roi. Les vins rouges, issus du cépage Pinot noir, sont souples et ronds. Ils sont souvent vendus sous l'appellation Côte de Beaune-Villages. Quant aux vins blancs, ils sont pratiquement inexistants. Cette appellation devrait disparaître prochainement, pour être englobée, avec Dézize et Cheilly, dans une nouvelle AOC Maranges.
Production moyenne : 170 hectolitres de vins rouges.

SANCERRE
Appellation d'origine contrôlée, qui s'applique aux vins rouges, rosés et blancs secs produits sur

environ 1 600 hectares, sur la rive gauche de la Loire, dans le département du Cher. Malgré sa situation continentale, le vignoble bénéficie d'un climat relativement tempéré, par la Loire à l'est, et d'importants massifs forestiers à l'ouest.
On y distingue trois types de terroirs bien différents.
A l'ouest, les «terres blanches» (les collines les plus hautes) argilo-calcaires, produisent des vins corsés. A l'est, à partir du piton de Sancerre, les sols argilo-siliceux, caillouteux et riches en silex, conviennent mieux au Pinot noir. Entre les deux, les «caillotes», petits coteaux et mamelons très pierreux, très calcaires (Kimmeridgien), produisent des vins légers et fins.
Les vins blancs sont issus du cépage Sauvignon, généralement planté sur les sols calcaires. Ils sont frais, très aromatiques, d'une grande finesse. Les vins rouges et rosés sont obtenus à partir du cépage Pinot noir. Rosé saumoné, à peine teinté, ou rouge au nez de cerise et de violette, ce vin léger est à boire jeune et frais.
Production moyenne : 89 000 hectolitres de vins blancs, 22 500 hectolitres de vins rouges et rosés.

SANTÉ (VIN ET)

Entre les campagnes anti-alcooliques, qui ont tendance à confondre vin, alcool et cirrhose et certaines thèses médicales qui qualifient le Bordeaux de vin médecin, il faut raison garder. On connaît les effets négatifs de l'alcool sur la santé. Mais on oublie souvent qu'il a également, consommé avec modération, des propriétés bénéfiques. Outre son effet tranquilisant, il agit sur la digestion, il est diurétique et favorise l'absorption intestinale des lipides. En pesant sur le taux de cholestérol, il diminue les risques d'artériosclérose. Il agit également sur le psychisme pour calmer l'anxiété et favoriser la communication. Une consommation excessive provoque par contre des troubles du caractère, des troubles psychiques, le delirium tremens et des effets

organiques sur le foie et le pancréas.
Des études statistiques ont prouvé que la consommation de vin diminuait fortement les risques de maladies cardio-vasculaires et qu'elle n'était pas nocive à condition d'obéir aux cinq commandements du savoir-boire, que décrit le Docteur Martine Baspeyras dans son livre *Le Vin médecin :*

1. Que boire? du vin rouge riche en tannins.
2. Pourquoi? pour le plaisir et la santé.
3. Quand? seulement durant les repas.
4. Comment? très lentement.
5. Combien? un verre par repas pour une femme et deux pour un homme.

SANTENAY

Appellation d'origine contrôlée, attribuée aux vins rouges et blancs de Bourgogne, produits sur les communes de Santenay (Côte-d'Or) et Rémigny (Saône-et-Loire), dans le sud de la Côte de Beaune. Le vignoble, d'environ 370 hectares, possède une vingtaine de climats classés en Premiers Crus. Les vins rouges, issus du cépage Pinot noir, sont assez fermes, et demandent quatre à cinq ans de garde. Ils ont aussi droit à l'appellation Côte de Beaune-Villages. Les vins blancs, issus du Chardonnay et du Pinot blanc, sont fins et ronds.
Production moyenne : 14 000 hectolitres de rouges et moins de 260 hectolitres de blancs.

SARMENT

Rameau de vigne, coupé lors de la taille. Autrefois utilisé par les vignerons pour le chauffage ou la cuisine, les sarments sont aujourd'hui brûlés dans la vigne, au fur et à mesure de la taille, en raison du coût du ramassage.

SAUMUR

Appellation d'origine contrôlée, qui recouvre les vins produits dans la région de Saumur, sur le plateau calcaire (tuffeau) situé entre la Loire et le

Thouet. L'appellation regroupe des vins rouges et des vins blancs. Les vins rouges à base de Cabernet Franc, auquel on peut adjoindre du Cabernet Sauvignon et du Pineau d'Aunis, sont des vins frais et fruités, plus ou moins tanniques, à consommer dans les trois ou quatre ans.
Production moyenne : 24 200 hectolitres.
Les vins blancs sont pour au moins 80 % à base de Chenin, appelé localement Pineau de la Loire, auquel peuvent être associés le Chardonnay et le Sauvignon. Le Saumur blanc est un vin frais et fruité, à boire jeune.
Production moyenne : 33 400 hectolitres.

SAUMUR CHAMPIGNY
Appellation d'origine contrôlée, décernée aux vins rouges, produits sur neuf communes autour de Saumur, soit un vignoble d'environ 600 hectares. Obtenu à partir du cépage Cabernet Franc, auquel on peut associer le Cabernet Sauvignon, c'est un vin ferme, qui allie la fraîcheur à une certaine structure tannique, au nez typique du Cabernet, où se mêlent des odeurs végétales (bois de ronce) et fruitées (framboise).
Production moyenne : 46 400 hectolitres.

SAUMUR MOUSSEUX
Appellation d'origine contrôlée, que portent les vins mousseux produits dans la zone d'appellation Saumur, sur environ 2 000 hectares.
Ce sont des vins blancs (95 %) et rosés (5 %), dont la prise de mousse est obtenue par une deuxième fermentation en bouteille. Les vins reposent sur leurs lies fines, en bouteilles, pendant au minimum neuf mois. Cette conservation sur lattes, dans des caves creusées dans le tuffeau, à une température d'environ 10°, permet au vin de garder toute sa fraîcheur. La prise de mousse, parce qu'elle se réalise lentement, donne beaucoup de finesse aux bulles.
Pour les vins rosés, l'encépagement est constitué de Cabernet Franc, Cabernet Sauvignon, Côt,

Gamay, Grolleau, Pineau d'Aunis et Pinot noir. Pour les vins blancs, de Chenin, de Chardonnay et de Sauvignon (ces deux derniers limités à 20 %), mais aussi des cépages rouges précédemment cités, sans qu'ils puissent excéder 60 % de l'encépagement total.
Production moyenne : 92 000 hectolitres de blancs et 3 400 hectolitres de rosés.

SAUSSIGNAC

Appellation d'origine contrôlée, qui désigne les vins blancs moelleux, produits sur quatre communes de la rive gauche de la Dordogne, à l'ouest du vignoble de Monbazillac. Issus des cépages Sauvignon, Sémillon et Muscadelle, (le Chenin est également autorisé mais inexistant), les vins de Saussignac sont moelleux, moins liquoreux que ceux de Monbazillac.
Production moyenne : 1 240 hectolitres.

SAUTERNES

Appellation d'origine contrôlée, donnée aux vins blancs moelleux de la région de Bordeaux. Situé sur la rive gauche de la Garonne, à une quarantaine de kilomètres au sud de Bordeaux, le vignoble bénéficie d'un microclimat particulier, qui permet le développement d'un champignon, le botrytis cinerea, en pourriture noble. Les brouillards matinaux, dûs à la présence du Ciron, un affluent de la Garonne, suivis de journées ensoleillées, permettent d'obtenir des raisins «rôtis», gorgés de sucre mais aussi de substances aromatiques particulières rappelant les fruits secs (abricot, écorce d'orange) ou les fleurs (acacia).
Les vendanges se font par tries successives, afin de ne récolter que les raisins ayant atteint une surmaturation satisfaisante.
Il en résulte des vins liquoreux, onctueux et généreux, au nez intense et complexe, qui peuvent se garder de longues années.

L'encépagement est composé de Sémillon (70 à

80 %), mais aussi de Sauvignon et d'un peu de Muscadelle. Le terroir est constitué de graves, argiles, silices et calcaires, avec un sous-sol le plus souvent argileux, qu'il convient de drainer soigneusement.
La production moyenne est d'environ 30 150 hectolitres.

Les vins de Sauternes ont fait en 1855 l'objet d'un classement en trois catégories : Premier Cru Supérieur, Premiers Crus et Seconds Crus, que l'on trouve ci-dessous à titre indicatif avec entre parenthèses le nom de la commune.

Classement des crus de Sauternes en 1855

Premier Cru Supérieur :

Château d'Yquem (Sauternes)

Premiers Crus :

Château La Tour Blanche (Bommes)
Château Lafaurie-Peyraguey (Bommes)
Clos-Haut-Peyraguey (Bommes)
Château Rayne-Vigneau (Bommes)
Château Suduiraut (Preignac)
Château Coutet (Barsac)
Château Climens (Barsac)
Château Guiraud (Sauternes)
Château Rieussec (Fargues)
Château Sigalas-Rabaud (Bommes)
Château Rabaud-Promis (Bommes)

Seconds Crus :

Château Myrat (Barsac)
Château Doisy-Daëne (Barsac)
Château Doisy-Védrines (Barsac)
Château Doisy-Dubroca (Barsac)
Château d'Arche (Sauternes)
Château Filhot (Sauternes)
Château Broustet (Barsac)
Château Nairac (Barsac)
Château Caillou (Barsac)
Château Suau (Barsac)
Château de Malle (Preignac)

Château Romer (Fargues)
Château Romer-du-Hayot (Fargues)
Château Lamothe (Sauternes)
Château Lamothe-Bergey (Sauternes).

SAUVIGNON

Cépage blanc très aromatique, que l'on trouve essentiellement dans le Bordelais, le Sud-Ouest et la vallée de la Loire. Très parfumé, au nez typé, rappelant le buis, il prend dans les régions de Sancerre ou de Pouilly, des notes un peu fumées. On l'utilise dans le Bordelais et le Bergeracois, pour l'élaboration des vins liquoreux, en association avec le Sémillon, mais aussi pour l'élaboration des vins secs de l'Entre-deux-Mers.

SAUVIGNON DE SAINT-BRIS

Appellation d'origine VDQS, que portent les vins blancs, issus du cépage Sauvignon et produits dans sept communes de l'Yonne, dont Saint-Bris le Vineux, au sud-est d'Auxerre. Vifs et aromatiques, ils sont à boire jeunes.
Production moyenne : 4 300 hectolitres.

SAVAGNIN

Cépage blanc cultivé exclusivement dans le Jura, où il est aussi appelé Naturé. Seul ou en assemblage avec d'autres cépages, il produit les vins blancs d'appellation Côtes du Jura, Arbois et L'Étoile. Mais il est surtout l'unique cépage du fameux vin jaune du Jura.

SAVENNIÈRES

Appellation d'origine contrôlée, donnée aux vins blancs secs, issus du seul cépage Chenin, et produits au sud-ouest d'Angers. Le vignoble, d'une superficie d'environ 55 hectares, s'étend sur quatre éperons rocheux aux sols de schistes, de grès et de roches granitiques qui s'avancent vers la Loire. Leur exposition sud-sud-ouest est particulièrement favorable à une bonne maturation.

Le Savennières est un vin fruité et corsé dans sa jeunesse et qui développe après quatre ou cinq ans de bouteille un bouquet d'une grande finesse. Deux crus se distinguent : La Coulée de Serrant et la Roche aux Moines, produits sur des coteaux rocheux dont l'exposition est exceptionnelle. «Parfum exquis de fleurs, de fruits mûrs ou de miel, chair, sève, ampleur, tout en eux est harmonie et perfection» dit d'eux Pierre Bréjoux.
Production moyenne : 2 230 hectolitres.

SAVIGNY-LES-BEAUNE

Appellation d'origine contrôlée, qui s'applique aux vins rouges et blancs de la Côte de Beaune, produits sur la commune de Savigny (Côte-d'Or). Le vignoble, situé au fond d'une combe, de chaque côté d'une petite rivière, le Rhoin, bénéficie de terroirs et d'expositions très divers. Les vins provenant du sud de la commune, aux sols graveleux, sont plus légers, alors que ceux produits dans la partie nord, plus argileuse, sont plus corsés. Les vins rouges, issus du cépage Pinot noir, ont également droit à l'appellation Côte de Beaune-Villages. Quant aux vins blancs, issus du Chardonnay, ils sont frais et typés. Production moyenne : 600 hectolitres de vins blancs et 13 150 hectolitres de vins rouges.

SAVOIE (VIGNOBLE DE)

Le vignoble savoyard est cultivé sur le flanc des montagnes, à une altitude variant entre 200 et 450 mètres. Occupant les versants les plus ensoleillés, du lac Léman à la vallée de l'Isère, il bénéficie d'un microclimat, tempéré par la présence des grands lacs. De plus, les arrière-saisons sont souvent belles et ensoleillées, particularité qui favorise la maturation des cépages tardifs.

Le vignoble couvre près de 1 500 hectares, avec une production d'environ 100 000 hectolitres. Il est planté sur des terroirs d'éboulis calcaires, en Savoie, et de moraines glaciaires en Haute-

Savoie.
Les vins de Savoie sont pour la plupart des vins blancs, secs et fruités, issus des cépages Jacquère, Altesse ou Roussette, Chasselas, Roussanne ou Bergeron et Gringet. Les cépages rouges autorisés sont le Gamay, le Pinot noir et la Mondeuse.
Le vignoble savoyard compte quatre appellations : Crépy, Seyssel, Vin de Savoie et Roussette de Savoie. Au vignoble savoyard, il convient de rattacher celui du Bugey, avec deux appellations VDQS : Vins du Bugey et Roussette du Bugey.

SAVOIE (VIN DE)

Appellation d'origine contrôlée, qui regroupe les vins rouges, rosés ou clairets, blancs et vins mousseux, produits sur l'ensemble de la zone viticole de la Savoie.
Les vins rouges, clairets ou rosés sont issus du cépage Gamay noir à jus blanc, du Pinot noir et de la Mondeuse. Cette dernière, cépage typique de la région, donne des vins charpentés, au nez de framboise et de violette, avec des senteurs d'épices. D'autres cépages, accessoires et locaux, sont autorisés.

Les vins blancs sont élaborés à partir des cépages Altesse ou Roussette, Aligoté, Jacquère, Chardonnay ou Petite Sainte-Marie, Malvoisie ou Velteliner rose et Mondeuse blanche, auxquels s'ajoutent certains cépages autorisés localement : Molette et Chasselas dans le département de l'Ain; Marsanne et Verdesse dans le département de l'Isère; Molette, Gringet, Roussette d'Ayze et Chasselas dans le département de la Haute-Savoie. La Jacquère produit un vin frais, aux senteurs de fleurs et d'amande, souvent conservé sur lies juqu'à l'embouteillage, ce qui confère au vin un léger perlant. L'Altesse donne des vins amples et harmonieux, au nez de violette et de miel, qui se transforme avec les années en bouquet d'amande et de noix. Il existe aussi une production de vins mousseux, légers et fins,

obtenus par une deuxième fermentation en bouteille.
Production moyenne (comprenant les crus) : 61 000 hectolitres de vins blancs et 27 500 hectolitres de rouges et rosés.

Il existe quinze crus différents, dont le nom peut être mentionné en complément de l'appellation Vin de Savoie pour les vins tranquilles rouges, rosés ou clairets. Il s'agit de :
Abymes, Apremont, Arbin, Ayze, Charpignat, Chautagne, Chignin, Chignin-Bergeron ou Bergeron, Cruet, Marignan, Montmélian, Ripaille, Saint-Jean-de-la-Porte, Saint-Jeoire-Prieuré, et Sainte-Marie-d'Alloix.
Pour les vins rouges et rosés, Sainte-Marie-d'Alloix, le plus méridional des crus savoyards, utilise les cépages Gamay, Persan, Etraire de la Dui, Servanin, Joubertin, ainsi que les cépages blancs cités ci-dessous (dans la limite de 20 %). Le cépage Mondeuse est surtout cultivé dans les crus d'Arbin, Chignin, Cruet, Montmélian et Saint-Jean-de-la-Porte. Quant au Gamay, il s'exprime remarquablement sur les terroirs d'éboulis calcaires, et surtout, au pied de la montagne du Gros Foug, où l'on produit le très fruité Gamay de Chautagne.
Pour les vins blancs secs, Ripaille et Marignan sont issus du seul cépage Chasselas ou Fendant. Le Ripaille, au nom évocateur des joies bachiques médiévales, a des arômes typiques de violette, alors que le Marignan a plutôt des senteurs de pierre à fusil et de noisette. Les vins de Chignin-Bergeron sont issus du seul cépage Roussanne ou Bergeron. Planté en coteaux sur des éboulis caillouteux, il donne des vins généreux et veloutés, qui peuvent se garder quelques années. Enfin, pour ses vins blancs, Sainte-Marie-d'Alloix utilise les cépages Verdesse, Jacquère, Altesse, Aligoté et Chardonnay.

SAVOIE-AYZE (VIN DE)

Appellation d'origine contrôlée, attribuée aux vins blancs mousseux ou pétillants, produits sur l'aire délimitée du cru Ayze, en Haute-Savoie. Le vignoble est situé sur les flancs de la montagne du Mole, dans la vallée de l'Arve. Le cépage Gringet, assemblé à la Roussette d'Ayze, à l'Altesse et à la Mondeuse blanche, donne sa personnalité à ce cru. Les vins sont élaborés soit par une deuxième fermentation en bouteille, après addition d'une liqueur de tirage, soit par une méthode locale de fermentation spontanée en bouteille.

SCANDINAVIE

Les pays scandinaves se distinguent par leurs alcools aux goûts très légers, mais néanmoins forts en alcool.

L'aquavit danois, l'akvavit norvégien, le brannvin suédois, le brennivin islandais, la vodka finlandaise sont les uns et les autres des distillations de grains ou de pomme de terre, et les derniers mauvais goûts sont éliminés par des pulvérisations sur charbon de bois. La production est industrialisée dans d'énormes distilleries d'État (une seule par exemple pour la Suède) qui proposent quelques variétés aux parfums légers d'herbes ou d'aromates.

Le Danemark produit également une excellente liqueur de cerise, le Cherry Peter Heering, une liqueur au café, le kalua, une liqueur au chocolat, l'ashanti gold.

Et notons en Finlande une liqueur d'herbes et de graines, la polar likör.

SCIACARELLO

Cépage de Corse, répandu principalement dans la région de Sartène et d'Ajaccio. Il porte aussi le nom de Sciucchitajolo, qui signifie craquant et donne un très bon raisin de table. Les vins de Sciacarello sont en général peu colorés, mais de longue garde, au nez de poivre et de torréfaction.

SCOTCH

Voir Écosse.

SEC

Qualifie les vins qui n'ont pas de sucre, ou tout au moins, pour lequels on ne perçoit aucune saveur sucrée. Dans le cas des vins effervescents, le terme sec correspond à une richesse en sucre de 17 à 35 grammes par litre, provenant de la liqueur de dosage.

SÉLECTION DE GRAINS NOBLES

Mention spécifique pouvant compléter les appellations Alsace et Alsace Grand Cru, pour les cépages Riesling, Gewurztraminer, Tokay-Pinot gris et Muscat, lorsqu'ils répondent à des conditions de production particulièrement strictes, notamment quant à la richesse naturelle des raisins en sucre. La concentration exceptionnelle exigée par la réglementation (256 grammes par litre pour le Riesling et le Muscat, 279 pour le Gewurztraminer et le Pinot gris) est obtenue par une surmaturation des raisins et le développement de la pourriture noble, qui exigent des vendanges par tries successives.

SÉMILLON

Cépage blanc, très fin, à l'acidité peu marquée, que l'on trouve essentiellement à Bordeaux et dans le Sud-Ouest. Son aptitude à favoriser le développement de la pourriture noble en fait le cépage principal des grands vins liquoreux. Mais il donne également, en association avec le Sauvignon, des vins secs agréables, fins et séveux.

SERPENTIN

Dans un alambic, long tube de cuivre qui est noyé dans une circulation d'eau froide et dans lequel les vapeurs d'alcool se recondensent.

SERVICE DU VIN

Il commence bien avant l'ouverture de la bouteille, puisqu'il faut songer à mettre le vin à la bonne température, ce qui nécessite parfois plusieurs heures.

L'ouverture de la bouteille se fait très simplement : on découpe la capsule, au-dessous ou au-dessus de la bague de la bouteille (selon les écoles de sommellerie), l'important étant d'éviter que le vin soit en contact avec le métal. Lorsque le vin est cacheté à la cire, on l'élimine en la frappant légèrement avec le manche du tire-bouchon. Si le cachet de cire est assez léger, il vaut mieux éviter de le casser : on enfonce le tire-bouchon à travers la couche de cire, on tire légèrement (un centimètre environ), on nettoie bien le dessus du bouchon, de façon à éliminer toute la cire avant de retirer le bouchon complètement.

Une fois le bouchon enlevé, on essuie le goulot, et l'on goûte le vin pour s'assurer de sa qualité. A ce stade, soit on procède à une décantation en carafe, soit on sert le vin directement.

Enfin, comment choisir le vin? Il faut avant tout chercher l'harmonie entre le goût du vin et celui des mets, en sachant qu'il y a parfois des interférences entre les saveurs.

Par exemple, l'acidité d'un vin peut atténuer le salé d'un plat. C'est pourquoi l'on boit souvent du Gros Plant ou du Muscadet (vins vifs par excellence) avec les fruits de mer. Par contre, le salé accentue l'amertume. Les mêmes fruits de mer réhausseront donc l'amertume d'un vin rouge tannique. On pourra servir avec les fruits de mer un vin rouge, à condition qu'il soit souple et assez vif. En tenant compte de ces différentes interférences, on peut suggérer les harmonies suivantes :

Les vins blancs assez vifs (vins secs de Loire, Bordeaux blancs) conviendront avec les fruits de mer et les poissons au court-bouillon. Les vins blancs plus ronds accompagneront les crustacés et plus tendres encore (Bourgognes blancs, Côtes du Rhône blancs) des poissons cuisinés en sauce blanche ou les cuisines à la crème.

Quant aux vins moelleux et aux vins doux naturels, ils sont superbes avec un foie gras, mais aussi avec des fromages à pâte persillée ou encore de la cuisine aigre-douce.

Les vins rouges légers accompagnent les viandes jeunes (veau, agneau, volailles) alors que les vins tanniques conviennent aux viandes rouges (bœuf, mouton, gros gibier)... Quant à la cuisine épicée ou très relevée, seuls les vins puissants en alcool peuvent lui tenir tête.

SÉVEUX

Se dit de vins bien équilibrés, généreux en alcool et qui développent beaucoup de senteurs en bouche (par la voie rétro-nasale).

SEYSSEL

Appellation d'origine contrôlée, que portent les vins blancs secs de la Savoie, produits sur les communes de Seyssel et Seyssel-Corbonod. Le vignoble se déploie sur une soixantaine d'hectares, sur les deux rives du Rhône. Les sols sont constitués d'alluvions glaciaires ou de molasses sableuses. Le seul cépage utilisé est la Roussette appelée également Altesse, qui donne des vins racés, au parfum de violette.
Production moyenne : 2 280 hectolitres.
Il existe aussi une faible production (840 hectolitres) de Seyssel mousseux à partir des cépages Molette, Chasselas ou Bon Blanc et Roussette. Ils sont obtenus par une deuxième fermentation en bouteille.

SHERRY

Nom que les Anglais donnent au Jerez espagnol, connu en France sous la dénomination de Xérès.

SINGLE MALT

Whisky écossais tiré d'une distillation d'orge malté et issu d'une seule distillerie.

SIROP

Solution concentrée de sucre dans de l'eau, pure ou aromatisée; comme pour les liqueurs, on distingue les sirops de fruits des sirops à base d'extraits, avec des techniques similaires d'élaboration. Les sirops sont d'ailleurs souvent fabriqués par des maisons de liqueur, et ils entrent dans la composition de nombreux cocktails.

SIRUPEUX
Déséquilibré par un excès de saveur sucrée.

SOLIDE
Qualifie un vin corsé, charpenté, avec une dominante d'astringence, mais bien équilibré.

SOMMELIER
Personne chargée, dans un restaurant, du choix puis de l'achat des vins, de leur stockage, de la gestion et de la rentabilité de la cave. Le sommelier a également un rôle important auprès de la clientèle, à qui il conseille un ou plusieurs vins, en harmonie avec le menu choisi. Il assure enfin le service du vin.

SOUCHE
Pied de vigne. Synonyme de cep.

SOUFRE
Substance minérale, très utilisée dans les techniques viti-vinicoles. En viticulture, on projette sur la vigne une solution sulfatée, pour lutter contre l'oïdium. En œnologie, il est utilisé sous forme d'anhydride sulfureux à l'état gazeux pour le méchage des fûts, ou en solution aqueuse pour le sulfitage du moût ou du vin. Il est indispensable à l'hygiène des vins (propriétés antiseptiques) et à leur protection contre l'oxydation.

SOUPLE
Qualifie un vin bien équilibré, avec une acidité et une astringence relativement faibles.

SOUTIRAGE
Action de soutirer le vin, c'est-à-dire de le faire passer d'un contenant à un autre, afin de le débarrasser de ses lies. Au cours de l'élevage du

vin, on procède à plusieurs soutirages. Le premier a lieu, une fois les fermentations terminées, afin d'éliminer les grosses lies constituées de levures mortes. D'autres ont lieu après le collage, afin d'éliminer le dépôt provoqué par la colle et les protéines du vin, et souvent encore après la cristallisation du tartre, qui peut être spontanée ou provoquée en portant le vin à basse température. Enfin, on procède à un soutirage tous les trois mois, lorsque le vin vieillit et s'affine en fût. Ne pas confondre soutirage et écoulage, opération qui intervient à la fin de la vinification, alors que le soutirage relève de l'élevage du vin.

SOYEUX
Souple et très harmonieux, qui donne une impression d'onctuosité, de soie.

STRAIGHT
Les whiskeys américains sont dits «straight» quand ils proviennent d'une seule distillerie; les autres sont dits «blended».

SUAVE
Qualifie un vin soyeux, au nez doux et très agréable.

SUCRAGE
Voir Chaptalisation.

SUCRE RÉSIDUEL
C'est le sucre qui reste dans le vin, après les fermentations, et qui n'a pas été transformé en alcool. On le trouve à fortes doses dans les vins moelleux et demi-secs. Par contre, dans les vins secs, la teneur en sucre résiduel est généralement inférieure à 2 grammes par litre; elle est le plus souvent égale à zéro.

SUISSE
Nos voisins suisses produisent environ 1,2 million d'hectolitres de vin, soit 1,7 % de la produc-

tion française.

Le Valais arrive en tête des cantons producteurs de vins, en majorité blancs. Le plus connu, le Fendant, est un vin de Chasselas sec, vif et fruité. Le Johannisberg, issu du cépage Sylvaner, est plus chaleureux et plus fruité.
Parmi les autres vins blancs du Valais, il faut citer la Malvoisie, en réalité un Pinot gris, vendangé à surmaturité, vin légèrement doux, savoureux. Parmi les cépages en voie de disparition, l'Amigue produit un vin discrètement bouqueté, l'Arvon un vin nerveux qui vieillit bien, l'Humague, plus rare encore, un vin corsé, un peu âpre. Le Rèze, originaire du Val d'Anniviers, difficile à dénicher, produit «le vin des glaciers» aux reflets ambrés.
Le vin rouge du Valais, la Dôle, sans doute le meilleur vin rouge suisse, souple et corsé, est né de l'alliance du Pinot noir et du Gamay. La Dôle fait l'objet d'un contrôle sévère. Les vins qui échouent à l'examen peuvent être commercialisés sous le nom de Goron.

Le vignoble du Pays Vaudois, deuxième canton vinicole, est subdivisé en trois petites régions : le Chablais entre Martigny et Montreux, Lavaux, sur les rives du Léman entre Montreux et Lausanne et les Côtes de l'Orbe au nord, vers Neuchâtel. Le canton de Vaud produit des vins blancs de Chasselas sous l'appellation Dorin, dont le plus renommé est le Dézaley. Ce sont des vins dorés, secs et fruités, parmi les meilleurs de Suisse. Les vins rouges sont à base de Pinot noir et de Gamay et portent l'appellation Salvagnin.

Dans le Chablais, le Chasselas donne des vins plus capiteux et assez doux. Dans les Côtes de l'Orbe, on trouve sur les rives du lac Morat un vin blanc pétillant.

Autour de Genève, on produit les appellations suivantes : le Perlan, vin de Chasselas naturellement pétillant, avec ses variantes Bouquet royal, Coteaux de Lully et Perle du Haudement. Le

Gamay vinifié en rouge prend le nom de Clef d'Or, en rosé celui de Rosette de Genève. Le Pinot noir est devenu Camérier en rouge et Rose Reine en rosé. Le Müller-Thurgau a pris l'appellation Goût du Prieur et le Sylvaner celle de Clavendier.

Les vins de la Suisse Alémanique, menacés par l'industrialisation et l'urbanisation, sont à découvrir sur place.

On notera dans le canton de Zurich la commune de Stäfa et ses deux crus, Lattenberg et Sternenhalde, et celle de Herliberg, réputée pour son Clevner.

On trouve de bons Pinots noirs près de Stein-am-Rhein, dans le canton de Schaffhouse et dans les Grisons, non loin du confluent du Rhin et de la Landquart. Dans ce même canton, une rareté, le cépage Completer, vendangé en novembre par tries successives, donne un vin blanc extraordinaire.

Dans le Tessin, on trouve deux vins rouges, le Nostrano à base du cépage Bondola et le Viti, issu du Merlot.

SULFATAGE

Action de projeter sur la vigne une solution sulfatée, pour lutter contre les maladies cryptogamiques, et notamment l'oïdium.

SULFITAGE

Action d'ajouter de l'anhydride sulfureux dans le moût ou le vin, pour les protéger, soit contre l'oxydation, soit contre des altérations microbiennes.

SURGREFFAGE

Technique récente, visant à modifier un encépagement existant. Elle consiste à tronçonner les bras du plant initial, pour y greffer un nouveau cépage.

SURMATURATION

C'est la phase qui suit la maturité. Les échanges entre le raisin et la plante ont alors cessé. On assiste à une concentration des éléments du jus, par évaporation de l'eau. Les raisins se flétrissent : on dit qu'ils sont surmûris. La surmaturation est recherchée pour l'élaboration de certains types de vins, par exemple, les vins de paille, obtenus par passerillage, les vins de vendanges tardives en Alsace, ou récoltés par tries successives comme dans le Sauternais.

SURPRESSURAGE

Action de presser les raisins (dans le cas de vinification en blanc) ou le marc (dans le cas de vinification en rouge) d'une manière excessive. Dans les deux cas, on extrait trop de matières organiques, provenant des peaux, des pépins et de la rafle (si la vendange n'est pas éraflée). Cela nuit à la qualité du vin.

SYLVANER

Cépage d'origine autrichienne, cultivé en France uniquement en Alsace, sur environ 3 000 hectares. Plutôt tardif, il donne des vins légers et frais, parfois légèrement pétillants. Il est souvent associé à d'autres cépages, pour constituer l'Edelzwicker, appellation donnée à l'assemblage de plusieurs cépages blancs.
Production moyenne : 244 000 hectolitres.

SYRAH

Cépage noir, cultivé dans les Côtes du Rhône septentrionales, mais aussi de plus en plus, dans le Vaucluse, en Provence et même dans le Languedoc-Roussillon. Il donne un vin puissant, très coloré, au nez intense, où l'on retrouve des senteurs de violette, qui évoluent avec le temps vers des notes poivrées et animales.

TÂCHE (LA)

Appellation d'origine contrôlée, et Grand Cru rouge de la Côte de Nuits. Ce sont des vins rouges produits sur certaines parcelles de la commune de Vosne-Romanée. Le vignoble, qui couvre plus de six hectares, est situé au sud des quatre autres Grands Crus de Vosne-Romanée. Le Pinot noir donne sur ces terres argilo-calcaires, un vin de grande renommée, au bouquet complexe de sous-bois, de champignons, parfois teinté d'épices, souple et plein en bouche. Production moyenne : 98 hectolitres.

TAILLE

A l'état sauvage, une vigne donne de nombreux rameaux peu vigoureux, porteurs de petites baies en quantité très irrégulière et de qualité médiocre. La taille est donc une opération essentielle qui consiste à couper des sarments, afin de rééquilibrer la production des fruits et celle des rameaux qui sont toujours en concurrence. Elle permet aussi de régulariser la production et d'améliorer la qualité des fruits. On distingue deux types de taille : la taille d'hiver, lorsque la vigne est en état de repos végétatif, et la taille en vert, lorsqu'elle porte des feuilles et des grappes.

La taille d'hiver est la suppression d'une partie des rameaux qui permet de limiter le nombre de bourgeons, donc la quantité de raisins que porte un cep, autrement dit sa charge.
Par la taille, le vigneron contrôle la vigueur des pieds de vigne et en assure la pérennité qui est de 30 à 40 ans en moyenne.
Enfin, la taille donne au cep une forme, qui varie selon les régions. C'est ainsi qu'en Languedoc ou dans la vallée du Rhône, les vignes subissent une taille courte en gobelet, pour résister à la sécheresse et aux vents violents qui balaient la région. Dans les régions plus septentrionales, les vignes sont plus hautes, palissées et souvent taillées en guyot, comme en Bourgogne ou à Bordeaux. Dans les vignobles montagneux, on opte pour une taille en hautain, ce qui place les bourgeons à 1,50 mètre du sol, et diminue les risques de gel. La taille donne donc au vignoble sa physionomie.

La taille en vert regroupe plusieurs opérations. Le rognage, durant l'été, consiste à enlever des feuilles et des rameaux verts afin de permettre une meilleure aération et un meilleur ensoleillement des grappes.
L'écimage, qui a lieu juste après la floraison, vers la mi-juin, consiste à couper l'extrémité des rameaux, afin de limiter la concurrence entre la croissance des rameaux et le développement des jeunes fruits. Quand la vigne est trop vigoureuse, les éléments nutritifs se dirigent vers les extrémités, au détriment des jeunes fruits, qui, privés de nourriture, finissent par tomber. C'est la coulure.
L'épamprage, qui a lieu au printemps, consiste à couper les «gourmands», c'est-à-dire les rameaux improductifs.

TANNAT

Cépage noir du Béarn. Il est le cépage dominant des vins de Madiran et du Béarn, et des vins de Tursan et des Côtes de Saint-Mont. Il entre également dans la composition des vins d'Irouléguy, de Lavilledieu, et des Côtes du Brulhois. C'est un cépage vigoureux, qui donne des vins colorés, puissants et tanniques, dont l'âpreté s'estompe après plusieurs années de vieillissement.

TANNINS

Localisés essentiellement dans les rafles et les pépins, et plus faiblement dans les peaux, les tannins sont des polyphénols, macromolécules organiques résultant le plus souvent de l'association de plusieurs molécules identiques (ce sont des polymères). Pratiquement nulle dans l'eau, leur solubilité augmente en milieu acide et alcoolisé, à une température de 25 à 30°. Ainsi, on retrouve les tannins dans les vins rouges et les vins rosés obtenus par saignée (c'est-à-dire par une macération de courte durée). Ils passent des parties solides (marc) dans le moût pendant la fermentation : la macération est donc indispensable à leur extraction. Celle-ci sera d'autant plus importante que la durée de cuvaison (temps de contact entre le marc et le moût) sera longue : elle peut varier de cinq jours à plusieurs semaines, selon le type de vin à élaborer.

Outre leurs qualités bénéfiques pour la santé, les tannins ont un rôle sur la couleur et le caractère du vin :
Ils se combinent avec les protéines qu'ils coagulent. Ils vont donc réagir aux protéines de la salive, qui perd son caractère lubrifiant : c'est la sensation d'astringence, que l'on trouve souvent dans les vins rouges jeunes, qui paraissent «râpeux».
Ils influent sur l'évolution de la couleur des vins rouges. Au cours du temps, les tannins s'associent avec les anthocyanes, par des phénomènes d'oxydation, (par exemple par la diffusion à peine perceptible de l'oxygène à travers les fibres du bois, lors de l'élevage des vins en fûts).
Les tannins constituent le squelette du vin rouge,

ils lui apportent la structure, le corps, la mâche. Ils constituent, avec le moelleux et l'acidité, l'équilibre gustatif des vins rouges. Enfin, ils jouent un rôle essentiel dans l'aptitude au vieillissement, en favorisant une évolution lente de la couleur et de la structure du vin.

TANNIQUE

Qui contient des tannins.

TARTRE

C'est le nom que l'on donne à un dépôt du vin. Ce sont des cristaux de bitartrate de potassium ou de tartrate neutre de calcium, que l'on peut éliminer avant la mise en bouteille.

TAVEL

Appellation d'origine contrôlée, attribuée aux vins rosés secs, produits sur la rive droite du Rhône, au sud-ouest d'Orange. Le vignoble couvre une superficie de 900 hectares, sur la commune de Tavel et sur le Domaine de Manissy, communauté religieuse située à Roquemaure. Il est implanté sur des terrasses à cailloux roulés, des dépressions sableuses et des côtes calcaires.

L'encépagement est constitué principalement de Grenache et de Clairette blanche et rose, auxquels s'ajoutent au moins 15 % de Cinsault, du Picpoul, du Calitor, du Bourboulenc, du Mourvèdre, de la Syrah et au maximum 10 % de Carignan.

Les vins sont obtenus par saignée, c'est-à-dire par macération à froid pendant un à trois jours, ce qui leur permet d'acquérir leur brillante et intense couleur rosée. Très aromatiques (violette, fruits secs), ils sont puissants mais frais, longs en bouche. Selon Philippe le Bel, «il n'est de bon vin que de Tavel», et Ronsard les comparait au «soleil dans une amphore».
Production moyenne : 34 900 hectolitres.

TCHÉCOSLOVAQUIE

La Tchécoslovaquie ne vinifie que 800 000 hectolitres de vin, soit un peu plus de 1 % de la production française.
Les vins blancs sont largement dominants, les rouges n'étant représentés que par des cépages secondaires portugais, Saint-Laurent et un peu de Pinot noir.

Les grands secteurs viticoles sont localisés en Bohême, au nord-ouest de Prague, dans la vallée de l'Elbe, en Moravie du sud entre Brno et Bratislava, en Slovaquie autour de Bratislava et à l'est près de la frontière hongroise.

En Bohême, on trouve autour de Litomerice, de Melnik et de Roudnice, des Riesling, des Traminer et des Sylvaner proches des vins allemands.

En Moravie, près de la frontière autrichienne, le Grüner Veltlinger, cépage autrichien, produit un vin un peu mou. Le Gewurztraminer ressemble à son cousin du Palatinat. On y trouve aussi un peu de Pinot gris, du Sylvaner et du Pinot blanc.

La Slovaquie assure les deux tiers de la production dans deux zones : autour de Bratislava où sont cultivés les cépages évoqués ci-dessus, à l'est près de la frontière hongroise, dans la région de Mala Trna, où prospèrent des cépages hongrois tels le Furmint et le Muscatel, qui produisent des vins de type Tokay ou Muscat.

TEMPÉRATURE DE CONSERVATION

La température d'une cave à vin doit être à peu près constante et comprise entre 8 et 15°.

TEMPÉRATURE DE SERVICE

La température à laquelle un vin doit être servi est un facteur primordial d'une bonne dégustation. En effet, à chaque vin correspond une température idéale, qui dépend exclusivement de sa structure.
Il faut d'abord se méfier des extrêmes.

Si l'on sert les vins trop frais, en-dessous de 6 à 8°, les odeurs, qui sont des substances volatiles, ont du mal à s'exprimer.
Si on les sert trop chauds, au-dessus de 18°, l'alcool l'emporte et masque les autres éléments : le vin paraîtra lourd et brûlant. A cet égard, on oublie trop souvent que le terme chambrer date d'une époque où il n'y avait pas le chauffage central.
Il faut donc déguster les vins entre ces deux extrêmes, en se souvenant de deux règles.
A basse température, les tannins ressortent et sont agressifs : c'est pourquoi, plus un vin est tannique, plus il faut le servir tempéré.
A haute température, le moelleux devient écœurant et l'acidité agressive : le vin sera donc servi d'autant plus frais qu'il sera moelleux ou acide.

Ainsi, on servira vers 6°, les Champagnes et autres vins mousseux, vers 8°, les Sauternes, Monbazillac, Jurançon et autres vins moelleux, mais aussi les vins blancs secs septentrionaux (Alsace, Jura, Savoie, Val de Loire), vers 10°, les vins blancs ou rosés méridionaux, moins acides, vers 12°, les vins blancs de Bourgogne, peu acides, ou les vins rouges jeunes et légers en tannins (comme le Beaujolais ou les vins de la Loire...), vers 14°, les vins rouges méridionaux, souples et corsés (Côtes du Rhône, Provence, vins du Languedoc-Roussillon), vers 15°, les vins rouges de Bourgogne, vers 16 à 18°, les vins rouges plus tanniques (Bordeaux, Sud-Ouest...)

Question pratique : il faut entre 2 h et 2 h 30 pour amener la température d'un vin de 12° (température de la cave) à 18° (température de service la plus élevée), dans une pièce à 21°. Quant aux vins à boire frais, il vaut mieux les mettre dans un seau à glace, afin qu'ils ne se réchauffent pas trop vite.

TÉNARÈZE

Eau-de-vie à AOC, produite dans la région d'Armagnac.

TENDRE

Souple et léger.

TEQUILA

Eau-de-vie d'agave. Voir Mexique.

TERRET

Cépage recommandé dans le midi languedocien, et seulement autorisé en Provence. Le Terret gris, ou Terret Bourret, est la variété la plus répandue, cultivée essentiellement dans le Languedoc. Elle donne des vins blancs secs légers et frais, toujours associée avec d'autres cépages blancs de la région. Le Terret blanc, appelé aussi Bourret blanc, est également cultivé dans le Languedoc. Enfin, le Terret noir, beaucoup moins répandu, fait partie de l'encépagement des Châteauneufs-du-Pape, des Côtes du Rhône et des vins du Languedoc : il donne des vins rouges légers et fruités.

TERROIR

C'est l'ensemble des facteurs naturels qui caractérisent un vignoble donné, c'est-à-dire le sol, sa nature, son exposition et le microclimat qui en découle. Le terroir constitue, avec l'encépagement et le travail de l'homme, l'un des trois facteurs qui déterminent le type et la qualité d'un vin.

TÊTES

Au sortir de l'alambic se présentent tout d'abord les «têtes», constituées d'alcools et d'esters très volatils, chargées de goûts indésirables et qui peuvent se montrer néfastes à la consommation; elles sont écartées du meilleur de la coulée, qui évite également les «queues».

THERMOVINIFICATION

Méthode de vinification en rouge, par macération à chaud, employée parfois pour l'élaboration de Vins de Table. Le chauffage de la vendange à 80° permet une diffusion rapide de la couleur dans le moût et protège contre l'oxydation en éliminant les enzymes oxydases.

THOUARSAIS (VINS DU)

Appellation d'origine VDQS, attribuée aux vins blancs, rosés et rouges, produits sur seize communes du département des Deux-Sèvres, au sud du vignoble de Saumur. Les vins blancs sont issus du cépage Chenin, avec au plus 20 % de Chardonnay. Ils sont vifs et aromatiques, à boire jeunes. Quant aux vins rouges et rosés, ils sont élaborés à partir des cépages Cabernet Franc, Cabernet Sauvignon et Gamay. Un peu plus légers que ceux d'Anjou, ils sont à boire dans les trois ans.
Production moyenne : 570 hectolitres de rouges et rosés, 670 hectolitres de blancs.

TITRE ALCOOMÉTRIQUE VOLUMIQUE ACQUIS

C'est le degré alcoolique du vin, indiqué par la proportion d'alcool mesurée en volume, autrement dit, le nombre de litres d'éthanol contenus dans 100 litres de vin, ces valeurs étant mesurées à la température de 20°. Un vin qui a un titre alcoométrique volumique de 12 % a donc 12 degrés d'alcool.

TITRE ALCOOMÉTRIQUE VOLUMIQUE TOTAL

C'est la somme du titre alcoométrique volumique acquis (le degré alcoolique réel) et du titre alcoométrique volumique en puissance, c'est-à-dire la richesse en sucres, sachant que 17 grammes de sucres par litre produisent 1 % d'alcool. On ne parle donc de titre alcoométrique volumique total que pour les vins qui ont du sucre résiduel. Par exemple : un vin qui a un titre alcoométrique volumique acquis de 15 % en volume et un titre alcoométrique volumique total de 17 % est tout simplement un vin de 15° avec 2 x 17 = 34 grammes de sucres résiduels par litre.

TOKAY-PINOT GRIS

Voir Pinot gris.

TONNEAU

Récipient vinaire, souvent synonyme de fût ou de barrique. Dans le Bordelais, le tonneau a une contenance précise : il correspond au volume de quatre barriques, soit 900 litres, et représente l'unité pour toutes les ventes de vin.

TOURAINE (VIGNOBLE DE)

Le vignoble de Touraine est situé à la limite sud-ouest du Bassin parisien et s'étale sur près de 100 kilomètres, de part et d'autre de la Loire et de ses affluents : le Cher, la Vienne et l'Indre. L'ensemble du vignoble est caractérisé par un sous-sol calcaire, le tuffeau, mais les sols peuvent être de natures différentes : argilo-calcaires ou aubuis, argiles à silex ou perruches, sables et graviers roulés.

Le climat y est tempéré, avec une influence océanique à l'ouest et une influence continentale à l'est.

Cette diversité des sols et les deux tendances climatiques expliquent la présence de nombreux cépages, adaptés à chaque situation.

TOURAINE

L'appellation d'origine contrôlée Touraine s'applique à des vins blancs secs, rosés et rouges.

Le Touraine rouge est issu principalement des cépages Cabernet Franc nommé localement Breton, Côt et Gamay noir à jus blanc. Mais sont également autorisés les cépages Cabernet Sauvignon, Pineau d'Aunis, Pinot noir, Pinot Meunier et Pinot gris ou Malvoisie.

Le Gamay a pris beaucoup d'extension dans cette région, où il représente aujourd'hui près de 60 % de l'encépagement. Il peut être commercialisé en primeur, c'est-à-dire dès le troisième jeudi de novembre. Mais il est aussi utilisé en association avec le Côt et le Cabernet.

Le Touraine rosé est généralement issu de plusieurs cépages, ceux cités précédemment, auxquels s'ajoutent le Groslot, et dans une proportion qui ne doit pas excéder 10 %, le Gamay de Chaudenay et le Gamay de Bouze. Mais il peut être aussi produit à partir du seul cépage Pineau d'Aunis auquel il doit une teinte très pâle, une étonnante fraîcheur et un nez fruité, légèrement poivré.

Le Touraine blanc est produit à partir des cépages Chenin, Menu Pineau et Sauvignon, ainsi que Chardonnay, ce dernier limité à 20 %. Le Sauvignon, utilisé en cépage unique, représente plus de 50 % des vins blancs de l'AOC Touraine. On le trouve essentiellement sur les zones caillouteuses et les sables de l'est.
Production moyenne : 131 700 hectolitres de vins blancs, 146 700 hectolitres de vins rouges et rosés.
Il existe aussi une faible production de vins mousseux : 5 600 hectolitres.

On distingue dans cette grande zone, trois appellations communales :
Touraine-Amboise AOC : cette appellation, située sur des sols sablo-argileux et argilo-calcaires, concerne des vins blancs secs ou demi-secs de cépage Chenin (3 300 hectolitres), et des vins rosés ou rouges de cépages Cabernets, Côt et Gamay (9 250 hectolitres).
Touraine-Azay-le-Rideau AOC : ce sont des vins blancs généralement secs, de cépage Chenin, (1 470 hectolitres) et des rosés à dominante de Groslot (960 hectolitres).
Touraine-Mesland AOC : sur des sols de perruches mêlés de sables granitiques. Ce sont des vins blancs de cépages Chenin et Sauvignon, (1 560 hectolitres), et des vins rouges et rosés, où domine le Gamay (7 760 hectolitres).

TOURBAT

Cépage blanc, aussi appelé Malvoisie du Roussillon, cultivé dans le Roussillon. Il donne des vins d'une bonne acidité, aux arômes plutôt floraux.

TOURBE

La tourbe de mousse et de bruyère est restée très longtemps le principal combustible en Écosse, où elle a donné au whisky son fumet particulier, obtenu lors du séchage de l'orge malté.

TOURNE (MALADIE DE LA)

Altération du vin, due à la décomposition de l'acide tartrique, acide naturel du vin, par des bactéries lactiques, produisant l'acide acétique : le vin devient aigre et fade.

TRANQUILLE

Qualifie un vin non effervescent, qui ne mousse pas, ni ne pétille.

TRESSALIER

Nom que porte aussi le cépage Sacy.

TRESSOT

Cépage noir planté dans l'Yonne; il est autorisé pour les appellations Bourgogne, Bourgogne Ordinaire et Bourgogne Grand Ordinaire.

TRIES

Récoltes successives de raisins surmûris, pratiquées pour l'élaboration des vins liquoreux, notamment lorsqu'ils sont produits avec des raisins atteints de pourriture noble. Les vendanges se font alors en plusieurs fois, de façon à ne récolter que les raisins qui ont atteint un stade de surmaturation suffisant.

A ne pas confondre avec le tri des raisins, qui consiste à trier la récolte à la cave, avant de la mettre en cuve, de façon à éliminer les raisins pourris ou insuffisamment mûrs.

TRIPLE-SEC

Liqueur douce constituée d'alcoolat d'orange, d'alcool et de sucre. Le triple-sec connaît de multiples variantes de renom, dont le curaçao, le Grand-Marnier, le Cointreau.

TROUBLE

C'est le contraire de limpide. Un vin trouble est souvent le résultat d'une maladie : casse ferrique, casse oxydasique et casse protéique. Ce phénomène peut être aussi dû au développement de micro-organismes, qui forment alors un voile révélateur soit d'une refermentation des sucres restants dans la bouteille, soit de la maladie de la tourne.

TROUSSEAU

Cépage noir du Jura. Il entre dans la composition des vins rouges et rosés d'Arbois (pour 60 % environ) et des Côtes du Jura. Il donne des vins très colorés, plus tanniques que ceux du Poulsard, autre cépage de cette région.

TUFFEAU

Terroir calcaire qui s'étend sur toute la Touraine et la moitié ouest de l'Anjou. Dans cette roche, sont creusées les nombreuses galeries qui servent de cave.

TUILÉ

Qualifie la couleur d'un vin rouge vieux quiévolue vers des teintes oranges, ambrées.

TUNISIE

Le vignoble tunisien est localisé pour l'essentiel autour de Tunis, en arc de cercle, de Mateur au nord-ouest à Grombalia au sud-est et produit 400 000 hectolitres de vin, soit 0,6 % de la production française.

On y cultive surtout des cépages importés : Carignan, Cinsault et Alicante Bouschet pour les vins rouges, Grenache pour les rosés, Clairette, Merseguera originaire de la région de Valence et Pedro Ximenez pour les blancs, sans oublier cependant deux survivants locaux, Nocera en

rouge et Beldi en blanc.
Parmi les meilleurs vins tunisiens, il faut citer ceux de Radès et de Kelibia, sans oublier d'excellents Muscats produits à partir des cépages Muscat d'Alexandrie, Muscat blanc à petits grains dit Muscat de Frontignan et Muscat de Terracina, cépage local.

La Tunisie est également le pays de la boukha, eau-de-vie de figue très appréciée. Cependant, les figues qui conviennent le mieux proviennent de Turquie, et la distillation est souvent faite en France pour le marché tunisien.

TURQUIE

La Turquie produit 400 000 hectolitres de vin, soit 0,6 % de la production française.
Il existe en Turquie quantités de vins rouges et blancs issus de cépages traditionnels dont on ne signalera que les meilleurs.

Les vins rouges de Thrace (Turquie d'Europe) utilisent le cépage Papazharavi près de Kirklareli et le Karalahana près de Tekirdag.

Sur l'autre rive de la mer de Marmara, on produit des vins rouges à partir du cépage Kuntra près de Çanakkale sur les Dardanelles et du cépage Aakarasi près de Balikesir, mais aussi des vins blancs utilisant le cépage Beylerce près de Bilecik à l'est de Bursa en Bithynie.

En Anatolie centrale, on trouve autour d'Ankara des vins rouges à base des cépages Kalecik et Cubuk et des vins blancs utilisant le cépage Hasandede. Dans la région autour de Nevsehir et de Kayseri, on peut boire un très bon vin blanc issu du cépage Emir et un vin rouge du cépage Dimrit.

En Anatolie du sud-est, aux confins de la Syrie, on peut goûter des vins rouges issus des cépages Sergikarasi et Okur-gozu près d'Adana et d'Antakya, l'antique Antioche, et un peu plus à l'est encore, dans la région de Gaziankep, des vins rouges utilisant les cépages Horozkarasi et

Bogazkere.

L'alcool que l'on trouve communément en Turquie est le raki, assez proche de l'ouzo grec. Le raki, qui titre entre 45° et 50°, est fait à partir d'eaux-de-vie sélectionnées et aromatisé à l'anis.

TURSAN

Appellation d'origine VDQS, attribuée aux vins rouges, rosés et blancs, produits au sud des Landes, dans la région d'Aire-sur-Adour. Les vins rouges, issus principalement du cépage Tannat, mais aussi du Cabernet Franc, du Cabernet Sauvignon et du Fer Servadou, sont corsés, et durs dans leur jeunesse. Les vins rosés, dans lesquels les Cabernets prédominent, sont frais et fruités. Quant aux vins blancs, presque exclusivement constitués du cépage Barroque, ils sont secs et nerveux, très parfumés.
Production moyenne : 7 000 hectolitres de rouges et rosés, 5 000 hectolitres de blancs.

UGNI BLANC

Cépage blanc, d'origine italienne (c'est le Trebbiano de Toscane). Il est cultivé dans les Charentes et dans le Sud-Ouest, pour la production de vins destinés à la distillation (Cognac, Armagnac) mais aussi en Bordelais, où il entre accessoirement dans la production de certaines appellations de vins blancs. On le trouve également dans quelques vins blancs du Languedoc, de Provence et de Corse, auxquels il apporte fraîcheur et acidité. Après le Carignan, c'est en France le cépage le plus répandu.

U.R.S.S.

L'URSS produit entre 20 et 30 millions d'hectolitres de vin par an. C'est donc selon les années, le troisième ou le quatrième producteur mondial, talonné ou devancé par l'Espagne.

Les régions viticoles de l'URSS sont, d'ouest en est : la Moldavie autour de Kishinev au nord-ouest d'Odessa, la région de Bielgorod-Dniestrovskij près de l'embouchure du Dniestr, la Crimée, la basse vallée du Don, la région de Stavropol au nord du Caucase, la région de Krasnodar à l'est de la Crimée, la Géorgie, l'Azerbaïdjan, l'Arménie, le Turkménistan, l'Ouzbekistan et le Tadjikistan. Les plus importantes tant en quantité qu'en qualité sont la Géorgie, la Crimée et la Moldavie.

Dans la production considérable de l'Union soviétique, on trouve une quantité impressionnante de vins mousseux parmi lesquels on peut citer celui d'Abrau-Dursso à base de Riesling, sur la mer Noire dans la région viticole de Krasnodar et le Kaffia de Crimée.

Les vins de dessert sont également très répandus et fort variés : vins demi-doux blancs et rouges de Géorgie, Muscats de Crimée (Livadia blanc et Alupka rosé), vins de type Tokay comme celui d'Ay-Danil en Crimée, vins de type Porto comme le Massandra de Crimée, l'Aigechate d'Arménie et l'Akastafa d'Azerbaïdjan, vins de type Xérès comme l'Achtaraque arménien...

Quant aux autres types de vins, on produit en Moldavie des vins blancs issus de Pinot gris et d'Aligoté et des vins rouges dont certains à base du cépage Separavi, à l'arôme de prune, sont de bonne garde.

En Crimée, le même cépage donne l'excellent Yuzhnoberezhny. On notera également le Livadra rouge à base de Cabernet Sauvignon et le vin blanc Oreanda à base de Sémillon. Enfin, le cépage Rubinovy Magaracha, croisement de Cabernet Sauvignon dont il conserve l'arôme et de Carignan, produit en Crimée un vin rouge bien structuré.

Dans la région de Krasnodar, on trouve des Riesling et des Cabernet sur les rives de la mer Noire autour d'Anapa et de Novorossijsk.

En Géorgie, région productrice de vins de qualité, on trouve des vins blancs : Myshako Riesling, Ghurdjurni, Tsinandali et le Rkatsitelli, nom d'un cépage qui donne un vin épicé à l'acidité rafraîchissante. Pour les vins rouges, il faudrait retenir les noms de Napureouli, Mukuzani, Mzvane et le Teliani à base de Cabernet Sauvignon.

Dans la basse vallée du Don, le cépage Tsimlyansky Cherny utilisé pour les rouges effervescents, donne aussi quelques vins tranquilles.

En Azerbaïdjan, le cépage Matrassa produit des vins sucrés et, dans le district de Nagorno Karabakh, le cépage Khindogny donne un vin rouge profond et tannique.

La production d'alcool soviétique est centralisée dans de grandes distilleries, lesquelles fournissent de la vodka à Moscou, Léningrad et Kiev, et des eaux-de-vie de vin en Arménie et en Géorgie.

Ce que l'on trouve sous le nom de «Cognac» est ainsi un brandy arménien confectionné très industriellement.

La vodka se décline en diverses variétés aux goûts très légers, comme l'ekstra, la moskovskaya, la russkaya, la stolovaya ou la puissante krepkaya (50°).

Citons également quelques liqueurs, la kubanskaya, forte liqueur amère aux écorces d'orange et de citron, ou l'okhotnichya, faite à partir de gingembre, de girofle, de genièvre, de café, de badiane, de poivre, de piment et de divers autres ingrédients, avec de surcroît une addition de Porto blanc.

U.S.A.

L'essentiel, environ 85 % du vignoble des États-Unis, est localisé sur la côte ouest, dans quatre États (du sud au nord) : Californie, Oregon, Idaho et Washington. Viennent ensuite l'Arkansas et, dans l'est les États de Maryland, Michigan et New York et accessoirement quelques autres comme la Virginie et la Pennsylvanie.

Au total, la production est passée de 16,5 millions d'hectolitres en moyenne (1976-1980) à 18,5 millions en 1987 (70 millions pour la France).

La situation du vignoble américain est moins stable qu'elle ne l'est en Europe et dépend beaucoup de l'évolution du goût des consommateurs : c'est ainsi que la production de vin blanc a plus que doublé entre 1974 et 1984, alors que celle du vin rouge ne progressait que de 13 %. Une autre difficulté de cette étude tient aux noms des cépages, souvent différents de ceux que portent les mêmes cépages en Europe.

En Californie, premier producteur de l'Union, on distingue du nord au sud : les régions de Mendocino, Sonoma et Napa au nord de San Francisco; Alameda, Santa Clara, Santa Cruz, Monterey, San Benito, San Luis Obispo et Santa Barbara, zone flanquée dans l'arrière-pays par la vallée de San Joaquin, entre San Francisco et Los Angeles; enfin, la Californie méridionale entre Los Angeles et San Diego.
Les vins portent le plus souvent le nom du cépage dont ils sont issus, les assemblages sont encore rares et la notion de terroir peu développée, si bien que l'étude des vins californiens est le plus souvent fondée sur celle des cépages.

Cépages rouges :

Cépage des grands vins rouges de Bordeaux, le Cabernet Sauvignon, souvent accompagné de Cabernet Franc, produit dans la région de Napa des vins dont certains peuvent rivaliser avec les grands crus du Médoc. Ce cépage, qui tient la seconde place dans la production des rouges en Californie, donne également d'excellents résulats dans les régions de Sonoma et Monterey, ainsi que dans l'État de Washington.

En Californie, le Pinot noir souffre d'un climat trop chaud. Très tannique, d'un rouge profond, c'est un vin qui manque souvent d'équilibre. Plus au nord, dans l'État de l'Oregon, le climat lui convient mieux. Il y retrouve un bon niveau d'acidité et une bonne charpente.

Le Merlot, dans la région de Napa et dans l'arrière-pays de Santa Barbara, quelquefois associé au Cabernet Franc, donne d'excellents résultats et les meilleurs vins rappellent ceux de

Pomerol. On trouve aussi de bons vins de Merlot dans l'État de Washington, sur les pentes de la vallée du Columbia.

Le cépage rouge le plus répandu, le Zinfandel, ne se trouve qu'en Californie. C'est un cépage « à tout faire » : vins rouges, blancs ou rosés, secs ou doux, tranquilles ou effervescents. Mais dans un climat un peu plus frais, dans la région de Sonoma, il peut produire un vin rouge vif et sec, de bonne garde, aux arômes floraux intéressants.

Historiquement, le cépage Mission est le grand ancêtre. C'est par lui qu'il aurait fallu commencer. Importé en 1697, sans doute du Mexique, par le Jésuite Juan Ugarte à la mission San Francisco-Xaver, son hégémonie a duré jusque vers 1870. Toujours cultivé dans le sud de la Californie, il produit un vin léger et rustique.

En Californie, on donne le nom de Petite Sirah à un cépage qui a pratiquement disparu en France où il porte le nom de Durif, patronyme de celui qui l'a sélectionné. Cultivé dans la région de Monterey et dans la vallée de San Joaquin, ce cépage produit un vin très coloré, assez tannique, avec une bonne acidité.

Le Carignan, orthographié Carignane aux États-Unis, tient quantitativement le troisième rang parmi les cépages rouges et donne des vins ordinaires, rouges et rosés.

Le Grenache, qui arrive au quatrième rang, cultivé surtout dans la vallée de San Joaquin et dans la région de Mendocino, est à l'origine de vins rosés légèrement sucrés et de vins qui rappellent vaguement le Porto.

Le Ruby Cabernet, cépage hybride, croisement de Carignan et de Cabernet Sauvignon, planté dans la vallée de San Joaquin, donne un vin à l'arôme séduisant mais décevant en bouche. Il est utilisé en grande partie pour améliorer des vins ordinaires.

On trouve en Californie deux cépages qui portent le nom de Gamay et qui n'en sont pas. Le premier, baptisé Gamay Beaujolais, est une médiocre variété de Pinot noir et produit un vin ordinaire fruité mais assez acide. Le second, qualifié de Napa Gamay, récemment rebaptisé Gamay 15, n'est autre que l'Aramon, cépage très productif, utilisé autrefois dans le midi de la France. Il produit également un vin assez ordinaire.

Cépages blancs :

En tête des cépages blancs, on trouve le Colombard, cépage français destiné le plus souvent à la distillation. En Californie, sa surface cultivée a plus que triplé en dix ans pour répondre à l'engouement des Américains pour le vin blanc. En effet le Colombard produit, sous un climat chaud – c'est le cépage de la vallée de San Joaquin – des vins assez vifs et fruités, avec un fort rendement.

On trouve en deuxième position le Chenin blanc, qui produit un vin de consommation courante, demi-sec, fruité, mais manquant d'acidité. Des vendanges précoces ou un climat plus frais, comme dans l'État de Washington, donnent des vins sensiblement plus nerveux mais néanmoins sans rapport avec les vins de Loire produits par le même cépage.
En Californie, le Chenin blanc sert aussi à améliorer des vins plus ordinaires.

Au troisième rang, un très grand, le Chardonnay, est établi dans le nord du district de Sonoma et dans les sites les plus frais de Napa Valley. Les meilleurs peuvent rivaliser avec les grands Bourgognes. Planté également dans les États de l'Oregon, de Washington et de New York, ce cépage développe sous ces latitudes plus fraîches une acidité excessive.

Le Melon de Bourgogne, cépage du Muscadet, porte en Californie le nom d'emprunt de Pinot blanc et s'y comporte très différemment. En effet, dans un climat chaud comme celui de la région de Monterey, où il excelle, le «Melon-Pinot» élevé en fûts de bois donne un vin riche, capable de se bonifier après quelques années en bouteille, tout le contraire des caractéristiques du Muscadet.

Le Riesling californien, vendangé plus tardivement qu'il ne l'était jadis et quelquefois vieilli en fûts de chêne, conserve une certaine acidité et un fruité très agréable évoquant l'abricot ou la pêche. Le Riesling donne également de bons résultats dans les États de l'Oregon et de Washington et même à Long Island, à deux pas de New York.
La Californie produit deux autres Riesling, le Gray Riesling qui n'est autre que le Trousseau gris, un cépage du Jura en voie de disparition. Il donne un vin agréable, bien équilibré, assez sec. L'autre, l'Emerald Riesling, croisement de la Muscadelle et du Riesling, produit des vins aromatiques, un peu lourds, concurrencés par le Chardonnay et le Sauvignon blanc.

Le Sauvignon blanc californien, vendu sous l'appellation «fumé blanc», cède la place à un vin auquel participe le cépage Sémillon, vin plus léger, avec davantage d'acidité, dont les meilleurs, proches du Pouilly Fumé, proviennent des régions de Sonoma et de Napa Valley.

Le Gewurztraminer, mal adapté au climat chaud de la Californie, présente néanmoins quelques réussites dans la Napa Valley, avec des vins bien équilibrés que le temps bonifie. Ce cépage est plus à l'aise dans les États de l'Oregon et de Washington.

Le Muscat blanc à petits grains, planté dans la région de Monterey et dans la vallée de San Joaquin, produit des vins fruités, légers et pétillants.

Du Sultana, originaire d'Asie Mineure, baptisé Thomson Seedless (sans pépins), on extrait un vin assez neutre que l'on transforme en mousseux ou que l'on utilise pour des coupages.

Dans le domaine des alcools, c'est de la distillation de céréales qu'est tiré l'essentiel de la production américaine, et la dénomination générale de «whiskey» se subdivise en deux grandes appellations, celle du «Bourbon whiskey» et celle du «Tennessee whiskey».

Le bourbon est élaboré à partir d'une purée de grains dans laquelle le maïs doit entrer pour un minimum de 51 %. Il est vieilli au moins deux ans en fûts neufs dont l'intérieur a été charbonné, technique originale qui lui donne son goût et sa couleur particulière. Le bourbon est straight s'il n'a subi aucun mélange, blended straight s'il est composé de plusieurs straights et blended s'il est fait de straight et d'alcool neutre. Mais la différence provient surtout de la saveur particulière que chaque marque a cherché à donner à sa production.

Le Tennessee whiskey se distingue par l'ajout avant distillation d'une bouillie acide provenant d'une fermentation antérieure, qui lui donne un goût beaucoup plus prononcé.

A partir d'une macération de pêches dans du bourbon, on fabrique à Saint-Louis le southern comfort, liqueur qui se boit généralement sur de la glace.

Le forbidden fruit est une autre variété de liqueur, plus amère, au goût de citron.

L'applejack est un alcool de pomme qui se rapproche du Calvados français, bien qu'il puisse être constitué en partie d'alcool neutre.

Valençay

Appellation d'origine VDQS, qui recouvre les vins rouges, rosés ou blancs secs, produits sur quatorze communes du département de l'Indre et une du Loir-et-Cher. Le vignoble est situé au sud-est de la Touraine. L'encépagement est constitué en blanc, de Chardonnay, d'Arbois et de Sauvignon, avec moins de 40 % de Chenin et de Romorantin, en rouge, de Gamay et de Côt, avec un peu de Pinot noir, de Cabernet Franc et de Cabernet Sauvignon. Sont également autorisés, mais limités à 25 % de l'encépagement, le Gascon, le Pineau d'Aunis, le Gamay de Chaudenay et le Grolleau. Ces vins, peu colorés, sont légers et souples, à boire jeunes.
Production moyenne : 6 500 hectolitres, dont 5 200 hectolitres de rouges et rosés.

Vatted

Adjectif qualifiant le whisky ayant séjourné en fût (vat).

V.D.Q.S.

Vin délimité de qualité supérieure. Les VDQS sont des vins à appellation d'origine, qui font l'objet d'une réglementation similaire à celle des

AOC, mais moins sévère. Cette réglementation est fixée pour chaque appellation par un arrêté du ministère de l'Agriculture, sur proposition de l'INAO, et porte sur les limites de l'aire de production, la nature de l'encépagement, le degré alcoolique minimum naturel, les méthodes culturales et les modes de vinification, enfin, les résultats auxquels doivent aboutir la dégustation et l'analyse chimique des vins.

La catégorie des VDQS a été introduite par une loi du 18 décembre 1949. Avant cette date, tous les vins qui n'étaient pas des AOC étaient des vins de consommation courante. Or, certaines régions, produisant des vins de qualité à faible rendement et jouissant d'une certaine notoriété, se trouvaient juridiquement sur le même plan que d'autres régions, produisant des vins de qualité moindre avec un fort rendement. C'est pour conforter et consacrer ces vins que l'INAO créa cette catégorie, intermédiaire entre les Vins de Table et les AOC.

Il existe aujourd'hui plus de 30 appellations d'origine VDQS, offrant une gamme complète de vins de qualité. Ils représentent un peu plus de 1 % de la production française, soit en 1986, 820 000 hectolitres.

VÉGÉTAL

Qualifie les odeurs que l'on trouve dans le règne végétal : foin coupé, humus, feuille, etc.

VELOUTÉ

Souple, fondu et harmonieux.

VENAISON

Nuance olfactive de la série animale, rappelant l'odeur de gibier, que l'on trouve dans certains vins rouges épanouis.

VENDANGE

Au singulier, signifie les raisins eux-mêmes.

VENDANGES

C'est la récolte des raisins. La date des vendanges est généralement déterminée grâce aux contrôles de maturité, qui consistent à prélever des échantillons de raisins et à surveiller l'évolution du poids des baies et leur teneur en sucres et en acides.

La date des vendanges, qui est soumise à la proclamation du ban des vendanges, varie selon le type de vin que l'on veut obtenir. La plupart du temps, on récolte juste à maturité, mais on peut récolter beaucoup plus tard, pour obtenir des raisins à surmaturité : c'est le cas des vendanges tardives en Alsace, ou des raisins atteints de pourriture noble, qui servent à l'élaboration de vins moelleux ou liquoreux.
Les vendanges peuvent être manuelles ou utiliser la machine à vendanger

VENDANGES TARDIVES

Mention spécifique qui peut compléter les appellations Alsace et Alsace Grand Cru, pour les cépages Riesling, Gewurztraminer, Tokay-Pinot gris et Muscat, lorsque les raisins répondent à des conditions de production particulièrement strictes, notamment quant à leur richesse naturelle minimale en sucres.

Cette concentration exceptionnelle (220 grammes par litre pour le Riesling et le Muscat, 243 grammes par litre pour le Gewurztraminer et le Pinot gris) est obtenue par une surmaturation des raisins. Les baies, laissées sur pied, se flétrissent et leur jus se concentre. Cela nécessite des vendanges très tardives qui ont parfois lieu début décembre seulement.

VENEZUELA

Outre différentes qualités de rhum, on tire au Venezuela de la sève de cactus un puissant alcool, le cocuy, qui annonce de 55° à 60°.

VÉRAISON

Étape qui correspond à un changement physiologique des baies. Le raisin perd sa chlorophylle et se colore. La véraison marque le début de la maturation : le raisin va accumuler sucres, composés phénoliques (couleur) et aromatiques, pendant que les acides se dégradent. La véraison se produit autour de la mi-août.

VERARGUES

C'est l'un des douze terroirs des Coteaux du Languedoc, dont les vins, rosés ou rouges, bénéficient des AOC Coteaux du Languedoc Verargues ou Coteaux du Languedoc. Le vignoble s'étend sur neuf communes de l'Hérault, voisines de Lunel. Les vins sont souples et aromatiques, avec souvent une pointe de violette, due au cépage Syrah.
Production moyenne : 18 000 hectolitres.

VERMENTINO

Cépage blanc de Corse, appelé localement Malvoisie de Corse, que l'on trouve aussi en Provence sous le nom de Rolle, en Espagne, au Portugal, et en Sardaigne. Il donne un vin blanc sec, au nez typique de pomme et d'amande fraîche.

VERMOUTH

Apéritif à base de vin que l'on produit en Italie et en France, et qui est aromatisé d'extraits d'armoises, d'écorces, d'herbes, de fleurs, de racines, etc.

La gamme des vermouths italiens se différencie en «secco», «bianco» et «rosso».

Moins étendue, la production française est surtout confinée dans la région des Alpes, et sa qualité la plus connue est le Chambéry.

VERT

Qualifie les vins dont l'acidité, trop élevée, entraîne un déséquilibre par rapport aux autres éléments.

VERVEINE

Plante aromatique qui a donné son nom à une liqueur du Massif Central, la verveine du Velay. Élaborée à partir d'une macération de 33 plantes dans de l'eau-de-vie de vin, elle est commercialisée sous deux présentations, la «jaune» à 40° et la «verte» à 50°.

VIEILLISSEMENT

Pour les vins, ce terme n'est pas péjoratif, bien que maturation ou épanouissement paraissent plus appropriés. On distingue deux types de vieillissements, de même qu'il y a deux types de vins : ceux que l'on a obtenus par un phénomène de réduction (ce sont les grands vins classiques de garde) et ceux, plus rares, dont on a favorisé l'oxydation.

Pour les premiers, le vieillissement est le dernier stade de leur vie, mais également le plus long, les deux premiers étant la vinification (fermentations alcoolique et malo-lactique) et l'élevage (conservation en fûts de chêne ou en cuve). Le vieillissement correspond aux transformations du vin en bouteille, c'est-à-dire dans un milieu fermé, en l'absence totale d'oxygène :

– formation du bouquet : au cours du vieillissement en bouteille, le bouquet se développe par un phénomène de réduction, à partir des arômes issus du raisin, de la fermentation et éventuellement du bois de chêne.
– modification de la couleur : rouge vif dans les vins jeunes, elle évolue vers des nuances plus jaunes, évoquant la tuile ou la brique. Les anthocyanes (pigments rouges du raisin) disparaissent progressivement, au cours du vieillissement, pour s'allier, par polymérisation avec les tannins dont la couleur jaune pâle devient de plus en plus intense.
– modification des caractères gustatifs : ces tannins vont également perdre de leur astringence, d'où un assouplissement de la structure générale du vin.

Les seconds, de type rancio, n'atteignent leur plénitude qu'après une période d'élevage, au cours de laquelle les phénomènes d'oxydo-réduction jouent un rôle fondamental dans la formation du bouquet. La plupart de ces vins mûrissent donc en milieu oxydant : fûts de bois ou récipients en vidange. Cette phase est très longue et peut durer plus d'une dizaine d'années. Par contre, une fois mis en bouteille, le vin n'évolue quasiment plus.

Il faut se méfier de certaines idées fausses, qui hélas ont la vie dure! Le vin de garde est un vin, dont la qualité s'améliore avec le temps, certes. L'intérêt de la garde est donc que le vin sera meilleur après quelques années. Cela ne veut pas dire que, plus le vin est vieux, meilleur il est.

Après un certain temps, le vin perd son bouquet et son volume en bouche, pour devenir fluide et sans caractère. Sachons le boire au bon moment, au sommet de sa courbe de vie!

La plupart des alcools se bonifient également avec le temps. Les esters les plus légers, tout d'abord, s'évaporent à travers le bois des fûts; l'alcool attaque la paroi intérieure, s'appropriant des acides, des tannins, des pigments; il s'oxyde d'autre part au contact de l'oxygène qui traverse le bois, et voit son amertume diminuer par hydrolyse.

A l'exception de quelques eaux-de-vie de fruits et des alcools très purs des pays du nord et de l'est, les alcools subissent donc un vieillissement, et c'est le fût de chêne qui fait véritablement naître les grands Cognacs, Armagnacs, Calvados, rhums et whiskies.

VIEUX

Ce terme est utilisé dans les régions de production pour qualifier les vins d'une ou plusieurs années, par opposition au vin nouveau, qui est le vin de la dernière récolte.

VIF

Qualifie un vin dont l'acidité est relativement élevée, mais qui reste équilibré et agréable.

VIN

C'est le produit obtenu exclusivement par la fermentation alcoolique, totale (vin sec) ou partielle (vin moelleux), de raisins frais (foulés ou non) ou de moût de raisin.

VIN AROMATISÉ

Apéritif de type quinquina, constitué de vins rouges ou blancs, de mistelles et de divers aromates. Les vins aromatisés entrent dans la classification des apéritifs à base de vin.

VIN (CONSTITUTION DU)

Du point de vue chimique, le vin est une solution hydroalcoolique, constituée d'environ 85 % d'eau, de 10 à 15 % d'alcool, et... du reste, soit 20 à 30 grammes par litre de substances dissoutes, qui constituent l'extrait sec du vin, et quelques centaines de milligrammes par litre de substances volatiles, qui en constituent l'odeur. C'est ce reste qui fait toute la différence, cette infime fraction, constituée d'un millier de substances, certaines présentes à des doses infinitésimales, qui va donner au vin sa complexité et sa personnalité.

– Les alcools : le principal d'entre eux, l'éthanol, représente 72 à 120 grammes par litre. Interviennent aussi le glycérol (5 à 15 grammes par litre selon les vins), et à des doses moindres, le butylèneglycol, l'inositol, le sorbitol, etc. Les alcools contribuent au moelleux du vin, par l'onctuosité et le goût sucré qu'ils lui donnent.
– Les acides : les acides tartrique, malique et citrique sont des acides provenant du raisin. Les acides lactique, acétique et succinique sont formés lors des fermentations alcoolique et malo-lactique. Ce sont les principaux acides : il en existe d'autres, mais qui ne jouent pas un rôle prépondérant dans le goût acide.

– Les sucres : le glucose et le fructose sont les principaux sucres. Ils proviennent du raisin et subsistent, respectivement jusqu'à 30 et 60 grammes par litre dans les vins doux. Dans les vins secs, les sucres ont été transformés en alcool. Il en reste généralement moins de 2 grammes par litre.
– Les composés phénoliques, principalement les anthocyanes et les tannins, interviennent dans les caractères organoleptiques (astringence, couleur) et dans l'évolution du vin, sans parler de leur rôle positif pour la santé (vitamine P et effet bactéricide). Excepté le tyrosol, acide-phénol produit lors de la fermentation alcoolique, que l'on trouve dans tous les vins, les autres composés phénoliques proviennent tous des parties solides de la grappe (peaux, pépins et éventuellement rafles) et ne se retrouvent donc que dans les vins de macération (vins rouges et rosés). Les anthocyanes représentent jusqu'à 0,5 grammes par litre dans les vins rouges jeunes et diminuent avec le temps. Les tannins sont présents à des doses variant de 1,5 à 5 grammes par litre.
– Les substances odorantes représentent quelques centaines de milligrammes par litre. On en a dénombré plus de 500, dont moins de la moitié ont été identifiées. Ces substances volatiles appartiennent à plusieurs familles chimiques : les alcools supérieurs (le phényléthanol qui rappelle l'odeur de rose, le tyrosol qui sent le miel et la cire d'abeille, l'hexanol qui sent l'herbe coupée, etc.), les esters (l'acétate d'éthyle, responsable de l'odeur de vinaigre, l'acétate d'isoamyl à l'odeur de banane ou de solvant...), les acides gras, etc.
– Les polysaccharides, constitués de nombreuses molécules de glucides, rendent parfois difficile la filtration des vins : ils ont tendance à floculer et à colmater les surfaces filtrantes.
– Les substances azotées sont des acides aminés et des protéines. Ces dernières ont tendance à floculer, donc à troubler les vins. C'est pourquoi on en élimine une partie par collage.

VIN DE CORSE
Voir Corse (Vin de).

VIN DE GOUTTE
Dans la vinification en rouge, c'est le vin obtenu par simple gravité, lorsqu'après la fermentation, on vide la cuve par écoulement. Il représente environ 85 % du volume de la cuve. Le reste, c'est-à-dire le marc, produit par pressurage le vin de presse.

VIN DE LAVILLEDIEU
Voir Lavilledieu.

VIN DÉLIMITÉ DE QUALITÉ SUPÉRIEURE
Voir V.D.Q.S.

VIN DE LIQUEUR
Produit élaboré par mutage du moût de raisin auquel on ajoute de l'alcool avant ou pendant la fermentation, alcool qui tue les levures et empêche ou arrête la fermentation. L'alcool utilisé, obligatoirement produit par la distillation du vin, doit titrer au moins 95°.
Le titre alcoométrique volumique acquis (c'est-à-dire le degré alcoolique) d'un vin de liqueur varie entre 15 et 22 %. Son titre alcoométrique volumique total doit être au moins égal à 17,5 %. Il peut donc titrer, par exemple 15 % d'alcool acquis et 2,5 % d'alcool potentiel (soit 42,5 grammes de sucres résiduels par litre). (Voir Titre alcoométrique volumique acquis, total).
Parmi les vins de liqueur, citons le Pineau des Charentes, appellation d'origine contrôlée, issu de jus de raisins récoltés sur l'aire d'appellation Cognac, enrichi par de l'eau-de-vie de Cognac, le Floc de Gascogne, issu de jus de raisins enrichi par de l'Armagnac, etc.

La législation de la CEE ne distingue pas les vins doux naturels des vins de liqueur. En France, les vins doux naturels (VDN) sont des vins de

liqueur obéissant à des règles de production et d'élaboration particulières, définies par l'INAO : l'alcool est ajouté en cours de fermentation et représente au maximum la moitié du degré acquis. (Voir Vin doux naturel).
Les vins doux naturels sont soumis au régime fiscal des vins, alors que les vins de liqueur sont soumis à celui, beaucoup plus lourd, des alcools. Il en résulte une distorsion entre la législation française et celle de la CEE.

VIN DE L'ORLÉANNAIS
Voir Orléannais.

VIN DE MARCILLAC
Voir Marcillac.

VIN DE MOSELLE
Voir Moselle.

VIN D'ENTRAYGUES ET DU FEL
Voir Entraygues.

VIN DE PAILLE
C'est un vin naturellement doux, à ne pas confondre avec un vin doux naturel (VDN). Il est élaboré à partir de raisins passerillés. Après les vendanges, les raisins sont disposés soit sur un lit de paille ou sur des claies, soit suspendus dans un local sain et aéré, pendant au moins trois mois. Il se produit alors, par évaporation de l'eau, une forte concentration des constituants du raisin. Après une fermentation très lente, on obtient un vin titrant entre 14 % et 17 % d'alcool, et qui contient beaucoup de sucres résiduels : le titre alcoométrique volumique total doit être au minimum de 18 %. Il vieillit ensuite trois ou quatre ans en fûts. Les vins de paille ont des rendements très faibles, puisqu'il faut 100 kilos de raisins pour obtenir 18 litres de vin.

Les vins de paille sont produits presque exclusivement dans la région du Jura, mais il subsiste une production infime dans les Côtes du Rhône septentrionales, à Hermitage.

VIN DE PAYS

Les Vins de Pays sont des Vins de Table qui possèdent une notion d'origine. Alors que le Vin de Table peut être le mélange de vins de plusieurs régions, le Vin de Pays provient d'une seule zone, qui peut être soit régionale (il en existe trois : le Vin de Pays d'Oc dans le midi méditerranéen, le Vin de Pays du Jardin de la France dans le Val-de-Loire et le Vin de Pays du comté tolosan dans le Sud-Ouest), soit départementale (par exemple, le Vin de Pays de l'Aude), soit encore locale (c'est une zone plus restreinte, soit par exemple le Vin de Pays du Val d'Orbieu). De plus, les Vins de Pays obéissent à des règles particulières, énumérées dans le décret du 4 septembre 1979.

Ils proviennent uniquement de cépages nobles ou recommandés, et leur rendement est limité. Ils doivent présenter un degré alcoolique naturel minimum et des caractères analytiques et organoleptiques satisfaisants, qui sont contrôlés par analyse et dégustation.

Il a été récolté en 1986 plus de 9 millions d'hectolitres de Vins de Pays, dont 91 % de vins rouges, ce qui représente 13 % de la production française.

Pour la Communauté européenne, les Vins de Pays font partie de la catégorie des Vins de Table.

VIN DE PRESSE

Vin obtenu par le pressurage du marc, dans la vinification en rouge. Le vin de presse est plus riche en couleur et en tannins que le vin de goutte (obtenu par simple gravité, lorsqu'on vide la cuve après la fermentation). Le vin de presse sera assemblé au vin de goutte, dans des proportions variables, selon le type de vin que l'on veut élaborer.

VIN DE SAIGNÉE

Voir Saignée.

VIN DE SAVOIE

Voir Savoie (Vin de).

VIN DE SAVOIE-AYZE

Voir Savoie-Ayze.

VIN D'ESTAING

Voir Estaing.

VIN DE TABLE

Dans la classification européenne, les Vins de Table sont tous les vins n'appartenant pas à la catégorie des vins de qualité produits dans des régions déterminées (VQPRD). Cette catégorie, unique pour la Communauté européenne, est subdivisée en France, entre Vins de Table et Vins de Pays.

Les Vins de Table, contrairement aux Vins de Pays, ne peuvent se prévaloir d'aucune origine géographique. Ils sont le plus souvent obtenus par coupage, c'est-à-dire mélange, de vins de diverses régions ou de plusieurs pays de la CEE. Les coupages avec des vins importés de pays qui n'en font pas partie sont interdits. Leur degré alcoolique doit être au moins égal à 8,5° ou 9°, selon les zones de production, et ne doit pas dépasser 15°. Souvent vendus sous une marque commerciale, ces vins présentent généralement des caractères constants, obtenus par le coupage. Production en 1986 : 31 600 000 hectolitres, dont 85 % de vins rouges.

VIN DOUX NATUREL

Dénomination réservée aux vins à AOC, obtenus par mutage, c'est-à-dire un arrêt de la fermentation dû à l'addition d'alcool.

Les vins doux naturels, ou VDN, sont généralement produits sur des sols ensoleillés, pauvres et secs. Les vignes ont donc de faibles rendements et produisent des moûts d'une grande richesse en sucres, 252 grammes par litre au moins. L'adjonction d'alcool, qui correspond de 5 à 10 % du volume du moût mis en œuvre, arrête la fermentation alcoolique en inhibant l'action des levures et permet au vin de garder une partie des sucres du raisin.

Les vins doux naturels ont donc un titre alcoométrique acquis minimum de 15 % en volume, c'est-à-dire un degré alcoolique d'au moins 15° et un titre alcoométrique total d'au moins 21,5 % en volume. La concentration en sucres résiduels est supérieure à 50 grammes par litre, et pour les Muscats, supérieure à 125 grammes par litre. 98 % des vins doux naturels français sont produits sur les bords de la Méditerranée.

On en distingue deux types : les Muscats, pour lesquels il importe de conserver les arômes du raisin et de les protéger de l'oxydation. Ils sont donc mis en bouteille très rapidement, et doivent être consommés jeunes.

Les Rivesaltes, Banyuls, Maury, n'atteignent leur plénitude qu'après une période de vieillissement au cours de laquelle les phénomènes d'oxydo-réduction jouent un rôle fondamental dans la formation du bouquet. La plupart de ces vins sont donc conservés dans des récipients qui favorisent ce processus : fûts de chêne ou cuves incomplètement remplies, qui leur confèrent une teinte ambrée et un bouquet complexe, où se mêlent des odeurs de cacao, café, pruneau... Ces vins peuvent se garder très longtemps.

VIN DU HAUT-POITOU

Voir Haut-Poitou.

VIN EFFERVESCENT

Vin qui présente un dégagement régulier de gaz carbonique, sous forme de bulles, qui viennent éclater à la surface du vin. Les vins mousseux et pétillants sont des vins effervescents.

VIN GRIS

Les vins gris sont des vins rosés, obtenus à partir de cépages gris (cépages peu colorés) ou de cépages rouges. Ils sont généralement caractérisés par une teinte assez pâle. Le plus connu est le gris de Toul.

VINIFICATION

La vinification est l'ensemble des opérations nécessaires pour transformer le raisin en vin.

VINIFICATION EN BLANC MOELLEUX

Le vin moelleux est caractérisé par la présence de sucres résiduels, que les levures n'ont pas transformés en alcool. Il est obtenu par un arrêt de la fermentation, dû à l'inhibition des levures : elle peut être naturelle, car les levures finissent par s'étouffer, dans un milieu trop riche en sucres et en alcool, ou provoquée par diverses opérations : filtration, refroidissement, pasteurisation, ou encore par addition d'anhydride sulfureux.

VINIFICATION EN BLANC SEC

Le vin blanc est élaboré par la fermentation du seul jus de raisin, c'est-à-dire sans macération des parties solides de la grappe. Le pressurage, qui va séparer le jus des peaux, précède donc la fermentation, ce qui explique que l'on puisse obtenir des vins blancs à partir de raisins noirs à jus blanc, comme par exemple le Champagne.

En général, la vinification se déroule comme suit :

Les raisins sont pressés dès leur arrivée au cuvier. Puis, le moût est mis en cuve. Un léger sulfitage permet de le protéger contre l'oxydation, à laquelle il est particulièrement sensible.

On procède ensuite au débourbage, opération qui permet d'éliminer les particules végétales en suspension dans le moût, qui risqueraient de lui donner mauvais goût. La fermentation se déclenche, naturellement ou provoquée par un levurage ou un pied de cuve.

Le contrôle des températures est alors primordial. Elles ne doivent pas dépasser 20°. En effet, une fermentation à température élevée est tumultueuse et s'accompagne d'une perte considérable des arômes, qui se volatilisent en raison d'un dégagement excessif de gaz carbonique. De plus, les levures «travaillent» mieux à basse température : en effet, les arômes qu'elles produisent à moins de 20° sont bien plus fins que ceux produits à des températures supérieures.

A la fin de la fermentation, il existe deux cas de figure.

On recherche généralement dans un vin blanc une sensation de fraîcheur : dans ce cas-là, on évite la fermentation malo-lactique. Le vin est soutiré et légèrement sulfité dès la fin de la fermentation alcoolique. Il peut aussi être conservé dans la cuve de fermentation, sur ses lies de levures, jusqu'à la mise en bouteille sur lies.

Dans quelques rares cas, pour obtenir des vins moins acides, la fermentation malo-lactique est provoquée. C'est le cas des vins blancs de Bourgogne, qui sont ensuite conservés quelques mois en fûts. Le sulfitage n'intervient alors qu'à la fin de la fermentation malo-lactique.

VINIFICATION EN ROSÉ

Un vin rosé ne peut être défini que par sa couleur. C'est un type intermédiaire entre le vin blanc (obtenu sans macération des peaux) et le vin rouge, (obtenu par macération). Il existe deux procédés de vinification en rosé : par pressurage direct, ou par saignée.

Dans le premier cas, les raisins rouges sont pressés, généralement après un foulage qui permet une légère diffusion de la matière colorante dans le jus. Le jus seul, faiblement coloré, fait ensuite l'objet d'une vinification en blanc sec.

Le second procédé utilise la vinification en rouge, avec une macération beaucoup plus courte, allant de cinq à vingt-quatre heures. L'écoulage intervient donc en cours de fermentation, après un temps de contact avec les peaux d'autant plus long que l'on veut obtenir une couleur soutenue.

VINIFICATION EN ROUGE

Elle est caractérisée par une phase indispensable de macération, c'est-à-dire de contact entre les peaux et le jus, opération qui permet à la matière colorante localisée dans les peaux de colorer le jus, initialement incolore.

La vinification en rouge classique se déroule comme suit :
La vendange est foulée : on fait ainsi éclater les peaux afin de libérer le jus.
Puis, on élimine généralement les rafles, c'est-à-dire la partie ligneuse de la grappe, qui pourrait donner au vin des goûts herbacés.
Un léger sulfitage (addition d'anhydride sulfureux) effectué lors de la mise en cuve, permet l'inhibition des bactéries et prévient tout risque d'oxydation.

Ensuite se déroulent deux opérations simultanées, la fermentation, et la macération. La fermentation alcoolique peut se déclencher naturellement ou bien être provoquée. Dans ce cas, on ensemence le moût avec des levures, soit avec un pied de cuve, soit par levurage. Lorsqu'elle est nécessaire, la chaptalisation se fait au début de la fermentation, en ajoutant du sucre au moût, à la dose de 17 grammes par litre pour augmenter d'un degré la teneur du vin en alcool.
La transformation du sucre en alcool par les levures est accompagnée d'un dégagement de gaz carbonique (d'où l'aspect bouillonnant du moût en fermentation) et d'un dégagement de chaleur. La température augmente rapidement, et il convient de bien la contrôler. En effet, des températures supérieures à 32° risqueraient d'annihiler les levures, ce qui provoquerait un arrêt de la fermentation.
Au cours de la fermentation, on pratique plusieurs remontages : on pompe le moût dans le

bas de la cuve et on le réintègre par le haut, sur le chapeau de marc, constitué de toutes les parties solides (peaux, pépins et éventuellement rafles) qui sont remontées à la surface du moût. Les remontages permettent ainsi une meilleure diffusion des constituants du marc, notamment des anthocyanes, dans le jus. Ils sont souvent accompagnés d'une aération, qui permet d'abaisser la température et de faciliter le développement des levures.

La fermentation s'achève avec la transformation complète des sucres en alcool, ce qui nécessite entre cinq et huit jours.

On procède ensuite à l'écoulage qui sépare par simple gravité le vin du marc. L'écoulage qui libère le vin de goutte marque la fin de la cuvaison et de la macération. Il a lieu plus ou moins rapidement : aussitôt après la fin de la fermentation lorsque l'on recherche des vins souples; après deux ou trois semaines pour les vins de garde.

Le vin de goutte est mis dans une autre cuve pour y subir la fermentation malo-lactique, c'est-à-dire la transformation, par les bactéries lactiques de l'acide malique, dur et agressif, en acide lactique, acide plus souple et surtout plus stable. Pendant ce temps, le marc est pressé pour donner le vin de presse, qui va lui aussi subir la fermentation malo-lactique, généralement dans une cuve séparée. Il est ensuite assemblé au vin de goutte en pourcentage variable, selon le type de vin que l'on veut obtenir.

Dès que la fermentation malo-lactique est terminée, on sulfite à nouveau afin d'éliminer les bactéries. La vinification est terminée : commence alors la période d'élevage.

Il existe d'autres procédés de vinification pour l'obtention de vins rouges, par exemple la vinification en grains entiers par macération carbonique ou semi-carbonique.

VIN JAUNE

Type de vin produit dans la région du Jura, à partir du seul cépage Savagnin. Après une fermentation lente, le vin est mis en fûts de chêne pendant au moins six ans, sans ouillage, ni soutirage : il se développe alors à la surface du vin un voile de levures, siège d'une oxydation biologique très lente. Le vin change lentement de couleur et prend le goût de «jaune», avec un bouquet particulier rappelant la noix.

Les vins jaunes sont commercialisés dans une bouteille spéciale, le clavelin, d'une contenance de 0,62 litre, ce qui correspond au volume résiduel d'un litre de vin qui a vieilli pendant six ans et perdu par évaporation plus d'un tiers de son volume.

VIN LIQUOREUX

Terme non reconnu par la réglementation européenne, mais encore utilisé, surtout dans la région de Bordeaux, pour des vins moelleux, ayant une concentration en sucre souvent supérieure à 50 grammes par litre, élaborés à partir d'une vendange atteinte de pourriture noble. Les vins liquoreux, outre une saveur onctueuse et très sucrée, ont un nez caractéristique de miel, de fleurs d'acacia, de fruits secs. Parmi ces vins, citons Sauternes, Barsac, Loupiac, Sainte-Croix du Mont, Monbazillac, etc.

VIN MOELLEUX

Voix Moelleux (vin).

VIN MOUSSEUX

Voir Mousseux.

VIN MOUSSEUX GAZÉIFIÉ

Voir Mousseux gazéifié.

VIN MUTÉ

Vin qui a subi une adjonction d'alcool au cours de sa fermentation, ce qui l'interrompt définitivement, tout en lui laissant une partie de ses sucres naturels. Le mutage permet de réaliser les vins doux naturels français; il est également utilisé dans la confection de liqueurs.

Parmi les vins mutés étrangers, citons le Porto, le Xérès, le Madère, le Malaga et le Muscat de Samos.

VIN PÉTILLANT

Voir Pétillant.

VIN PÉTILLANT GAZÉIFIÉ

Voir Pétillant gazéifié.

VINS DU BUGEY

Voir Bugey.

VINS DU THOUARSAIS

Voir Thouarsais.

VIOGNIER

Cépage blanc, cultivé essentiellement sur les terrasses granitiques des Côtes du Rhône septentrionales. Il est le cépage unique des vins de Condrieu et de Château-Grillet. Également autorisé dans les vins rouges à AOC Côte Rôtie, il ne peut excéder 20 % du poids des raisins mis en cuve. Il donne des vins blancs secs, mais de grande ampleur, au nez intense à dominante florale, notamment de violette.

VITIS VINIFERA

Vinifera est le nom d'espèce de la vigne, appartenant au genre vitis. Originaire d'Europe et du Proche-Orient, où il était déjà cultivé bien avant notre ère, le vitis vinifera a été importé plus récemment dans les continents américain et africain. Il en existe plus de 4 000 variétés ou cépages dans le monde.

Le vignoble français, dans sa grande majorité, est composé de vignes de vitis vinifera. Il existe plusieurs utilisations des raisins de vitis vinifera.

Certaines variétés sont consommées en raisins de table. Il en existe 600 à 800, dont 25 sont cultivés en France. Ils sont exposés à une forte concurrence de l'Italie, qui est le premier producteur et le premier exportateur de raisins de table.

Les raisins à fouler produisent des jus de raisin, des moûts de raisins concentrés, des vins tranquilles secs ou doux, des vins effervescents, des vins à distiller pour donner de l'eau-de-vie : Cognac, Armagnac. A partir des sous-produits, les lies, le tartre et le marc, on obtient de l'eau-de-vie de marc, de l'huile de pépins de raisins, des anthocyanes, c'est-à-dire des matières colorantes.

Les raisins secs sont obtenus à partir de deux variétés, Corinthe et Sultanine. Les États-Unis en sont les premiers producteurs et la Grande-Bretagne, un gros importateur.

VODKA

Eau-de-vie de grain, de betterave ou de pomme de terre, distillée et filtrée jusqu'à devenir neutre, puis légèrement aromatisée et réglée autour de 40° avec de l'eau déminéralisée.

La vodka ne nécessite pas de vieillissement et elle est produite dans de nombreux pays. Bien qu'elle soit originaire de Pologne et de Russie, c'est une vodka américaine, la smirnoff, qui détient la plus grosse part des ventes dans le monde.

VOLNAY

Appellation d'origine contrôlée, qui désigne les vins rouges issus du cépage Pinot noir, et produits sur des parcelles délimitées de la commune de Volnay, dans la Côte de Beaune (Côte-d'Or).

Contrairement à la plupart des autres villages, Volnay domine son vignoble. Celui-ci, situé sur un sous-sol très calcaire, possède plus de trente climats, classés en Premiers Crus, parmi lesquels Clos des Ducs, en Caillerets, en Champans... Les vins de Volnay sont tout en légèreté et en finesse. Production moyenne : 7 900 hectolitres.

VOLNAY SANTENOTS

Appellation d'origine contrôlée. Contrairement à ce que l'on pourrait croire, le Volnay Santenots n'est pas produit sur la commune de Volnay, mais sur celle de Meursault (Côte-d'Or), dans certaines parcelles : Santenots blancs, Les Plures, les Santenots du Milieu, les Santenots-Dessous et les Vignes Blanches. Ce vin a également droit à l'appellation Volnay Premier Cru, et possède les mêmes caractéristiques : finesse et élégance.
Production moyenne : 860 hectolitres.

VOSNE-ROMANÉE

Appellation d'origine contrôlée, dite communale, que portent les vins rouges de la Côte de Nuits, issus du cépage Pinot noir et produits sur les deux communes de Vosne-Romanée et Flagey-Échezeaux, en Côte-d'Or. Du vignoble, situé entre Vougeot au nord et Nuits-Saint-Georges au sud, naissent des vins de réputation mondiale. Il compte en effet quatorze climats classés en Premiers Crus, parmi lesquels les Suchots, les Beaux Monts, Malconsorts, mais aussi les célèbres Grands Crus que sont Romanée, Romanée-Conti, Romanée-Saint-Vivant, Richebourg et La Tâche.

Les vins de Vosne-Romanée ont un bouquet subtil, parfois épicé, et un velouté d'une grande délicatesse. Ils sont de bonne garde, dix ans et plus selon les millésimes.
Production moyenne : 5 900 hectolitres.

VOUGEOT

Appellation d'origine contrôlée, dite communale, attribuée aux vins rouges, et, plus rarement, blancs, produits sur la commune de Vougeot, dans la Côte de Nuits en Bourgogne. La commune de Vougeot possède quatre climats classés en Premiers Crus, dont le Clos de la Perrière, mais aussi le fameux Grand Cru Clos de Vougeot, dont la superficie représente plus des deux tiers de la commune.

Les vins rouges, issus du cépage Pinot noir, ont beaucoup de distinction. Il en est produit environ 470 hectolitres.
Quant aux vins blancs, ils représentent environ 80 hectolitres.

VOUVRAY

Appellation d'origine contrôlée, conférée aux vins blancs, issus du seul cépage Chenin, et produits sur environ 2 000 hectares, au cœur de la Touraine. L'essentiel du vignoble se trouve sur le plateau calcaire, sur des sols argilo-calcaires, les aubuis, ou argilo-siliceux, les perruches.
Les vins de Vouvray peuvent être tranquilles (secs, demi-secs ou moelleux), cela dépend essentiellement des conditions climatiques, ou effervescents.
Sur les coteaux les mieux exposés, le vigneron attend la surmaturation des raisins avant de vendanger et de cueillir les raisins par tries successives. On obtient alors des vins demi-secs à moelleux, qui contiennent de 15 à 30 grammes de sucres résiduels par litre, ce qui leur confère beaucoup de rondeur, et une bonne aptitude au vieillissement. Ils développent avec l'âge un nez intense, avec des notes de coing mûr et d'acacia.
Le Vouvray peut aussi être vinifié en mousseux ou en pétillant, par une deuxième fermentation en bouteille, c'est-à-dire par la méthode champenoise.
Production moyenne : 59 600 hectolitres de vins tranquilles et 41 400 hectolitres de mousseux.

V.S.O.P.

Ces initiales signifient «very superior old pale» et font partie des indications que l'on trouve sur les étiquettes de Cognac et d'Armagnac. Elles donnent une indication de l'âge : plus de quatre ans pour l'Armagnac et plus de quatre ans et demi pour le Cognac.
Synonymes : V.O. (very old) ou Réserve.

Whiskey

Eau-de-vie de grain irlandaise ou américaine ; ces deux pays, en effet, ont adopté cette orthographe différente de celle du whisky écossais.

Whisky

Eau-de-vie de grain de l'Écosse ou du Canada. Le whisky écossais est nécessairement dénommé « scotch whisky », qu'il soit « pure malt », « single malt », « blended », « old », « fine », etc.

En France, des alcools d'imitation peuvent être commercialisés sous la simple appellation de « whisky ».

Williams

Variété de poire juteuse et granuleuse qui donne l'une des meilleures eaux-de-vie de fruit, le plus souvent produite en Alsace ou en Lorraine.

Xérès

Le vignoble de Xérès forme un vaste triangle dans le sud de l'Espagne, délimité par les fleuves Guadalete et Guadalquivir et par l'océan Atlantique. Il couvre 23 000 hectares, sur des sols de marnes calcaires très riches en craie, les albarizas, dont la capacité de rétention de l'eau compense la sécheresse.

L'encépagement est constitué à 95 % de Palomino Fino, mais aussi de Pedro Ximenez et de Moscatel.

Les raisins sont exposés au soleil douze à quatorze heures avant d'être pressés et mis à fermenter. Une fois la fermentation terminée, le vin est enrichi d'eau-de-vie de vin, pour titrer entre 15 et 18°.
Les vins nouveaux sont ensuite gardés dans de grands fûts de chêne remplis aux quatre cinquièmes.
Les vins les plus fins sont à peine enrichis : ils titrent 15,5°. Il se développe à leur surface un voile de levures appelé flor, siège d'une oxydation biologique très lente. Ces vins très fins sont appelés Finos.
Les vins moins subtils sont portés à 17 ou 18°. Leur teneur en alcool empêche la formation de flor. Ils subissent une oxydation normale et donnent des Olorosos ou des Rayas.

Ces vins sont ensuite assemblés selon un procédé très particulier. Les fûts sont stockés par catégorie et par ordre d'âge, sur trois ou quatre étages, dans des chais appelés « solera ». Au fur et à mesure de la mise en bouteille des vins les plus vieux, en soutirant environ le tiers du fût, on le complète par un vin de même qualité de la vendange suivante, qui de cette manière vieillit plus rapidement. Cette opération est renouvelée en cascade jusqu'aux vins les plus récents. Ce procédé permet de conserver au vin des caractéristiques identiques et une qualité constante et d'accélérer le vieillissement.

Il y a donc trois types de Xérès, tous âgés d'au moins trois ans :
– Le Fino est le plus pâle, le plus léger et le plus sec des Xérès. Ses caractères proviennent de son élaboration sous la flor.
– L'Amontillado est un Fino qui a vieilli plus longtemps et donc qui n'a pas toujours été protégé par la flor. Il a une robe plus profonde,

ambrée, une saveur plus ample et un goût de noisette prononcé. Il est plus moelleux que le Fino. Le Fino-Amontillado est un intermédiaire entre les deux.
– L'Oloroso a une couleur foncée d'or brun. En effet, il a subi une oxydation, car sa richesse en alcool a empêché le développement de la flor. Sec ou légèrement sucré par addition de Vino Dulce, vin doux issu du Pedro Ximenez, il a beaucoup de corps.
Le Raya est un Oloroso de qualité inférieure.

Enfin, il existe une production de «creams» et de «pale creams», obtenus par coupage entre un Oloroso ou un Fino et un vin doux naturel à base de Pedro Ximenez ou de Moscatel.

A une vingtaine de kilomètres à l'ouest de Jerez, autour de Sanlucar de Barrameda, le Xérès devient Manzanilla.
Issu des mêmes cépages, vinifié de la même façon, c'est pourtant un vin différent. On attribue son originalité à l'influence océanique, plus sensible qu'à Jerez. On distingue selon leur âge le Manzanilla Fino, le plus jeune, le Manzanilla Pasada et le Manzanilla Olorosa.

YOUGOSLAVIE

La Yougoslavie produit 6 millions d'hectolitres de vin par an (8,5 % de la production française), répartis dans tous les États de la Fédération, en faisant appel à un grand nombre de cépages traditionnels, complétés par des cépages importés comme le Sauvignon blanc, le Pinot blanc ou gris et pour les rouges le Pinot noir et le Merlot.

Étant donné la complexité de cette mosaïque géographique et vineuse et l'absence de réglementation, on se contentera de donner quelques indications par régions.

En Slovénie, on trouve des Riesling très fins provenant des collines de Ljutomer, des vins blancs colorés, secs et nerveux issus du cépage Rebula, des Laskiriesling en portant son choix sur les plus secs et de bons Sauvignon blancs. On peut goûter en Slovénie comme en Istrie du Merlot bien acclimaté à l'arôme de prune et en Slovénie un vin rouge léger, le Cvicek, issu du cépage Zametovka.

Sur la côte dalmate, il existe un cépage remarquable, le Marastina. Il produit généralement des vins blancs secs et nerveux. Utilisé seul dans la région de Dubrovnik, il est associé au cépage Grk pour produire un vin sec et léger dans l'île de Korcula, mais aussi des vins de type Xérès. Associé au Grk et au Vugasa, le Marastina donne autour de Split un vin de dessert au goût de noisette, puissant et long en bouche : le Prosek Dioklecijan.
Pour les vins rouges, le très bon cépage local Plavac mali donne des vins de bonne garde, riches en alcool et en tannins, sous des marques diverses, telles Peljesac, Dingac, Postup... Le même cépage produit aussi d'attrayants rosés sous l'appellation Opol. Le cépage Bogdanusa donne un vin blanc de qualité, spécialité de l'île de Hvar.

En Serbie, on trouve des vins blancs issus de Welschriesling, souvent associé au cépage local Smederevka. Les meilleurs proviennent des vignobles de Fruska-Gora, où l'on produit également de bons vins de Sauvignon blanc. La plupart des vins rouges sont issus du cépage autochtone Prokupac crni, qui trouve sa meilleure expression dans un vin rosé foncé appelé Ruzica. Dans la vallée du Timok, à la frontière roumaine et bulgare, les vins rouges à base des cépages locaux Koncina et Zacinka jouissent d'une excellente réputation.

En Bosnie-Herzégovine, il faut privilégier la région de Mostar (Bosnie), son vin blanc plein et sec à l'arôme de noisette issu du cépage Zilavka associé aux Krkosija et Bena et son vin rouge issu du cépage Trnjak. En Herzégovine, le cépage Blatina donne un vin rouge de qualité.

En Macédoine et dans le Monténégro, le cépage Vranac donne des vins rouges secs, puissants et bien équilibrés, avec une touche d'amertume en fin de bouche.

La Yougoslavie a conservé par ailleurs une tradition d'excellents alcools. La Slivovitz est ainsi une eau-de-vie de prune réputée, distillée en présence des noyaux concassés, ce qui lui donne une amertume caractéristique; la Slivovitz est distribuée et imitée dans de nombreux pays d'Europe centrale.

Le Brinjevec est une eau-de-vie de grain qui s'apparente au gin. Plus aromatique, la Klebovaca est parfumée aux baies de genièvre.

Abréviations

AOC	appellation d'origine contrôlée
CIVC	Comité interprofessionnel du vin de Champagne
CM	coopérative-manipulant (Champagne)
CRD	capsule représentative de droit (ou capsule-congé)
DOC	denominazione di origine controllata (Italie)
DOCG	denominazione di origine controllata et garantita (Italie)
INAO	Institut national des appellations d'origine des vins et eaux-de-vie
LBV	late-bottled vintages (Porto)
MA	marque d'acheteur (Champagne)
NM	négociant-manipulant (Champagne)
RM	récoltant-manipulant (Champagne)
VDN	vin doux naturel
VDQS	vin délimité de qualité supérieure
VO	very old
VQPRD	vin de qualité produit dans des régions déterminées
VS	very superior
VSOP	very superior old pale
XO	extra old

Cartes des Vins de France

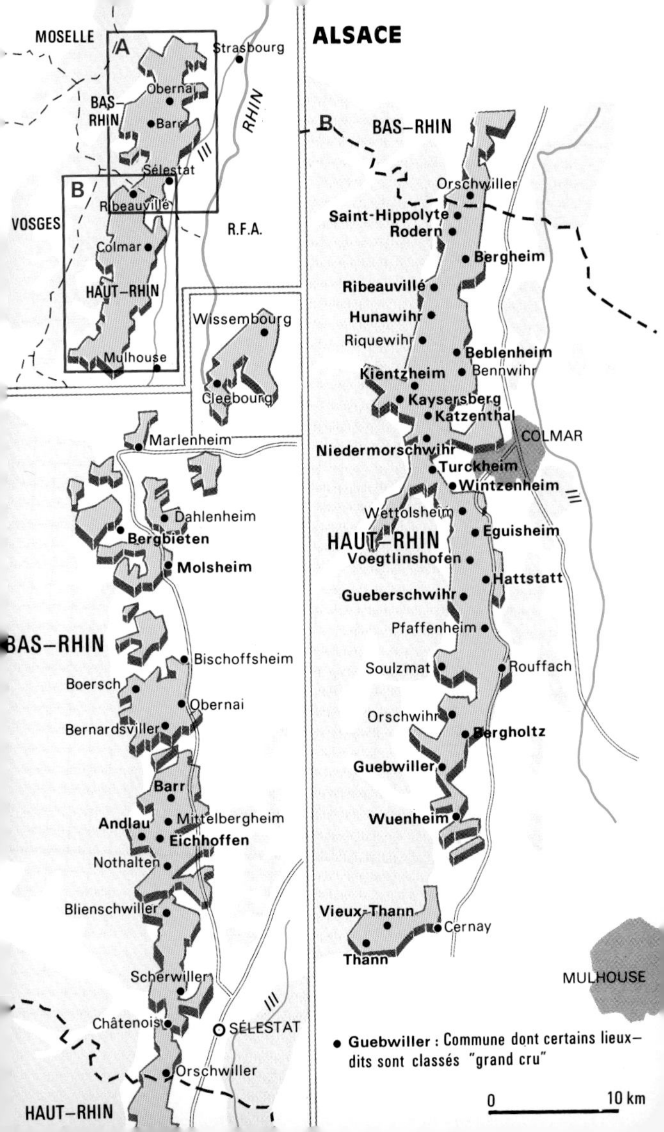
ALSACE
MOSELLE
A
Strasbourg
Obernai
BAS-RHIN
Barr
RHIN
Sélestat
B
Ribeauvillé
VOSGES
R.F.A.
Colmar
HAUT-RHIN
Mulhouse
Wissembourg
Cleebourg
Marlenheim
Dahlenheim
Bergbieten
Molsheim
BAS-RHIN
Bischoffsheim
Boersch
Obernai
Bernardsviller
Barr
Andlau
Mittelbergheim
Eichhoffen
Nothalten
Blienschwiller
Scherwiller
Châtenois
SÉLESTAT
Orschwiller
HAUT-RHIN
B
BAS-RHIN
Orschwiller
Saint-Hippolyte
Rodern
Bergheim
Ribeauvillé
Hunawihr
Riquewihr
Beblenheim
Kientzheim
Bennwihr
Kaysersberg
Katzenthal
COLMAR
Niedermorschwihr
Turckheim
Wintzenheim
Wettolsheim
Eguisheim
HAUT-RHIN
Voegtlinshofen
Hattstatt
Gueberschwihr
Pfaffenheim
Soulzmat
Rouffach
Orschwihr
Bergholtz
Guebwiller
Wuenheim
Vieux-Thann
Cernay
Thann
MULHOUSE
• Guebwiller : Commune dont certains lieux-dits sont classés "grand cru"
0
10 km

BORDEAUX : Appellations régionales et communales

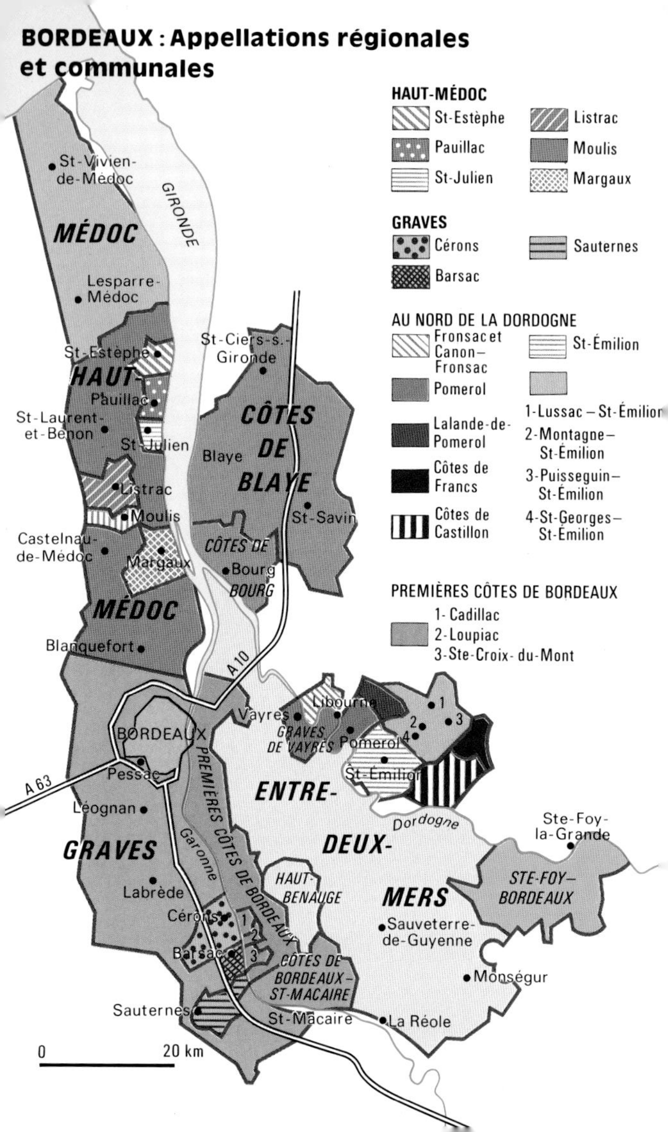

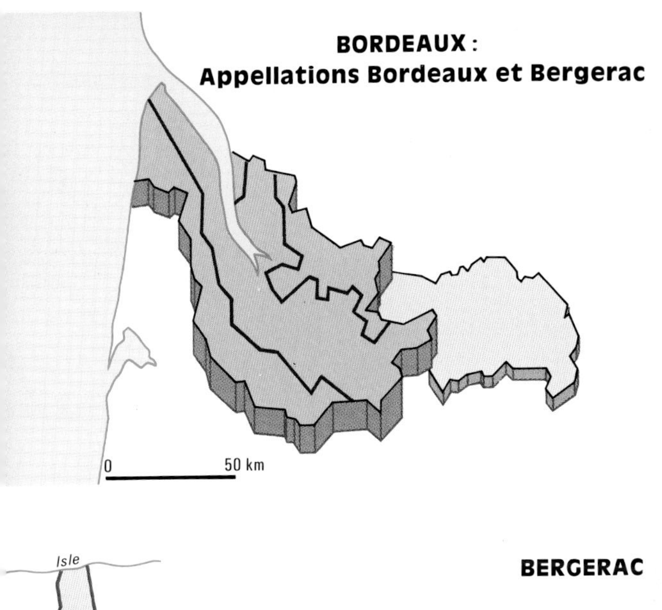

BORDEAUX :
Appellations Bordeaux et Bergerac
0
50 km

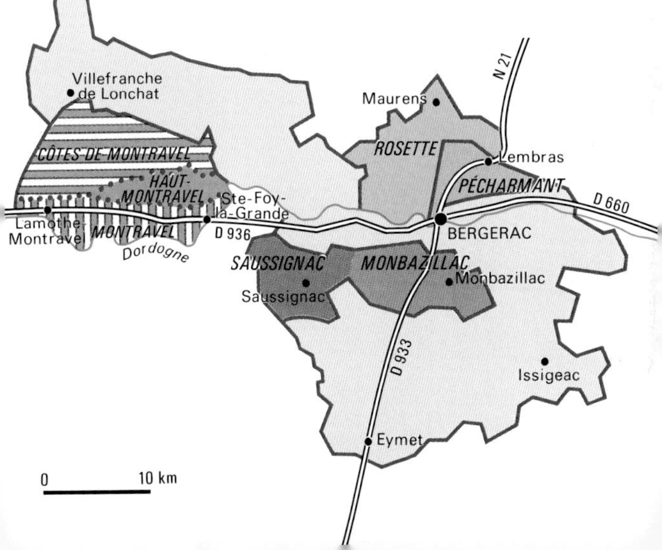

BERGERAC
Isle
N 21
Villefranche
de Lonchat
Maurens
ROSETTE
Lembras
CÔTES-DE-MONTRAVEL
HAUT-
MONTRAVEL
Ste-Foy-
la-Grande
PÉCHARMANT
D 660
Lamothe-
Montravel
MONTRAVEL
D 936
BERGERAC
Dordogne
SAUSSIGNAC
MONBAZILLAC
Saussignac
Monbazillac
D 933
Issigeac
Eymet
0
10 km

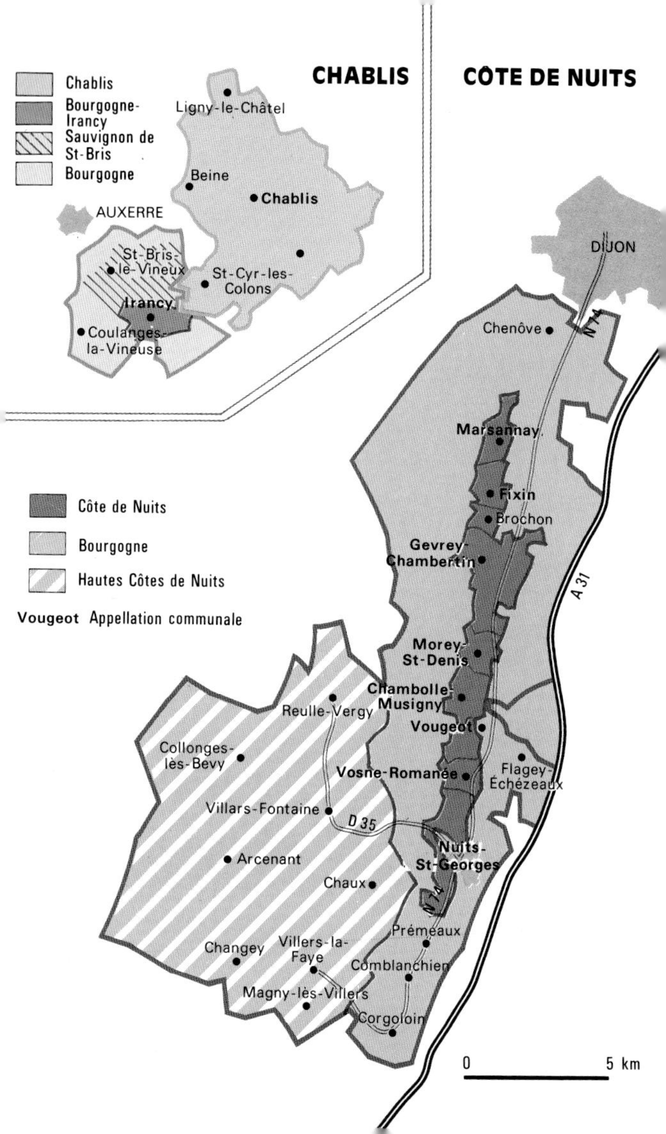
CHABLIS
Chablis
Bourgogne-Irancy
Sauvignon de St-Bris
Bourgogne
Ligny-le-Châtel
Beine
Chablis
AUXERRE
St-Bris-le-Vineux
St-Cyr-les-Colons
Irancy
Coulanges-la-Vineuse
CÔTE DE NUITS
Côte de Nuits
Bourgogne
Hautes Côtes de Nuits
Vougeot Appellation communale
DIJON
Chenôve
N 74
Marsannay
Fixin
Brochon
Gevrey-Chambertin
A 31
Morey-St-Denis
Chambolle-Musigny
Reulle-Vergy
Vougeot
Collonges-lès-Bevy
Vosne-Romanée
Flagey-Échézeaux
Villars-Fontaine
D 35
Nuits-St-Georges
Arcenant
Chaux
N 74
Prémeaux
Changey
Villers-la-Faye
Comblanchien
Magny-lès-Villers
Corgoloin
0
5 km

CÔTE DE BEAUNE

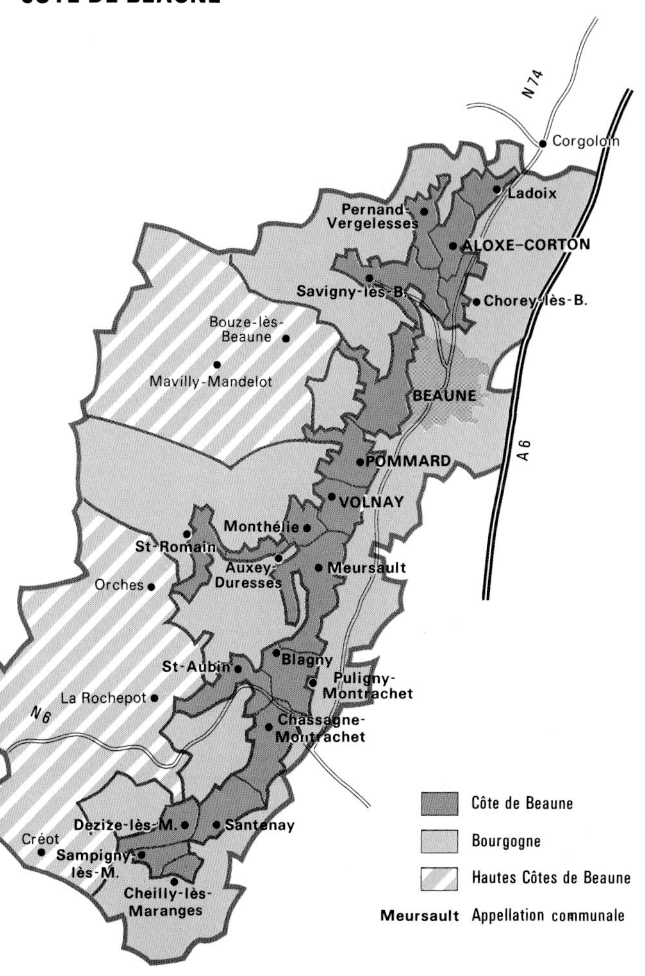

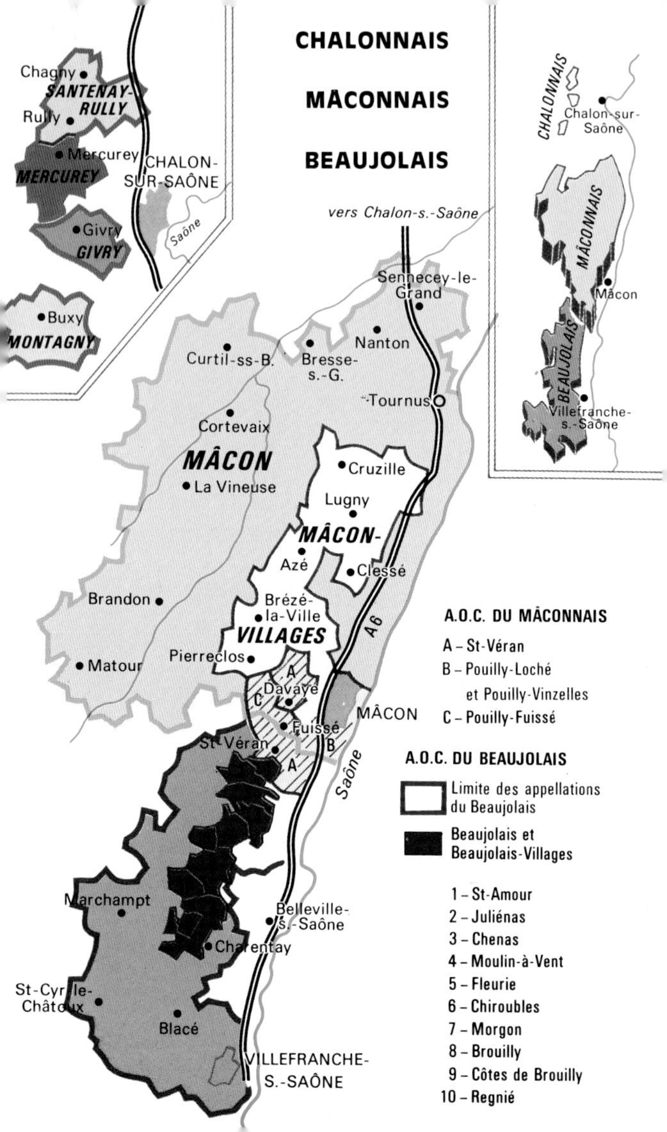

CHALONNAIS
MÂCONNAIS
BEAUJOLAIS
Chagny
SANTENAY-RULLY
Rully
Mercurey
MERCUREY
CHALON-SUR-SAÔNE
Givry
GIVRY
Saône
Buxy
MONTAGNY
vers Chalon-s.-Saône
Sennecey-le-Grand
Nanton
Curtil-ss-B.
Bresse-s.-G.
Tournus
Cortevaix
MÂCON
La Vineuse
Cruzille
Lugny
MÂCON-
Azé
Clessé
Brézé-la-Ville
VILLAGES
Brandon
Matour
Pierreclos
A6
A
Davayé
C
Fuissé
B
MÂCON
St-Véran
A
Saône
Marchampt
Belleville-s.-Saône
Charentay
St-Cyr-le-Châtoux
Blacé
VILLEFRANCHE-S.-SAÔNE
CHALONNAIS
Chalon-sur-Saône
MÂCONNAIS
Mâcon
BEAUJOLAIS
Villefranche-s.-Saône
A.O.C. DU MÂCONNAIS
A – St-Véran
B – Pouilly-Loché et Pouilly-Vinzelles
C – Pouilly-Fuissé
A.O.C. DU BEAUJOLAIS
Limite des appellations du Beaujolais
Beaujolais et Beaujolais-Villages
1 – St-Amour
2 – Juliénas
3 – Chenas
4 – Moulin-à-Vent
5 – Fleurie
6 – Chiroubles
7 – Morgon
8 – Brouilly
9 – Côtes de Brouilly
10 – Regnié

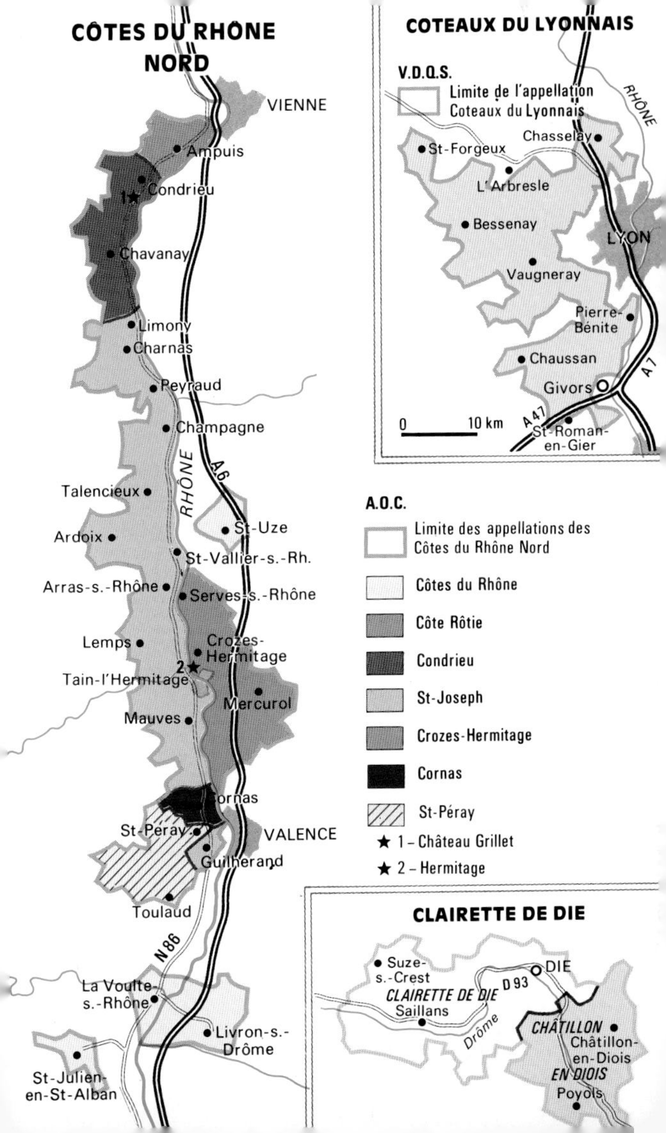
CÔTES DU RHÔNE NORD
VIENNE
Ampuis
Condrieu
Chavanay
Limony
Charnas
Peyraud
Champagne
RHÔNE
A6
Talencieux
Ardoix
St-Uze
St-Vallier-s.-Rh.
Arras-s.-Rhône
Serves-s.-Rhône
Lemps
Crozes-Hermitage
Tain-l'Hermitage
Mercurol
Mauves
Cornas
St-Péray
VALENCE
Guilherand
Toulaud
N 86
La Voulte-s.-Rhône
Livron-s.-Drôme
St-Julien-en-St-Alban
COTEAUX DU LYONNAIS
V.D.Q.S.
Limite de l'appellation Coteaux du Lyonnais
RHÔNE
Chasselay
St-Forgeux
L'Arbresle
Bessenay
LYON
Vaugneray
Pierre-Bénite
Chaussan
Givors
A7
A 47
St-Romain-en-Gier
0 10 km
A.O.C.
Limite des appellations des Côtes du Rhône Nord
Côtes du Rhône
Côte Rôtie
Condrieu
St-Joseph
Crozes-Hermitage
Cornas
St-Péray
1 – Château Grillet
2 – Hermitage
CLAIRETTE DE DIE
Suze-s.-Crest
DIE
D 93
CLAIRETTE DE DIE
Saillans
Drôme
CHÂTILLON
Châtillon-en-Diois
EN DIOIS
Poyols

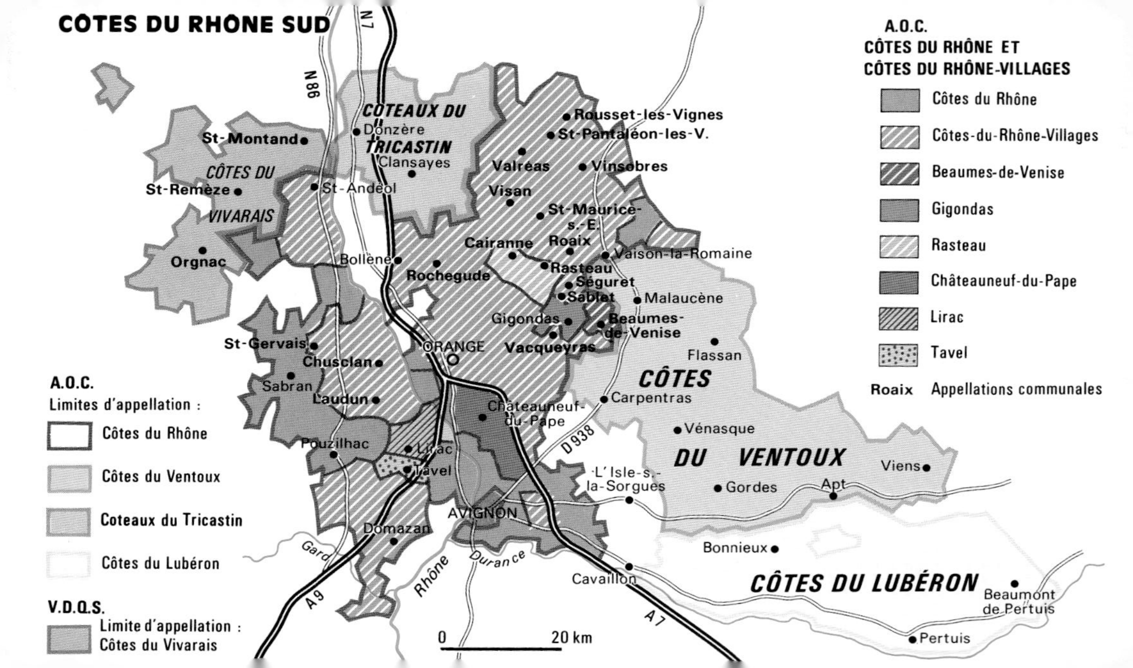
CÔTES DU RHONE SUD
A.O.C.
CÔTES DU RHÔNE ET
CÔTES DU RHÔNE-VILLAGES
Côtes du Rhône
Côtes-du-Rhône-Villages
Beaumes-de-Venise
Gigondas
Rasteau
Châteauneuf-du-Pape
Lirac
Tavel
Roaix Appellations communales
A.O.C.
Limites d'appellation :
Côtes du Rhône
Côtes du Ventoux
Coteaux du Tricastin
Côtes du Lubéron
V.D.Q.S.
Limite d'appellation :
Côtes du Vivarais
COTEAUX DU TRICASTIN
CÔTES DU VIVARAIS
CÔTES DU VENTOUX
CÔTES DU LUBÉRON
N 7
N 86
A 9
A 7
D 938
St-Montand
St-Remèze
Orgnac
Donzère
Clansayes
St-Andéol
Bollène
Rousset-les-Vignes
St-Pantaléon-les-V.
Valréas
Vinsobres
Visan
St-Maurice-s.-E.
Cairanne
Roaix
Vaison-la-Romaine
Rasteau
Rochegude
Séguret
Sablet
Malaucène
Gigondas
Beaumes-de-Venise
Vacqueyras
Flassan
ORANGE
St-Gervais
Chusclan
Sabran
Laudun
Châteauneuf-du-Pape
Carpentras
Vénasque
Pouzilhac
Lirac
Tavel
L'Isle-s.-la-Sorgues
Gordes
Apt
Viens
AVIGNON
Domazan
Bonnieux
Gard
Rhône
Durance
Cavaillon
Beaumont de Pertuis
Pertuis
0
20 km

PROVENCE

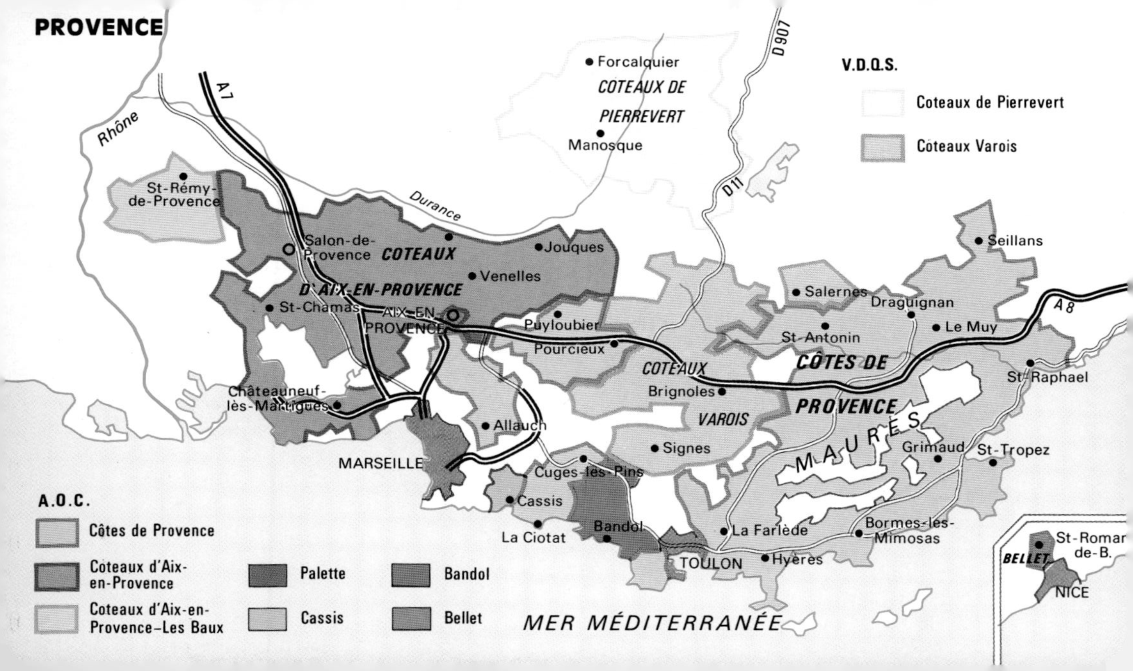

Rhône
Durance
A7
A8
D907
D11
St-Rémy-de-Provence
Salon-de-Provence
COTEAUX D'AIX-EN-PROVENCE
St-Chamas
AIX-EN-PROVENCE
Châteauneuf-lès-Martigues
MARSEILLE
Allauch
Jouques
Venelles
Puyloubier
Pourcieux
Forcalquier
COTEAUX DE PIERREVERT
Manosque
COTEAUX VAROIS
Brignoles
Signes
Cuges-les-Pins
Cassis
La Ciotat
Bandol
TOULON
Hyères
La Farlède
Bormes-les-Mimosas
MAURES
Grimaud
St-Tropez
St-Raphael
CÔTES DE PROVENCE
Salernes
St-Antonin
Draguignan
Le Muy
Seillans
BELLET
St-Roman-de-B.
NICE
MER MÉDITERRANÉE
V.D.Q.S.
Coteaux de Pierrevert
Coteaux Varois
A.O.C.
Côtes de Provence
Coteaux d'Aix-en-Provence
Coteaux d'Aix-en-Provence–Les Baux
Palette
Cassis
Bandol
Bellet

LANGUEDOC-ROUSSILLON

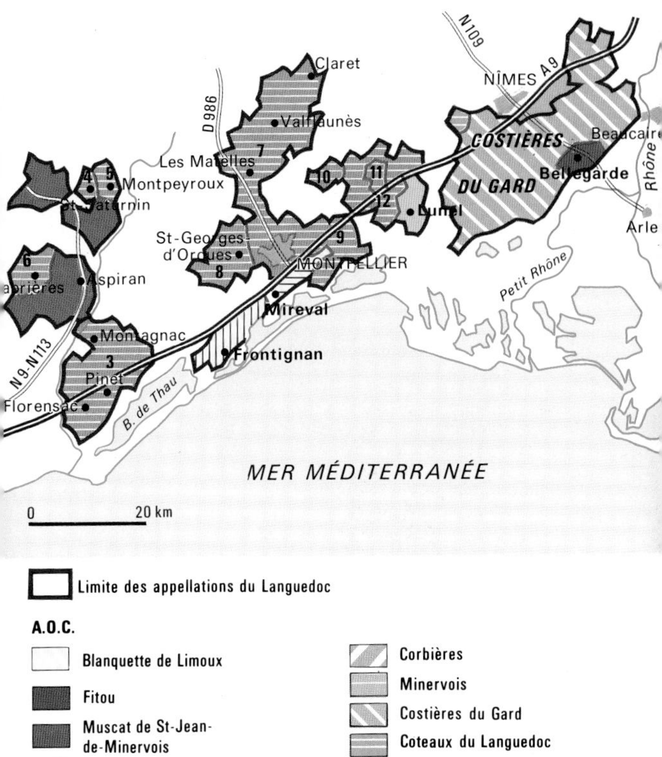

Limite des appellations du Languedoc

A.O.C.

- Blanquette de Limoux
- Fitou
- Muscat de St-Jean-de-Minervois
- St-Chinian
- Faugères
- Clairette du Languedoc
- Muscat de Frontignan
- Muscat de Mireval
- Muscat de Lunel
- Clairette de Bellegarde
- Corbières
- Minervois
- Costières du Gard
- Coteaux du Languedoc

1 – Quatourze
2 – La Clape
3 – Picpoul de Pinet
4 – St-Saturnin
5 – Montpeyroux
6 – Cabrières
7 – Pic St-Loup
8 – St-Georges-d'Orques
9 – La Méjanelle
10 – St-Drézéry
11 – St-Christol
12 – Vérargues

V.D.Q.S.

- Côtes de Malepère
- Côtes du Cabardès et de l'Orbiel

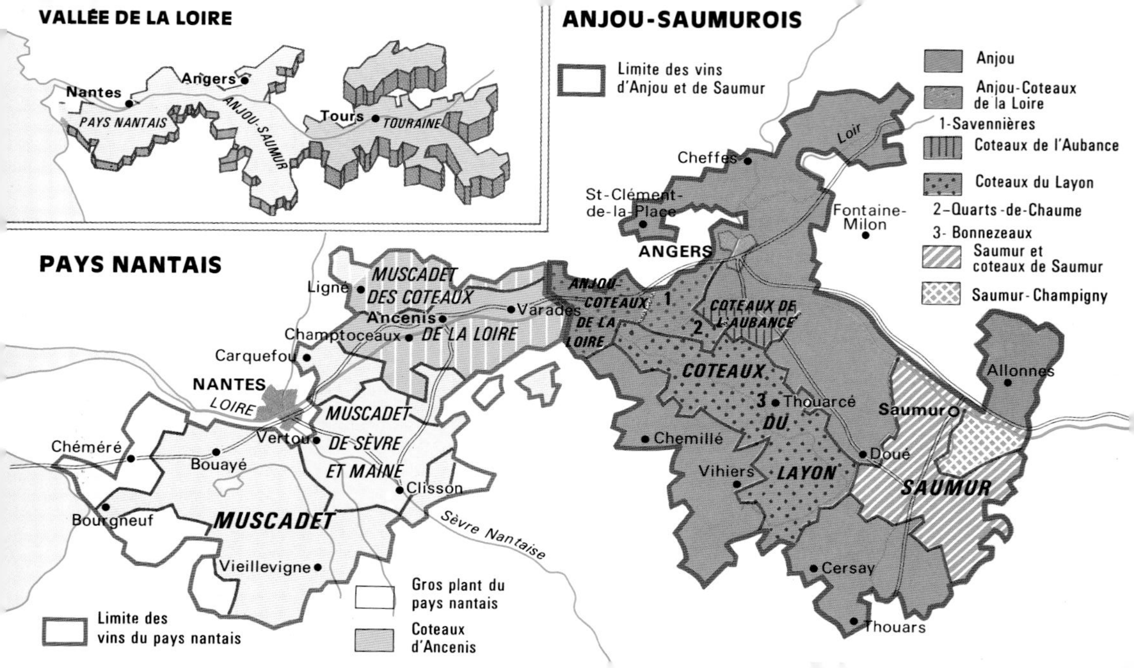
VALLÉE DE LA LOIRE
Nantes
Angers
Tours
PAYS NANTAIS
ANJOU-SAUMUR
TOURAINE
ANJOU-SAUMUROIS
Limite des vins d'Anjou et de Saumur
Anjou
Anjou-Coteaux de la Loire
1-Savennières
Coteaux de l'Aubance
Coteaux du Layon
2-Quarts-de-Chaume
3- Bonnezeaux
Saumur et coteaux de Saumur
Saumur-Champigny
Loir
Cheffes
St-Clément-de-la-Place
Fontaine-Milon
ANGERS
ANJOU-COTEAUX DE LA LOIRE
COTEAUX DE L'AUBANCE
COTEAUX DU LAYON
Thouarcé
Chemillé
Vihiers
Doué
Saumur
Allonnes
SAUMUR
Cersay
Thouars
PAYS NANTAIS
Ligné
MUSCADET DES COTEAUX DE LA LOIRE
Varades
Ancenis
Champtoceaux
Carquefou
NANTES
LOIRE
MUSCADET DE SÈVRE ET MAINE
Vertou
Chéméré
Bouayé
Clisson
Bourgneuf
MUSCADET
Sèvre Nantaise
Vieillevigne
Gros plant du pays nantais
Coteaux d'Ancenis
Limite des vins du pays nantais

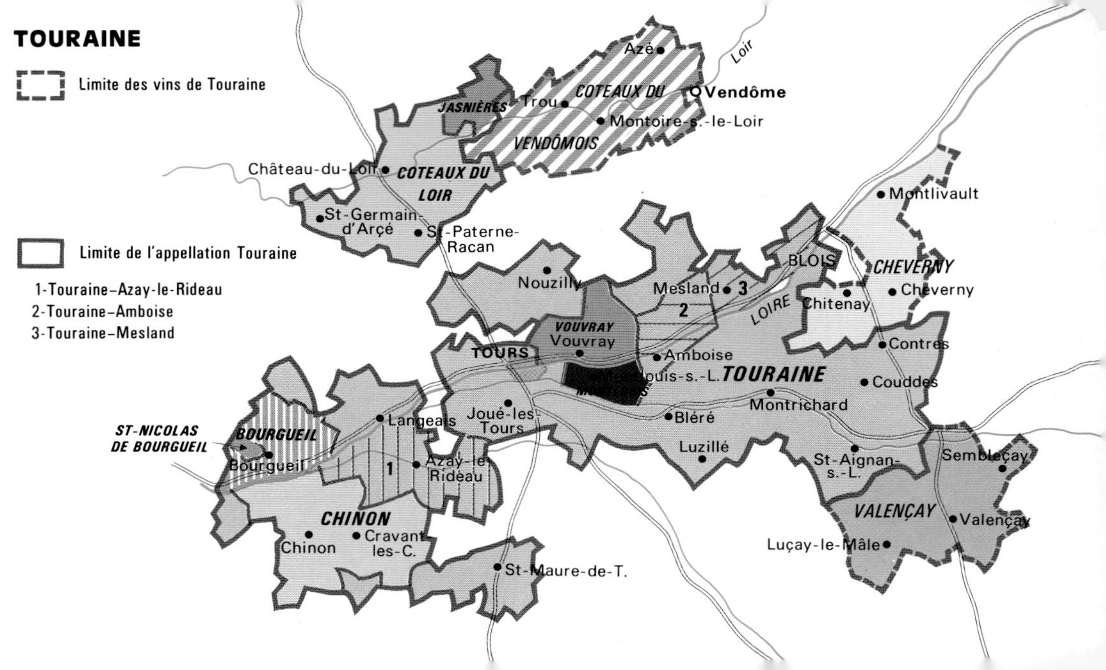

TOURAINE

Limite des vins de Touraine

Limite de l'appellation Touraine

1-Touraine–Azay-le-Rideau
2-Touraine–Amboise
3-Touraine–Mesland

Azé
Loir
COTEAUX DU
VENDÔMOIS
Vendôme
JASNIÈRES
Trou
Montoire-s.-le-Loir
Château-du-Loir
COTEAUX DU
LOIR
St-Germain-
d'Arçé
St-Paterne-
Racan
Montlivault
BLOIS
CHEVERNY
Cheverny
Chitenay
Nouzilly
Mesland
3
2
LOIRE
VOUVRAY
Vouvray
TOURS
Amboise
Contres
TOURAINE
Couddes
Montrichard
Joué-les-
Tours
Bléré
Langeais
ST-NICOLAS
DE BOURGUEIL
BOURGUEIL
Bourgueil
1
Azay-le-
Rideau
Luzillé
St-Aignan-
s.-L.
Sembleçay
VALENÇAY
Valençay
CHINON
Chinon
Cravant-
les-C.
Luçay-le-Mâle
St-Maure-de-T.

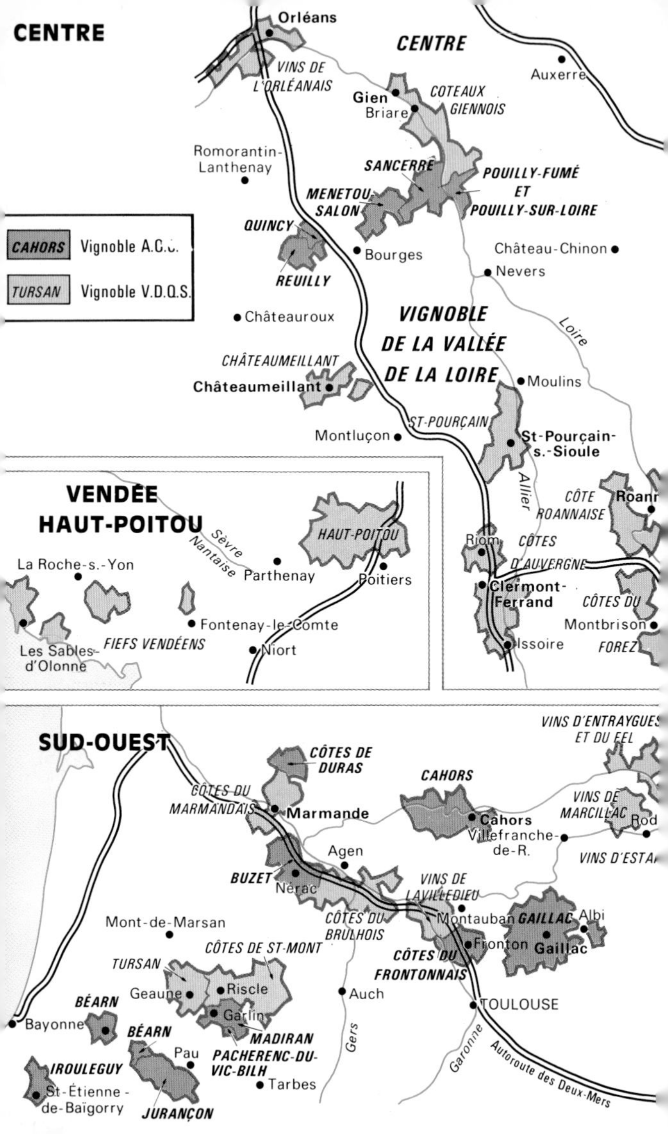
CENTRE
Orléans
CENTRE
Auxerre
VINS DE L'ORLÉANAIS
Gien
Briare
COTEAUX GIENNOIS
Romorantin-Lanthenay
SANCERRE
POUILLY-FUMÉ ET POUILLY-SUR-LOIRE
MENETOU-SALON
QUINCY
CAHORS
Vignoble A.C.
TURSAN
Vignoble V.D.Q.S.
Bourges
Château-Chinon
REUILLY
Nevers
Châteauroux
VIGNOBLE DE LA VALLÉE DE LA LOIRE
Loire
CHÂTEAUMEILLANT
Châteaumeillant
Moulins
ST-POURÇAIN
Montluçon
St-Pourçain-s.-Sioule
Allier
VENDÉE HAUT-POITOU
CÔTE ROANNAISE
Sèvre Nantaise
HAUT-POITOU
Riom
CÔTES D'AUVERGNE
La Roche-s.-Yon
Parthenay
Poitiers
Clermont-Ferrand
CÔTES DU FOREZ
Fontenay-le-Comte
Montbrison
Les Sables-d'Olonne
FIEFS VENDÉENS
Niort
Issoire
SUD-OUEST
VINS D'ENTRAYGUES ET DU FEL
CÔTES DE DURAS
CAHORS
CÔTES DU MARMANDAIS
Marmande
VINS DE MARCILLAC
Cahors
Villefranche-de-R.
Agen
VINS D'ESTA
BUZET
Nérac
VINS DE LAVILLEDIEU
Mont-de-Marsan
CÔTES DU BRULHOIS
Montauban
GAILLAC
Albi
Fronton
Gaillac
CÔTES DE ST-MONT
TURSAN
CÔTES DU FRONTONNAIS
Geaune
Riscle
Auch
BÉARN
TOULOUSE
Bayonne
Garlin
MADIRAN
BÉARN
Pau
PACHERENC-DU-VIC-BILH
Gers
Garonne
Autoroute des Deux-Mers
IROULEGUY
St-Étienne-de-Baïgorry
Tarbes
JURANÇON